Carolin Schairer

ZWÖLF GUTE TATEN

Carolin Schairer

ZWÖLF GUTE TATEN

Roman

HELMER

Ein schlechter Mensch

»... und dann hat er mich gegen den Türrahmen gedrückt und sich an mir gerieben. Ich konnte spüren, dass er ... dass er ...« Die Stimme der blassen, mageren Frau brach. Sie schluchzte und verbarg das Gesicht kurz in ihren knochigen Händen, ehe sie den Satz vollendete: »... dass er mich wollte.«

Hanna, die bisher schweigend, aber hochkonzentriert neben ihrem Mandanten gesessen hatte, sah kurz von ihren Notizen auf.

Was für eine eigenartige Ausdrucksweise, ging es ihr durch den Kopf. Warum konnten manche Menschen beim Thema Sexualität nicht einfach Klartext reden? Was hielt die Frau davon ab, zu sagen, dass sie sein steifes Glied spüren konnte?

Die Frau weinte jetzt leise. Ihre eigene Schilderung des Vorfalls, der an diesem Tag vor dem Wiener Landesgericht verhandelt wurde, nahm sie augenscheinlich mit.

»Bitte ... Frau Marić ...«

Hartmann, der ihr als Pflichtverteidiger zur Seite gestellt worden war, reichte ihr ein Taschentuch. Sichtlich dankbar nahm sie es entgegen.

Hanna kannte den älteren Kollegen aus einer früheren Verhandlung. Damals hatte er einen Tankwart verteidigt, der sich mehrfach aus der Kasse seines Arbeitgebers bedient hatte und mittels Überwachungskamera überführt wurde. Selbst der beste Anwalt hätte einen Schuldspruch nicht verhindern können. Dass er eine Gefängnisstrafe bekam anstatt Bewährung, führte Hanna jedoch auf die Unfähigkeit des Verteidigers zurück. Benno Hartmann war ein Weichei. Zu dieser Schlussfolgerung war Hanna schon gekommen, noch ehe sie ihn vor Gericht erlebt hatte. Was war von einem Juristen, der mit über fünfzig noch immer als x-tes Rad im Getriebe einer durchschnittlichen Wiener Großkanzlei tätig war, auch zu erwarten?

Hanna war erst zweiunddreißig. In Hartmanns Alter würde sie Partnerin einer renommierten Kanzlei sein, dessen war sie sich sicher.

»Bitte, Frau Marić, erzählen Sie uns, was dann passiert ist.«

Janka Marić, das vermeintliche Opfer, hatte sich inzwischen geschnäuzt und ihre Emotionen einigermaßen unter Kontrolle gebracht. Sie ließ das benutzte Taschentuch in einer Tasche ihres schwarz-weiß karierten Blazers verschwinden, der mit seinen wuchtigen Schulterpolstern vielleicht der letzte Schrei in den Achtzigerjahren gewesen sein mochte. Außerdem war er der schmalen Frau viel zu groß. Für Hanna war klar, dass sie ihn extra für die Verhandlung ausgeliehen hatte. Vermutlich hatte Hartmann ihr empfohlen, vor Gericht formell gekleidet zu erscheinen.

»Ich habe gesagt: ›Nein. Nein, nein!‹ – Doch er hat mit einer Hand an meinen Busen gegriffen und mit der anderen zwischen meine Beine … und er hat gesagt, ich solle mich nicht so anstellen … es würde mir sicher gefallen.« Sie schluckte sichtbar. Ihre Augen, unter denen deutliche Schatten lagen, füllten sich erneut mit Tränen. Der Mann im Anzug, der neben Hanna saß, schnaubte leise.

Hanna bedachte ihn mit einem kurzen, strengen Seitenblick. Stefan Werder, seines Zeichens aufstrebender Regionalleiter einer Supermarktkette, täte gut daran, sich möglichst neutral zu verhalten.

»Er hatte seine Hand schon an meinem Slip … dann war draußen ein Geräusch … und er hat mich losgelassen. Ich bin aus dem Büro gerannt.«

Janka Marić berichtete weiter, dass sie zunächst über den Vorfall geschwiegen habe und erst Tage später den Weg zum Betriebsrat fand, der ihr dann zu einer Anzeige riet.

Stefan Werder stritt alles ab. Seinen Worten zufolge hatte er Marić mit einer Zigarette in der Hand im Büro erwischt und sie lediglich höflich darauf hingewiesen – mit rund eineinhalb Metern Abstand –, dass Rauchen nur draußen im Hof gestattet sei. Daraufhin habe sie die Zigarette gelöscht und fluchtartig den Raum verlassen.

Es gab keine Zeugen. Aussage stand gegen Aussage. Das Gericht würde nun darüber entscheiden, was in dem Büro der Filiale in der Kaiserstraße wirklich vorgefallen war.

Als Hanna an der Reihe war, die Zeugin zu befragen, erhob sie sich, trat nach vorne und ließ ihren Blick auf der Frau ruhen.

Janka Marić sah gut zehn Jahre älter aus, als ihr Reisepass behauptete. Ihr schmales Gesicht zeigte einen verhärmten Zug. Dass der Teint dieser Frau mit südosteuropäischen Wurzeln fast noch blasser war als ihr eigener, überraschte sie. Als Rothaarige war die Sonne nicht unbedingt ihre beste Freundin.

Die Supermarktangestellte hatte sich für ihren großen Auftritt vor Gericht geschminkt. Der schlampig gezogene Lidstrich verriet, dass sie nicht regelmäßig zum Make-up griff. Zudem hatten die Tränen Spuren hinterlassen: Dunkler Mascara schlierte über ihre Wangenknochen bis zum Kinn. Das Haar fiel ihr glanzlos über die Schultern. Der dunkle Ansatz stand im krassen Kontrast zu den blonden Haarspitzen. Einzelne graue Strähnen blitzten dazwischen auf.

Janka Marićs Mundwinkel zuckten nervös. Sie faltete ihre Hände ineinander und senkte den Blick. Hanna konnte spüren, wie unwohl sich die Frau angesichts dieser ungenierten Musterung fühlte.

Der Richter, ein bärtiger Mann um die sechzig, räusperte sich geräuschvoll. Hanna verstand den Wink. Janka Marić hingegen hob ruckartig den Kopf, als gelte die subtile Unmutsäußerung ihr.

»Frau Marić.« Hannas Stimme hatte diesen warmen, herzlichen Ton, den sie in ihrer Wohnung so oft geübt hatte. »Frau Marić, wie alt sind Sie gleich wieder?«

Die Frau blinzelte verwirrt.

»Einspruch«, kam es von Hartmann. »Die Angaben zur Person wurden bereits am Anfang gemacht!«

»Einspruch abgelehnt«, sagte der Richter. »Beantworten Sie die Frage.«

Hanna schickte Hartmann ein kurzes, triumphierendes Lächeln hinüber, während Marić antwortete: »Siebenunddreißig.«

»Und Sie haben drei Kinder, nicht wahr?«

»Ja, ich –«

»Einspruch«, kam es erneut von Hartmann. »Wir müssen das doch nicht nochmals alles durchkauen, nur weil die Kollegin Erlacher neuerdings unter juvenilem Alzheimer leidet!«

Hanna drehte sich zu ihm um. »*Doktor* Erlacher, wenn ich bitten darf«, korrigierte sie ihn mit einem provokanten Lächeln.

»Frau Doktor Erlacher, würden Sie bitte zur Sache kommen«, sagte der Richter.

»Gerne.« Hanna wandte sich wieder der Frau zu. »Also, Frau Marić. Sie sind siebenunddreißig, verheiratet, haben drei Kinder; das jüngste ist zwei Jahre alt. Schläft ihre Kleine schon durch?«

Janka Marić schaute zuerst sie verdutzt an, dann ihren Anwalt. Hartmann jedoch griff sich nur an die Stirn. Der Richter seufzte fast unhörbar.

»Nein, nicht immer«, beantwortete die Supermarktangestellte die Frage, auf die sie sich ganz offensichtlich keinen Reim machen konnte.

»Und was machen Sie, wenn Ihre Kleine nachts weint und nicht mehr einschlafen will?«

»Nun …« Marić zögerte, schien zu überlegen, was ihr an dieser Frage zum Verhängnis werden könnte. »Ich stehe auf, versuche sie zu beruhigen und lege mich zu ihr. Das klappt meistens.«

»Also, wenn Sie bei ihr liegen, schläft sie durch?«

»Ja.«

»Und Ihr Mann? Steht er auch manchmal auf und kümmert sich um das Kind?«

Wieder suchte Janka Marić den Blick ihres Anwalts. Hartmann hob hilflos die Schultern.

»Er arbeitet Schicht«, erklärte die Frau dann. »Er hat deshalb Probleme mit dem Schlafen. Er nimmt meistens eine Schlaftablette und Ohropax. Daher stehe fast immer ich auf.«

Diesmal verkniff sich Hanna ihr Lächeln. Sehr gut. Mit dieser oder einer ähnlichen Antwort hatte sie gerechnet.

»Kommen wir zurück zu dem Tag, an dem Herr Werder Sie angeblich belästigt hat«, fuhr sie fort. »Sie saßen also im Büro und haben geraucht. Warum im Büro, wo es doch verboten ist?«

»Es hat draußen geregnet. Ich war allein. Ich ... ich habe mir nichts dabei gedacht und hätte danach gelüftet.«

»Aber dann kam Herr Werder und hat Sie gebeten, die Zigarette auszumachen.«

»Ja ... nein ... also, er hat erst einen Scherz gemacht ... so in der Art, dass Rauchen Freiheit bedeutet und ich mir wohl viele Freiheiten nehme.«

Das hatte Stefan Werder ihr verschwiegen. Mistkerl.

»Und was haben Sie geantwortet?« Durch die neue Information würde sie sich nicht aus dem Konzept bringen lassen.

»Ich ... ich habe die Zigarette ausgemacht und mich entschuldigt.«

»Sie sind nicht auf seinen Scherz eingegangen?«

»Nein. Ich fand nicht lustig, was er sagte. Es kam mir vor wie eine Anspielung.«

»Eine Anspielung? Worauf?«

»Nun ... auf ...« Janka Marić faltete ihre Hände so heftig ineinander, dass die Fingerknöchel weiß hervortraten. »Ich ... ich mag diese Zweideutigkeiten nicht. Ich gehe darauf besser nicht ein; es war mir schon immer unangenehm.«

»Haben Sie schon häufiger gegen Regeln verstoßen? Wurden Sie schon einmal von Herrn Werder ermahnt?«

Hanna spürte die wachsende Nervosität der Frau.

»Nein ... ich ... er sagt einfach öfter solche Sachen.«

9

»Welche Sachen, Frau Marić?«

»Na ja … Zweideutigkeiten. Anspielungen.«

»Konkret was, beispielsweise?«

Hanna wusste, dass sie sich auf dünnem Eis bewegte. Stefan Werders angespannte Miene bestätigte, wie fragil die Eisschicht war. Trotzdem hielt sie an ihrer Strategie fest.

»Es waren alltägliche Bemerkungen … Zu meiner Kollegin hat er mal gesagt, sie sehe so entspannt aus. Er hat gefragt, ob es an der vergangenen Nacht liegt. Ob jemand ihre Blockaden gelöst hätte. Er hat gesagt, dass er das auch gern tun würde … ihre Blockaden lösen.«

»Waren Sie dabei, als er das gesagt hat?«

»Nein … Sie hat es mir erzählt, aber –«

»In anderen Worten: Es handelt sich um eine Behauptung. Und wir reden heute über Sie, Frau Marić, nicht über Ihre Kollegin.«

Die Schultern der Frau sackten leicht nach vorne, so, als hätte Hanna ihr einen Stoß versetzt.

»Herr Werder hat sie also zur Rede gestellt, Sie haben die Zigarette ausgemacht, sich entschuldigt – und dann?«

»Ich bin aufgestanden und wollte an ihm vorbeigehen. Aber er hat mich gepackt, an den Türrahmen gedrückt und mich begrabscht.«

»Sie waren schon an der Tür?«

»Ja, ich hatte die Klinke fast in der Hand.«

»Die Tür war also zu?«

»Äh … ja.«

»Nur zu oder verschlossen?«

»Zu?« Marić sah sie verwirrt an. »Warum hätte jemand abschließen sollen?«

»Ja, warum?« Hanna erwiderte den Blick mit einem gespielten Maß derselben Verwirrung. »Es gab absolut keinen Grund für Herrn Werder, hinter sich abzuschließen. Er wollte laut seiner Aussage nur einen Kaffee vom Automaten holen.«

Janka Marić sah sie ratlos an.

»Was befindet sich hinter dieser Tür, Frau Marić?«

»Der Lagerraum.«

»Ganz genau.« Hanna holte sich ihre Notizen und tat so, als müsste sie nach einer Information suchen, die sie in Wahrheit längst in sich abgespeichert hatte. »Im Polizeiprotokoll ist vermerkt, dass an diesem Nachmittag zwei Ihrer Kollegen im Lager gearbeitet haben. – Wenn die Tür nicht abgeschlossen war, warum haben Sie nicht einfach die Klinke nach unten gedrückt und um Hilfe gerufen?«

Janka Marić schnappte nach Luft.

»Einspruch, Euer Ehren«, protestierte Hartmann. »Das ist unerheblich!«

»Einspruch abgelehnt«, sagte der Richter, den Hanna allmählich liebgewann. Vielleicht würde er noch ein echter Fan von ihr werden.

»Ich konnte mich nicht bewegen.« Die Stimme der Frau zitterte. Schweißperlen bildeten sich auf ihrer Stirn.

»Sie konnten sich nicht bewegen?« Hanna runzelte die Stirn. Dann blätterte sie in ihren Notizen. »Moment. Sie behaupteten eben, Herr Werder habe Ihnen mit der einen Hand an den Busen gefasst, mit der anderen an Ihren Slip. Er hatte keine Möglichkeit, zusätzlich Ihre Hände zu fixieren. Sie standen also im Türrahmen, die Tür war unverschlossen und Sie haben die Klinke nicht nach unten drücken und Ihre Kollegen um Hilfe bitten können?«

»Nein ... ich konnte nicht ... ich ... konnte nicht ...« Die Frau schluchzte auf.

»Danke. Keine weiteren Fragen.«

Hanna spürte den erstaunten Blick des Richters in ihrem Rücken, als sie sich zurück an ihren Platz an der Seite des Angeklagten begab.

Das Schlussplädoyer des Staatsanwalts klang sogar in Hannas Ohren lahm. Anscheinend war er selbst nicht mehr ganz

überzeugt davon, in Stefan Werder einen potenziellen Sexualstraftäter vor sich zu haben.

Hanna dagegen trug ihre Zusammenfassung mit siegessiche-
rem Elan vor.

»Hohes Gericht, verehrter Herr Staatsanwalt. Mit Stefan Werder haben wir einen gerade mal siebenundzwanzigjährigen Mann
vor uns, der nach seinem mit Auszeichnung bestandenem Wirt-
schaftsstudium eine steile Karriere in der Lebensmittelbranche
hingelegt hat. Von seinen Vorgesetzten wurde er stets gelobt und
vor drei Monaten bekam er sogar eine innerbetriebliche Auszeichnung für besonderes soziales Engagement verliehen. Stefan
Werder wurde eines Vergehens beschuldigt, das er nicht begangen hat, und dies nur, weil die Anklägerin – eine übermüdete,
sexuell vernachlässigte, siebenunddreißigjährige Mutter dreier
Kinder ...« Hartmann schnaubte empört. Durch die Zuschauer-
reihen, die an diesem Vormittag erwartungsgemäß nur spärlich
gefüllt waren, ging ein Raunen. Hanna fuhr unverdrossen fort:
»... von ihrem eigenen Fehlverhalten – das Rauchen im Sozialraum – ablenken und sich an ihrem Vorgesetzten für die Zurecht-
weisung rächen will. Mein Mandant ist unschuldig und daher
freizusprechen.«

Nur eine Viertelstunde später verließen alle Parteien den Ge-
richtssaal.

Hanna war zufrieden. Ein weiterer gewonnener Fall. RIED-
HERR, LUTZ & KOFRANEK, die Kanzlei, für die sie seit drei Jahren
tätig war, würde begeistert sein.

Aus dem Augenwinkel nahm sie wahr, dass die jetzt bitterlich
weinende Supermarktangestellte von einer der Frauen, die sich
unter den Zuschauern befunden hatte, in die Arme geschlossen
wurde. Hartmann wirkte, als hätte irgendwer einen Kübel mit
eiskaltem Wasser über ihn gekippt.

»Ein ganz herzliches Dankeschön«, sagte Stefan Werder und
schüttelte ihr die Hand. »Ich bin froh, dass die Sache vom Tisch
ist. Wie darf ich mich bei Ihnen revanchieren?«

»Indem Sie das Honorar pünktlich überweisen.«

Werder lachte trocken.

»Nicht nur bildschön und eloquent, sondern auch humorvoll. – Ich dachte eher an ein gemeinsames Abendessen oder ein Glas Wein nach Feierabend«, sagte der Mann, der ihr schon bei der ersten Besprechung Fotos seiner angeblichen Verlobten unter die Nase gehalten hatte.

Hanna lächelte unverbindlich. »Danke, aber: nein, danke. Nach 18 Uhr esse ich nichts mehr, und der Codex meiner Kanzlei untersagt private Treffen mit Klienten.«

Werder konnte nichts mehr darauf erwidern, denn in diesem Augenblick schoss eine Frau auf Hanna zu. Hanna erkannte in ihr diejenige, die Janka Marić zuvor in die Arme geschlossen hatte.

»Sie sind ein schlechter Mensch!«, schmetterte sie ihr mit hartem osteuropäischen Akzent entgegen. »Schämen Sie sich! Und denken Sie an meine Worte: Auch Sie werden Ihre Strafe bekommen!«

Damit drehte sie sich um und ließ Hanna, die im ersten Moment zu verdutzt war, um zu reagieren, einfach stehen.

Stefan Werder lachte. »Dumme Weiber. Anstatt dankbar zu sein für ein bisschen Zuwendung von einem Highperformer wie mir, zicken sie rum und versuchen, aus einer Bagatelle Kapital zu schlagen.«

Hanna verabschiedete sich zügig. Sie hatte plötzlich das Bedürfnis, so viel Distanz wie möglich zwischen sich und diesen Mann zu bringen.

*

Das *Gin & More* war wie jeden Dienstagabend gut besucht. Hanna kannte viele der Anwesenden zumindest vom Sehen. Das

Lokal lag in einer kleinen Gasse zwischen Musikverein und Ring-straße und war seit seiner Eröffnung inoffizieller Treffpunkt der Wiener Juristen. Hier trafen sich Rechtsanwälte, Staatsanwälte und Richter auf ein Feierabendgläschen; Rechtsanwaltsanwärter und gut betuchte Jus-Studenten tanzten zu fortgeschrittener Stunde im hinteren Bereich des Lokals. Tagsüber lockte das Restaurant mit raffinierter, aber schneller Küche. Da RIEDHERR, LUTZ & KOFRANEK quasi ums Eck lag, war Hanna hier Stammgast.

Das Glas Merlot vor ihr hatte sie bislang kaum angerührt.

»Ich bin kein schlechter Mensch, Ronny! Ich habe nur meinen Job gemacht, oder?« Noch immer war sie empört über die Worte der Frau am Vortag.

Der Mann auf dem Barhocker neben ihr, drehte sein bauchiges Glas in der Hand und betrachtete den Wein, der die Wände benetzte und langsam wieder in die Mitte des Kelchs zurückfloss. Ronald Germerten-Gingen war zwei Jahre älter als Hanna, Abkömmling eines österreichischen Adelsgeschlechts und ebenfalls Jurist. Er war mit seinen ein Meter neunzig gut dreißig Zentimeter größer als sie, athletisch gebaut und stets gut gekleidet. Sie kannten sich seit dem Kindergarten. Ihre Familien waren nicht nur befreundet, sondern lebten in direkter Nachbarschaft zueinander – im sogenannten *Cottage Viertel,* einer Villengegend im 18. Bezirk. Beide hatten sie am Theresianum, eine der Eliteschulen Wiens, maturiert. Ihre anfänglich lose Freundschaft hatte sich gefestigt, als sie schließlich tun mussten, was von allen Kindern alteingesessener Wiener Familien erwartet wurde: mit rund einhundertvierzig anderen jungen Paaren den Wiener Opernball eröffnen.

Hanna war damals gerade achtzehn gewesen, hatte aber längst gewusst, dass sie sich für zwei Dinge niemals im Leben begeistern würde: für Wiener Walzer und für Männer. Gleichzeitig wusste sie, dass sie ein Teil der Gesellschaft bleiben wollte, in die sie hineingeboren worden war, weshalb sie beides für sich behielt. Ronny, zu diesem Zeitpunkt Single und an ähnliche Wertvorstellungen gebunden, kam da gerade recht. Noch heute betrachtete sie gern die Fotos, die sie im schneeweißen Kleid und mit kunstvoll hochgestecktem Haar neben diesem überaus gutaussehenden, dunkelhaarigen Mann mit mediterranem Einschlag zeigten.

Ronny hatte sie als treuer Freund und Ratgeber durch das Jurastudium und zu sämtlichen gesellschaftlichen Anlässen begleitet, bei der eine Paarkonstellation quasi erwartet wurde – Bälle, Empfänge, Charity-Veranstaltungen.

Als Hanna zweiundzwanzig war, hatte sie Ronny in einer alkoholseligen Stunde mit untypischer Offenheit davon erzählt, dass sie ausschließlich mit Frauen das Bett teilte. Ronny hatte es unbeeindruckt zur Kenntnis genommen. Seither hatten sie nie wieder darüber geredet.

Und auch, wenn Ronny selbst darüber nie ein Wort hatte fallen lassen, so war ihr längst klar, dass sie beide dasselbe Schicksal teilten. Dass er sich niemals mit einer anderen Frau außer ihr zeigte, war wohl Beweis genug. Ihr kam seine Homosexualität gerade recht. In den Augen ihrer Eltern war Ronny eine ideale Partie. Umgekehrt war auch sie bei den Germerten-Gingens ein gern gesehener Gast.

Ronny stellte das Glas zurück auf den Tisch. Amüsement stand in seinen dunklen Augen.

»Aber natürlich bist du ein schlechter Mensch, Süße. Das wissen wir doch. Du lügst, ohne mit der Wimper zu zucken, nutzt jede noch so dubiose Chance für deinen Vorteil und scherst dich nicht um andere. Das macht dich – summa summarum – eindeutig zu einem Menschen, in dem die meisten nichts Gutes sehen. – Warum trifft dich das auf einmal so? Ich dachte, du hast dir dieses Image bewusst mit aller Sorgfalt erarbeitet!«

Hanna nahm einen großen Schluck Wein.

Während die Tannine ihren Gaumen pelzig werden ließen, dachte sie über seine Aussage nach. So sah er sie also?

»Als Anwältin ist es meine Aufgabe, auch die Bösewichte zu verteidigen. Ich weiß, dass dieser Typ von gestern ein Mistkerl ist. Aber er ist mein Mandant, und ich musste ihn verteidigen.«

Ronny nickte. »Aber deine Strategie könntest du überdenken. Dieser ohnehin schon gedemütigten Frau ins Gesicht zu schmettern, dass sie sexuell frustriert und bedürftig ist, wirkt schon ziemlich ... aggressiv.«

»Irgendetwas musste ich ja sagen.« Hanna nahm einen weiteren Schluck. »Und ehrlich ... objektiv gesehen ... mein Mandant sieht gut aus, steht erfolgreich im Leben ... hat mir Fotos von seiner Verlobten gezeigt. Himmel, sie sieht aus wie ein Model! Warum sollte er irgendein Interesse an einer durchschnittlich aussehenden Hilfskraft haben?«

»Es geht doch dabei nicht um Äußerlichkeiten oder Anziehung«, erwiderte Ronny. »Es geht um Macht. Dein Mandat nötigt seine Angestellte, um sich überlegen zu fühlen. Dass er damit ungestraft durchkommt, bestätigt ihn in seinem Tun.«

»Du glaubst, er macht das wieder?«

Ronny bedachte sie mit einem beinahe mitleidigen Blick, und sofort bereute sie ihre Frage.

»Selbstverständlich. Dank dir hat er vom Gericht einen Freifahrtschein bekommen.«

Hanna verzog das Gesicht. Den Fall gewonnen zu haben, fühlte sich mittlerweile nicht mehr ganz so gut an.

»Aber ich bin trotzdem kein schlechter Mensch«, wiederholte sie. »Jeder ist sich selbst am nächsten. Das ist ganz natürlich.«

»In unserer Gesellschaft«, wandte Ronny ein. »Es soll indigene Völker geben, die das Wort *Egoismus* nicht einmal kennen.«

Hanna verdrehte die Augen.

»Eine einfache Frage, Hanna.« Ronny lehnte sich leicht nach vorne. »Wann hast du dich jemals für jemanden eingesetzt, ohne einen Vorteil davon zu haben?«

Das war einfach zu beantworten. »Ich spende zweimal im Jahr an *Ärzte ohne Grenzen* und die *UNICEF.*«

Ronny lachte. »Dafür bekommst du eine Spendenquittung, kannst den Betrag absetzen und zahlst weniger Steuern. Vorteil für dich.«

»Ich bin trotzdem kein schlechter Mensch!«, beharrte Hanna.

»Und dennoch habe ich keine Antwort auf meine Frage bekommen …«

»Ach, Himmel!« Hanna fuhr sich genervt durch ihr langes Haar, das sie ausnahmsweise offen trug. »Ich würde dir ja zeigen, dass ich ein guter Mensch bin, wenn sich eine Gelegenheit ergäbe!«

»Ich bin sicher, es gibt viele Gelegenheiten, nur nimmst du sie nicht wahr. Mit etwas gutem Willen könntest du mir an ein paar Beispielen beweisen, wie und wann du dich um jemanden kümmerst, ohne einen persönlichen Vorteil daraus zu ziehen.«

»Wieso sollte ich dir das beweisen?«

»Du bekämst ein offizielles Ronny-Germerten-Gingen-Zertifikat, auf dem steht: Dr. jur. Hanna Erlacher ist ein guter Mensch.«

Hanna lachte hell auf. »Das ist zu wenig«, sagte sie dann flapsig. »Was bietest du noch?«

Eine Zeitspanne lang, die sich wie eine halbe Ewigkeit anfühlte, lag Ronnys Stirn in Falten. Das Klirren von Gläsern und die Stimmen der anderen Gäste drangen überdeutlich an ihr Ohr. Hanna wollte gerade das Thema wechseln, als Ronny unvermittelt sagte: »Zehn Jahre mietfrei in meiner Wohnung inklusive Garagenplatz.«

»Was?« Hanna blinzelte irritiert. »Wie bitte?«, wiederholte sie, obwohl sie genau verstanden hatte, was ihr der Freund da anbot: Einhundertfünfundzwanzig Quadratmeter im Dachgeschoss eines sanierten Altbaus im 1. Bezirk inklusive zwei Dachterrassen, die mit insgesamt sechzig Quadratmetern genauso groß waren wie Hannas derzeitige Bleibe im 8. Bezirk. Sie hatte Ronny immer um diese Eigentumswohnung, die ihm seine Großmutter vererbt hatte, beneidet.

»Du sparst zehn Jahre Mietausgaben und kaufst dir von dem Geld anschließend selbst etwas«, schob Ronny nach, als müsste er sie überzeugen. Und tatsächlich musste er das, denn so verlockend das Angebot auch klang, so sehr weckte es ihr Misstrauen.

»Wo ist der Haken?«

»Es gibt keinen.« Ronny hob die Schultern. »Außer der Tatsache, dass du es nicht schaffen wirst, die Voraussetzungen zu erfüllen.«

»Die da wären?«

»Innerhalb eines Jahres wirst du zwölf selbstlose Taten vollbringen und damit beweisen, dass du ein guter Mensch bist.«

Zwölf gute Taten. Hanna überlegte. So lächerlich das Ganze war – zwölf Mal etwas Gutes zu tun, erschien ihr nicht wirklich als Herausforderung.

»Und ob etwas eine gute und selbstlose Tat ist, entscheidest wohl du?«

»Ich wüsste nicht, wer sonst. Oder soll ich mich mit deinen Brüdern zusammentun und eine Jury bilden, damit unsere kleine Wette zumindest in der Familie bleibt?«

»Nein! Nein«, sagte Hanna schnell. Dass Maximilian und Gustav von dieser kindischen, aber lohnenden Angelegenheit Wind bekamen, fehlte gerade noch. Gustav würde sie jahrelang damit aufziehen, und Max prompt ihren Eltern darüber Bericht erstatten, wie unreif sich seine kleine Schwester doch benahm. »Dein Urteil genügt.«

»Wunderbar. Dann setzen wir jetzt einen handfesten Vertrag auf.«

»Ist das dein Ernst?«

Wie ernst es Ronny war, begriff Hanna erst, als er einen Papierbogen aus seinem Aktenkoffer nahm und zu schreiben begann. Schließlich schob er ihn über den Tisch und reichte ihr seinen Kugelschreiber.

»Ich darf um eine Unterschrift bitten.«

Sie überflog den Text, der nichts anderes als das soeben Besprochene enthielt – inklusive des Zusatzes, dass sie ihm jede gute Tat schriftlich übermitteln musste, entweder einzeln oder konsolidiert am Ende des Jahres.

Schwungvoll setzte sie ihre Unterschrift neben seine.

»Wunderbar.« Ronny ließ den Zettel wieder in seiner Akten-
tasche verschwinden. »Morgen bekommst du eine Kopie.«

»Wie du meinst.«

Mittlerweile hatte Hanna ihr Weinglas geleert. Sie hielt nach
der Bedienung Ausschau und entdeckte sie an einem der Neben-
tische. Hanna hatte sie schon des Öfteren im *Gin & More* gesehen und nannte sie in Gedanken ihre Lieblingskellnerin. Sie sah
die junge Frau mit dem ausgesprochen hübschen Gesicht, den
sinnlich geschwungenen Lippen und den großen dunklen Augen
gerne an. An diesem Abend bemerkte Hanna zum ersten Mal,
dass diese Frau nicht nur eine schlanke Taille, sondern auch einen
sehr adretten, knackigen Po hatte.

Sie nickte Hanna kurz zu, um zu signalisieren, dass sie Notiz
von ihr genommen hatte, während sie weiter die Bestellung der
insgesamt sechs Gäste am Tisch aufnahm. Hanna lächelte in der
Erwartung, dass die Kellnerin ihr Lächeln auf dieselbe zurück-
haltende, scheue Art erwiderte, wie sie es schon oft getan hatte,
doch sie hatte sich den anderen Gästen zugewandt. Hanna fühlte
einen Funken Enttäuschung. Es würde wohl noch etwas dauern,
bis sie zu ihnen kam.

Sie beschloss, die Zeit zu nutzen und zog eine auf festes Hoch-
glanzpapier gedruckte Einladung aus ihrer Designerhandtasche.

»Am Wochenende eröffnet Sisi Lopez-Vanderfelde ihre neue
Galerie. Mein Vater meint, irgendwer aus der Familie sollte sich
blicken lassen, und da alle verplant sind, ist die Wahl auf mich
gefallen. – Kommst du mit?«

Ronny nahm ihr die Einladung aus der Hand und betrachtete
sie kurz. Dann klappte er sie zu und gab sie ihr zurück.

»Französischer Expressionismus. Sehr interessant. Allerdings
bin ich am Wochenende nicht in Wien. Tut mir leid.«

»Wo bist du denn?«

Bildete sie sich das nur ein oder zögerte Ronny mit seiner
Antwort?

»Paris«, sagte er dann.

19

»Beruflich oder privat?«

»Privat.«

»Oh.«

Beruflich hätte Hanna weit weniger überrascht, denn Ronny war durch seine Arbeit im diplomatischen Dienst öfters im Ausland. Gerade wollte sie zu der neckischen Frage ansetzen, was er denn in der Stadt der Liebe so vorhabe, als die Bedienung an ihren Tisch kam.

»Bitte sehr«, sagte sie leise, und Hanna störte sich nicht zum ersten Mal daran, dass ihre Lieblingskellnerin anscheinend nur flüstern konnte.

»Noch einen Merlot, bitte«, bestellte Hanna mit fester Stimme und in einer Lautstärke, die die Kellnerin zusammenzucken ließ. Auch Ronny sah sie überrascht an.

Egal, dachte Hanna. Sie wollte ihr ja einfach nur zeigen, dass frau auch lauter sprechen konnte! Aber eigentlich wollte sie mehr. Sie wollte wissen, wie das Lachen dieser ebenso schüchternen wie attraktiven Frau klang, wollte wissen, wie sie mit offenem Haar aussah, und mehr von ihr erfahren, als dass der Merlot vom Winzer xy gerade vergriffen oder die Knoblauchscampi das Tagesgericht waren. Gleichzeitig verstand sie sich selbst nicht. Was erhoffte sie sich davon? Einen Flirt? Ein Abenteuer? Vermutlich war die Kellnerin nicht einmal lesbisch.

»Für mich bitte ebenfalls einen Merlot«, sagte Ronny nun. Er schenkte der Frau ein aufmunterndes Lächeln, was Hanna verärgerte. Warum musste er sich so betont freundlich geben, nur weil sie vielleicht ein wenig zu bestimmt aufgetreten war?

Ronny begann, etwas Belangloses über ein Restaurant zu erzählen, das vor Kurzem neu eröffnet hatte und eine Mischung aus hochwertiger kantonesischer und vietnamesischer Küche bot. Der passende Moment, um sich nach seinem Parisaufenthalt zu erkundigen, war vorüber. Hanna musste sich eingestehen, dass sie sich trotz ihres unausgesprochenen Übereinkommens *Don't ask, don't tell* sehr dafür interessiert hätte, mit welcher Art von

Mann Ronny gelegentlich sein Leben teilte. Doch ihn direkt danach zu fragen, hätte das Risiko mit sich gebracht, dass er sich nach ihrem Liebesleben erkundigte. Dass hier seit Monaten Dürre herrschte, war nur ein Grund von vielen, weshalb sie nicht darüber reden wollte.

Der Wein kam. Sie plauderten über dies und das. Um kurz nach halb elf Uhr verlangte Hanna die Rechnung.

»Alles zusammen«, sagte sie zu der Bedienung, die noch abgekämpfter wirkte als zuvor. Eine Strähne ihres dunkelbraunen Haares hatte sich aus dem Pferdeschwanz gelöst und fiel ihr ins Gesicht. Alle paar Sekunden strich sie sie mit einer fahrigen Handbewegung nach hinten.

Hanna reichte ihr die Kreditkarte und entschied, etwas zu tun, was sie noch nie zuvor getan hatte: Sie gab satte fünfzehn Euro Trinkgeld. Sowohl Ronny als auch die junge Frau sahen sie ungläubig an.

»Sie meinen ein Euro fünfzig, oder?«, fragte die junge Frau unsicher.

Hanna musste sich beherrschen, um nicht die Augen zu verdrehen.

»Nein. Sie haben uns heute Abend nett und aufmerksam bedient. Dafür sollen Sie auch belohnt werden.«

»D…danke.«

Die Kellnerin wirkte noch immer verunsichert.

Keine fünf Minuten später stand Hanna mit Ronny draußen vor dem Lokal und hielt nach Taxis Ausschau. Hanna fröstelte in ihrem dünnen Mantel. Für einen Abend Anfang Mai war es ungewöhnlich kühl.

»Du weißt aber schon, dass ein üppiges Trinkgeld nicht als gute Tat im Sinne unseres Vertrags zählt?«

»Wie bitte? Wieso nicht?«

»Ich bitte dich.« Ronny lachte trocken. »Um Gelder zu verteilen, musst du wirklich kein großes Herz haben, nur eine volle Geldtasche! – Du sollst etwas Nettes *tun!* Darum geht es!«

»Was denn? Ihr etwa das Tablett abnehmen und ihren Job erledigen?«

»Ich glaube nicht, dass Josefina das will, aber wenn du dich in Sachen Großherzigkeit schon so auf sie versteifst: Wenn du ihre Arbeit künftig mehr wertschätzt und sie freundlicher behandelst, wäre das sicher schon ein Gewinn für sie.«

Hanna runzelte die Stirn. »Josefina? Woher kennst du ihren Namen?«

»Der steht auf ihrem Namensschild. – Weißt du, *ich* schenke den Menschen um mich herum Aufmerksamkeit.«

»Ha, ha«, erwiderte Hanna lahm, ärgerte sich jedoch, dass sie den Namen ausgerechnet von Ronny erfahren musste.

Dann fiel ihr plötzlich etwas ein. »Ronny, wenn ich in einem Jahr in deine Wohnung ziehe, wo wohnst dann du?«

»Abgesehen davon, dass es dazu nicht kommen wird, werde ich die Wohnung vermutlich nicht mehr brauchen. Ab nächsten Sommer wohne ich voraussichtlich im Ausland und komme nur noch sporadisch nach Wien.«

»Oh.« Die Offenbarung traf Hanna wie ein Schlag in die Magengrube. Wenn Ronny dauerhaft im Ausland lebte, wer begleitete sie dann künftig zu offiziellen Anlässen? »Und wohin ins Ausland? Weißt du das schon?«

Ein Taxi kam; Ronny winkte es herbei.

»Nimm du das, ich nehme das nächste.«

Er hielt ihr die Tür auf und wartete, bis sie eingestiegen war. Hanna begriff, dass sie keine Antwort auf ihre Frage erhalten würde.

Die erste gute Tat

Hanna fand sich in einem Besprechungsraum der Kanzlei wieder, gemeinsam mit Harald Kofranek und Philipp Lutz, den Seniorpartnern, die zugleich ihre Chefs waren. Die Sekretärin hatte Kaffee und Kekse serviert. Nichts davon brachte Hanna herunter. Ihr Herz schlug kräftig in ihrer Brust. Sie hatte sich nichts zu Schulden kommen lassen und verzeichnete seit Monaten nur Erfolge, weshalb dieses Gespräch, zu dem sie so unerwartet gebeten worden war, nur eines bedeuten konnte: mehr Verantwortung und mehr Gehalt. Endlich würde sie größere Fälle vor Gericht vertreten dürfen als randalierende Fußballfans, streitende Nachbarn oder der erbärmliche Versuch einer sexuellen Belästigung.

»Frau Doktor Erlacher, wir verraten Ihnen sicherlich nichts Neues, wenn wir Ihnen mitteilen, dass wir außerordentlich zufrieden mit Ihnen sind«, eröffnete Kofranek, ein stattlicher Mann um die sechzig, das Gespräch. »Sie stechen unter unseren Nachwuchsanwälten hervor.«

»Danke schön.«

Hanna lächelte geschmeichelt und verbarg ihre vor erwartungsvoller Anspannung schwitzenden Hände auf ihren Oberschenkeln unter dem Tisch.

»Was sind Ihre Pläne für die Zukunft?«

Die Wahrheit würde sie den beiden sicher nicht aufs Butterbrot schmieren … Sie antwortete: »Mich weiterhin für die Belange Ihrer Kanzlei einzusetzen, selbstverständlich. Dafür zu sorgen, dass unsere Mandanten faire Prozesse bekommen und sie in diesen erfolgreich zu vertreten.«

Sie merkte an den Mienen der beiden, wie sehr sie mit dieser Antwort ins Schwarze getroffen hatte. Perfekt.

»Frau Doktor Erlacher, wir werden dieses Gespräch nicht unnötig in die Länge ziehen und kommen deshalb rasch zum Punkt.« Nun hatte Philipp Lutz, der mit knapp fünfzig der jüngste der drei namensgebenden Anwälte war, das Reden übernommen. »Kollege Riedherr hat sich entschieden, im Sommer nächsten Jahres frühzeitig in den Ruhestand zu treten. Wir wollen als Partner in der Dreierkonstellation bleiben und ziehen in Erwägung, Sie als Juniorpartnerin mit *on board* zu nehmen.«

Hanna öffnete den Mund und schloss ihn direkt wieder, weil sie spürte, dass sie nichts darauf erwidern konnte. Ihr war so heiß, dass sie das Gefühl hatte, gleich zu explodieren. Hier ging es nicht nur um mehr Verantwortung und mehr Geld; nein, hier ging es um etwas richtig, richtig Großes!

»Zugegeben, Sie sind mit Ihren zweiunddreißig Jahren noch sehr, sehr jung und haben gerade einmal Ihre Pflichtjahre absolviert«, fuhr Lutz nun fort. »Allerdings sind Sie fachlich hervorragend und fleißig, trauen sich, auch uns gegenüber Kritik zu äußern und bringen einen familiären Background mit, der auf viele weitere zahlungskräftige Klienten hoffen lässt. Somit sind Sie beinahe die Idealkandidatin.«

Die Erwähnung ihres familiären Backgrounds ließ ihre Körpertemperatur um etliche Grade sinken. Ging es hier um ihren Vater, einer der renommiertesten Architekten Österreichs, oder um sie?

Doch noch mehr ließ das Wort *beinahe* sie aufhorchen.

»Vielen Dank. Das ist sehr schmeichelhaft und ehrt mich sehr«, sagte sie, als sie ihre Stimme wiedergefunden hatte. »Aber gibt es denn einen Punkt, der *nicht* für mich spricht?«

»Nun, Sie sind sehr jung«, wiederholte Lutz. »In Ihrem Alter … gerade als Frau … kann noch viel passieren.«

Es dauerte ein paar Sekunden bis Hanna begriff, worauf er anspielte. Beinahe hätte sie herzlich gelacht.

»Also, ich habe nicht vor, schwanger zu werden«, platzte es erleichtert aus ihr heraus. »Darüber müssen Sie sich nicht sorgen!«

Die beiden wechselten einen irritierten Blick und starrten sie dann an wie ein Alien.

Mist.

Hanna realisierte ihren Fehler sofort. Kofranek, das wusste sie aus gut informierten Kreisen, war gläubiger Katholik und engagierte sich in seiner wenigen Freizeit für die Kirchengemeinde. Lutz hatte mit seiner Frau insgesamt sechs Kinder.

»Ich meinte ... ich will *demnächst* nicht schwanger werden«, korrigierte sie bemüht.

»Nun, es gibt da noch einen Punkt«, sagte Kofranek, ohne auf ihre Worte einzugehen. »Ihr Familienstatus. Sie wissen ja, unser Klientel ist konservativ und unser Ruf ist uns sehr wichtig. – Es wäre von Vorteil, wenn Sie Ihre Partnerschaft langfristig ... nun ... legalisieren würden.«

Hanna spürte, wie ihr der Schweiß über den Rücken zu laufen begann. Natürlich wusste sie, dass die Kanzlei eher konservatives Publikum anzog. Doch Kofraneks Formulierung bescherte ihr nahezu Fieberschübe. *Legalisieren.* Das klang beinahe, als wäre eine normale Partnerschaft ohne Trauschein illegal, und das im 21. Jahrhundert!

»Was mein Kollege sagen will, ist, dass es von Vorteil wäre, wenn Sie bis zum nächsten Jahr heiraten würden«, sagte Lutz und zwinkerte ihr zu. »Mir ist zu Ohren gekommen, dass es da einen verheißungsvollen Kandidaten an Ihrer Seite gibt, und ich denke, diese Verbindung wäre auch für die Kanzlei nicht die schlechteste.«

Ging es etwa zusätzlich um die Kontakte der Germeten-Gingens?

Hanna rang sich ein Lächeln ab. »Vielen Dank für Ihren Rat. Ich werde das daheim dann einmal ... subtil anregen. Aber Sie werden verstehen, dass ich in dieser sehr privaten Angelegenheit als Frau hier ausnahmsweise einmal nicht die Zügel in die Hand nehmen kann.«

Kofranek lachte. Lutz schmunzelte. Hanna hatte vom verkrampften Lächeln schon beinahe eine Gesichtslähmung.

Als sie das Besprechungszimmer zehn Minuten später verließ, war ihr so übel, dass sie sofort auf die Toilette flüchtete. Im Schutz der Kabine presste sie ihre heiße Stirn gegen die kalten Kacheln, während ihr zum Glück leerer Magen seltsame Salti schlug. Ihre Freude über die unerwartete Aussicht auf eine Partnerschaft wurde von nackter Panik überlagert. Sie kam sich vor, als wäre sie die unfreiwillige Hauptdarstellerin in einem US-Drama aus den Achtziger- oder Neunzigerjahren: Beförderung nur mit Ring am Finger. Nur, dass sich die Heldinnen in den Filmen, die gezwungen wurden, sich aus Prestigegründen einen Scheinehemann zuzulegen, dann auch immer in diesen verliebten – was bei ihr nie passieren würde.

Benommen ging Hanna zum Waschbecken und ließ kaltes Wasser über ihre Hände laufen. Im Spiegel sah sie eine blasse Frau mit Sommersprossen und Stupsnase, die ungewohnt verletzlich wirkte. Sie straffte die Schultern. Nichts hasste sie mehr, als Schwäche zu zeigen! Während sie ihren Lippenstift neu auftrug und sich mit einem Taschentuch den Schweiß von der Stirn tupfte, kehrte ihre Souveränität zurück. Für alles gab es eine Lösung. Auch für einen Freund, der nicht existierte.

Sie würde jetzt das Büro für eine kurze Pause verlassen und ihre Optionen überdenken.

*

Josefina stellte gerade drei Gläser mit Prosecco auf ein Tablett, als sie sie hereinkommen sah. Diese Frau mit dem roten Haar und den Sommersprossen, die ihr neulich ein viel zu hohes Trinkgeld gegeben hatte. Zielstrebig steuerte sie auf einen der Tische im hinteren Bereich des Lokals zu. Sie war regelmäßig im *Gin & More*, wenngleich auch nicht um diese Uhrzeit. Gewöhnlich kam sie mittags allein oder mit ein paar Kollegen, die ähnlich formell gekleidet waren wie sie selbst. Abends war sie oft in Begleitung ihres gutaussehenden Freundes.

Die Frau war nicht der einzige Stammgast, wohl aber einer, der Josefina von Anfang an aufgefallen war. Ihr rotes Haar war nicht der einzige Grund, weshalb sie Blicke auf sich zog. Es war ihre gesamte Präsenz. Sie betrat das Lokal mit einer Körperhaltung, als wäre sie dessen Eigentümerin, und bewegte sich mit einer Selbstverständlichkeit, die Josefina bewunderte. Die Rothaarige mochte vielleicht zwei, drei Zentimeter größer sein als sie selbst, wirkte aber um ein Vielfaches raumfüllender.

Zudem besaß diese Frau eine scharfe Zunge. Nicht nur einmal hatte Josefina sie mit den Kollegen diskutieren hören. Sie vertrat ihre Standpunkte sehr entschlossen und schien nicht einmal zu bemerken, wenn sie andere vor den Kopf stieß. Nur abends, wenn sie mit ihrem Freund hier war, wirkte sie ruhiger, fast schon sanft.

Josefina fand, dass die beiden ein schönes Paar abgaben. Dass die Frau in den Mann verliebt war, stand außer Frage. Allein die Blicke, mit denen sie ihn bedachte, sprachen Bände. Sie bewunderte ihn. Und er gab sich fürsorglich und liebevoll. Wenn er ihr in den Mantel half oder die Tür aufhielt, quoll Josefinas Herz beinahe über vor Rührung. So musste Liebe sein.

Nun brachte Josefina den drei Mittvierzigerinnen, die kicherten und herumalberten wie aufgekratzte Teenager, den Prosecco, dann ging sie zum Tisch der Rothaarigen, die gerade ihr Tablet entsperrte.

»Hallo. Was darf ich bringen?«

Die Frau sah auf, und Josefina bemerkte sofort, dass sie nicht so gelassen und cool war wie sonst. Irgendetwas in ihren grünen Augen verriet, dass etwas sie beschäftigte.

27

»Einen Espresso. Oder nein – Moment – vielleicht lieber einen frisch gepressten Orangensaft.«

Immer sprach sie so laut. Josefina verstand nicht, warum sie das tat – genauer gesagt: mit *ihr* tat. Denn mit ihrem Freund und den Kollegen redete sie stets in normaler Lautstärke. Dachte sie eventuell, sie wäre schwerhörig?

»Sehr wohl.«

Josefina war schon wieder auf dem Weg zur Theke, als die Frau rief: »Warte mal. – Euer WLAN-Passwort, wie lautet das?«

»Ich … sehe nach.«

Sie spürte, dass der Frau diese Antwort so gar nicht gefiel. Josefina hatte das Passwort nicht parat, weil Harry, ihr Chef, es jede Woche änderte. Das machte eigentlich keinen Sinn, denn er kritzelte die Passwörter stets in großer Schrift in das offen am Tresen liegende Reservierungsbuch und verteilte es großzügig an die Gäste.

Noch ehe Josefina den Orangensaft servierte, brachte sie das Passwort.

»Sumsibiene123«, sagte sie.

»Sumsibiene?« Die Frau sah sie ungläubig an. »Ernsthaft? Wer denkt sich denn so einen Schwachsinn aus?«

Harry. Doch das behielt sie für sich, denn es kam ihr illoyal vor, den Chef so an den Pranger zu stellen. Sie lächelte nur verlegen.

»Danke«, sagte die Frau schließlich.

In diesem Moment lachten die Freundinnen am Nachbartisch so laut, dass die wenigen Gäste, die sonst noch im Lokal waren, irritiert in ihre Richtung schauten. Die Frau runzelte missbilligend die Stirn.

»Tut mir leid«, sagte Josefina automatisch. Wahrscheinlich wollte die Frau irgendetwas auf dem Tablet arbeiten und brauchte Ruhe.

»Was genau tut dir leid? Dass sich einige Leute einfach nicht benehmen können? – Ja, das tut mir auch leid!«

Die Frau hatte so laut gesprochen, dass die Mittvierzigerinnen grimmig herübersahen. Josefina stieg das Blut in den Kopf. Sie fühlte sich schuldig, weil sie mit ihrer Entschuldigung den Ärger quasi provoziert hatte. Eilig suchte sie Schutz hinter dem Tresen und spülte ein paar Gläser. Die Freundinnenrunde hatte wieder zu ihrer Ausgelassenheit zurückgefunden.

»Noch mal drei Prosecco, bitte!«

Josefina füllte die Gläser, stellte sie zum Orangensaft aufs Tablett und lief in Richtung Gelächter.

Sie wollte das Tablett gerade abstellen, als jene Frau, die ihr den Rücken zugedreht hatte, schwungvoll aufstand und mit dem Ellbogen gegen das Tablett stieß. Prompt geriet es in Schieflage und die Proseccogläser zersprangen auf dem Boden. Das Glas mit dem Orangensaft kippte wie in Zeitlupe zur Seite und ergoss seinen Inhalt über die weiße Bluse der Frau. Die Damen kreischten, jemand applaudierte, ein anderer Gast rief amüsiert: »Bravo!«

Dann herrschte ein paar Sekunden lang Stille, ehe die Frau, deren ganzer Oberkörper nun mit Orangensaft bedeckt war, giftete: »Können Sie nicht aufpassen! Sehen Sie doch, was Sie angerichtet haben!«

Josefina war den Tränen nahe. In Schockstarre verharrte sie an Ort und Stelle.

»Wie wäre es, wenn Sie mal zu putzen anfangen?«, herrschte eine der anderen Frauen sie an.

Dann stand plötzlich Harry neben ihr und entschuldigte sich wortreich: »Selbstverständlich werden wir für die Reinigung aufkommen.« Er funkelte Josefina böse an. »Ein Missgeschick meiner Mitarbeiterin. Entschuldigen Sie bitte vielmals. Die nächste Runde geht aufs Haus.«

»Das ist eine Seidenbluse!«, zeterte die Frau weiter. »Und ich hätte danach einen wichtigen Geschäftstermin gehabt, den ich jetzt nicht wahrnehmen kann! Damit entgeht mir ein Umsatz von mehreren hundert Euro! Diesen Verlust werde ich Ihnen in Rechnung stellen!«

»Wie gesagt, es handelt sich um ein Missgeschick meiner Mitarbeiterin«, wiederholte Harry, und Josefina hatte das Gefühl, vor Scham im Boden zu versinken. »Selbstverständlich wird sie Ihnen den Schaden ersetzen.«

»Jetzt reicht es aber!« Eine weitere Stimme schaltete sich in die Diskussion ein. »Die Bedienung trifft überhaupt keine Schuld. Ich habe den Vorfall beobachtet. Das Verschulden liegt allein bei Ihnen, werte Dame! Wer seinen Stuhl nach hinten rutscht und aufsteht, ohne sich zu vergewissern, was oder wer des Weges kommt, hat sämtliche Sorgfaltspflichten vernachlässigt.«

Die Frau mit den roten Haaren hatte sich vor der Frau mit dem Orangensaft auf der Bluse aufgebaut. Obwohl sie gut zehn Zentimeter kleiner war, wirkte sie viel größer.

»Und auf Kosten der Kellnerin wird hier gar nichts ersetzt!«, fuhr sie entschieden fort. »Geben Sie die Bluse in die Reinigung, reichen Sie die Rechnung bei *Gin & More* ein und stellen Sie augenblicklich Ihre unhaltbaren Schuldzuweisungen ein!«

Kurz war es still. Aus den Augenwinkeln nahm Josefina die Frau mit den roten Haaren wahr, die ihre Arme nun vor der Brust verschränkt hatte und die Freundinnenrunde mit eisigem Blick strafte.

Als niemand etwas erwiderte, sagte die Rothaarige: »Gut. Danke für Ihre Einsicht. Der Fall ist damit erledigt.« Sie setzte sich zurück an ihren Platz.

Harry spendierte den Damen trotzdem noch eine ganze Flasche Prosecco. Er brachte sie ihnen persönlich, während Josefina die Glasscherben auffegte und den Boden putzte. Sie schämte sich noch immer. Sie hätte besser aufpassen müssen, keine Frage. In den zwei Jahren, in denen sie inzwischen kellnerte, hatte sie schon viel zu oft etwas fallen gelassen, Bestellungen falsch notiert oder vergessen. So etwas Schreckliches war ihr jedoch noch nie passiert. Gleichzeitig fühlte sie in ihrem Inneren eine tröstliche Wärme. Jemand war für sie eingetreten und hatte sie verteidigt. Auch das war noch nie vorgekommen.

Als die Rothaarige zahlen wollte, brannte Josefina die Frage, warum sie das getan hatte, regelrecht auf der Zunge. Doch am Tisch angekommen, sagte sie nur leise: »Danke, wegen vorhin. Tut mir leid, dass ich Sie da mit reingezogen habe.«

»Nichts zu danken.« Die Rothaarige erhob sich. »Und hör auf, dich für Dinge zu entschuldigen, für die du nichts kannst! Das macht mich wahnsinnig.«

»Entschuldigung.« Kaum ausgesprochen, biss sie sich auf die Lippen.

Die Rothaarige seufzte und bedachte sie mit einem langen, unergründlichen Blick. »Okay«, sagte sie dann. »Wenn du es schaffst, dich einen ganzen Tag lag nicht für irgendetwas zu entschuldigen, spendiere ich dir ein Vier-Gänge-Menü beim angesagtesten Italiener in Wien. Deal?« Sie streckte ihr die Hand entgegen.

Josefina sah sie unsicher an. Meinte die Frau das ernst?

Eigentlich bereitete ihr die Vorstellung, in einem Sternerestaurant essen zu gehen, eher Gänsehaut. Trotzdem nahm sie die ausgestreckte Hand entgegen.

Der Händedruck der Frau war angenehm. Ihre Haut war weich und warm. Josefina hielt die Hand fest und wollte sie gar nicht mehr loslassen. Es war, als würde die Wärme direkt in sie hereinfließen – wie ein Hitzestrom, der seinen Weg durch die Adern in ihren Bauch fand und dort ein seltsames Ziehen verursachte, das sie nicht einordnen konnte.

Auch die Rothaarige machte keine Anstalten, ihre Hand zurückzuziehen. Stattdessen sah sie sie einfach nur mit diesem unergründlichen Gesichtsausdruck an. Josefina stellte sich vor, wie es sein mochte, Hand in Hand mit ihr spazieren zu gehen – wie mit einer älteren Schwester, die sie beschützte.

»Zahlen, bitte!«

Die Stimme eines Gastes riss Josefina aus ihrem Tagtraum. Sie löste ihre Hand und trat ein paar Schritte zurück.

»Danke«, sagte sie noch mal.

»Denk an unseren Deal!« Die Rothaarige zwinkerte ihr zum Abschied zu.

*

»Ich habe die erste gute Tat vollbracht.«

Hanna hatte sich im Bademantel in ihren Korbsessel gekuschelt, einen Handtuchturban auf dem feuchten Haar, das Handy am Ohr. Auf dem kleinen Tisch neben ihr lag eine Kopie des Vertrags, die Ronny in ihren Postkasten geworfen hatte.

»Also, zieh dich warm an, Ronny. Der Umzugswagen wird pünktlich Anfang Mai vor deiner Tür stehen.

Sie hörte den Freund herzhaft lachen.

»Mal langsam«, sagte er. »Erst muss ja noch verifiziert werden, ob es sich wirklich um eine gute Tat handelt.«

In wenigen Sätzen berichtete sie vom Vorfall im *Gin & More*. Als sie geendet hatte, herrschte erst einmal Schweigen.

»Prinzipiell ist das eine gute Tat«, stellte Ronny fest.

»Yeah!« Sie streckte jubelnd den Arm nach oben. »Ich bin auf dem Siegertrip, gib es zu!«

»Die kleine Kellnerin scheint dir am Herzen zu liegen.«

»Mir liegt deine Wohnung am Herzen, und Josefina war zur richtigen Zeit am richtigen Ort.«

Das war nicht ganz ehrlich. Als sie sich in Josefinas Gespräch mit dem Chef und den drei Prosecco-Tussis eingemischt hatte, war es ihr um Gerechtigkeit gegangen. An den Vertrag mit Ronny hatte sie in diesem Augenblick überhaupt nicht gedacht.

»Du weißt aber, dass du deinen Bericht noch schriftlich einreichen musst?«

»Ja, du Bürokrat! Ich habe mir extra ein Schulheft zugelegt, in dem ich alles genau notiere. Sobald ich meine zwölf guten Taten begangen habe, werde ich es dir feierlich überreichen.«

Wieder hörte sie Ronny leise lachen. Sie wusste genau, dass er immer noch an ihr und dem Vorhaben zweifelte. Dies allerdings war momentan ihr kleinstes Problem. Sie kaute an ihrer Unterlippe. Denn das, was sie eigentlich von ihm wollte, war viel herausfordernder, als diese kindische Wette zu gewinnen.

»Wie war es denn in Paris?«, erkundigte sie sich unschuldig. »Ausgiebiges Sightseeing gemacht?«

»Paris?« Im ersten Moment schien Ronny nicht zu begreifen. Dann sagte er: »Ach so. Der Flug ging nach Paris, aber wir waren dann an der Loire. Wunderschöne Gegend. Gutes Essen. Das Wetter hat auch gepasst.«

Wir.

Das Wort hallte in Hanna nach und machte ihr Vorhaben nicht einfacher.

»Ich habe die Chance, Partnerin in meiner Kanzlei zu werden«, sprach sie dann den eigentlichen Grund ihres Anrufs an. »Allerdings hat man mir nahegelegt, erst einmal mit meinem langjährigen Freund vor den Traualtar zu treten. Die Rede war eindeutig von dir, falls du auf der Leitung stehen solltest.«

»Autsch.« Er lachte kurz, doch es hörte sich künstlich an. »Anscheinend waren wir in letzter Zeit etwas zu oft gemeinsam auf gesellschaftlichen Events.«

Das war nicht das, was sie hatte hören wollen.

Es kostete sie Überwindung, dieses Gespräch fortzuführen. Doch sie klammerte sich an die Aussicht, dass bald ihr Name auf dem Schild der Kanzlei stehen würde: *Lutz, Kofranek & Erlacher.*

»Sieh mal, Ronny«, begann sie mit sanfter Stimme. »Wir beide verstehen uns doch bestens und achten die Privatsphäre des jeweils anderen. Wir sind ein gutes Team, oder?«

»Durchaus.«

»Unsere Eltern verstehen sich ausgezeichnet. Wir haben aussichtsreiche Karrieren vor uns – Karrieren, die noch besser funktionieren würden, wenn wir gewisse Erwartungen erfüllen.« Nun gab es kein Zurück mehr. Sie atmete tief durch. »Ronny, lass uns heiraten. Ich verspreche dir, ich werde nach außen eine vorbildliche Ehefrau abgeben, und solltest du einmal irgendwo Botschafter werden, präsentiere ich mich als eloquente, aber dezente Lady an deiner Seite!«

Natürlich würde sie nicht dauerhaft mit ihm in Timbuktu oder im Kongo wohnen! Da sie ihre eigene Karriere als Anwältin verfolgte, würde jeder verstehen, dass sie weiterhin die gemeinsame Wohnung in Wien bewohnte und nur zu offiziellen Anlässen in der Botschaft erschien.

Erst einmal hörte sie nur Rauschen.

Irgendwann sagte Ronny: »Sag mir bitte, dass du gerade einen Scherz gemacht hast.«

Ihr Herz rutschte ein paar Zentimeter nach unten. Doch an einen Rückzieher war jetzt nicht zu denken.

»Ronny. Eine Ehefrau würde auch dir helfen. Und ich bin die beste Kandidatin. Ich bin diskret, ich will nicht mit dir schlafen, ich lasse dir alle Freiheiten …«

»Jetzt hör mal zu, du verrücktes Huhn! Eine Ehe ist schon was Besonderes. So etwas schließt man nicht, nur weil man sich irgendwelche kurzfristigen Vorteile erhofft. Das hat mit Liebe zu tun.«

Himmel, seit wann war Ronny so kitschig unterwegs? Sein neuer französischer Freund musste ihm wirklich gehörig den Kopf verdreht haben! Trotzdem – mit einer Homoehe würde er seine Karriere im diplomatischen Dienst sicher beenden, noch ehe sie so richtig Fahrt aufgenommen hatte.

»Du kannst dich ja nach ein paar Jahren wieder von mir scheiden lassen«, schlug sie vor. »Oder dich zumindest einmal mit mir offiziell verloben. Wenn wir nach eineinhalb Jahren noch immer nicht verheiratet sind, ist es auch egal. Dann bin ich schon Partnerin.«

»Du bist wirklich ein verrücktes Huhn, Hanna.« Ronny lachte jetzt wieder. Offensichtlich hielt er ihren Vorschlag für einen

Scherz – oder wollte ihn zumindest für einen Scherz halten. »Keine Sorge, du wirst auch ohne Ring am Finger irgendwann Partnerin in einer renommierten Kanzlei werden. Vielleicht nicht bei diesem konservativen Spießerhaufen, aber es gibt ja genug andere Kanzleien.«

Unzufrieden kaute Hanna wieder auf ihrer Unterlippe herum. Warum konnte Ronny nicht einfach einsehen, dass eine Verlobung oder gar Ehe auch für ihn das Beste war? Er war schon vierunddreißig; irgendwann würden die Leute sein Junggesellendasein hinterfragen!

»Es gibt eindeutig Schlimmeres, als mit mir verlobt zu sein, oder?«, setzte sie von Neuem an. »Hanna Elisabeth Erlacher und Ronald Siegfried Johannes Germeten-Gingen geben ihre Verlobung bekannt – wie klingt das?«

»Fantastisch«, sagte Ronny trocken. »Ich bin begeistert.«

Zumindest hat er den Vorschlag nicht ganz abgeblockt, dachte Hanna, als sie das Gespräch später Revue passieren ließ. Irgendwann würde er schon einwilligen. Sie musste nur hartnäckig bleiben.

Die zweite gute Tat ...

Gewöhnlich betrat Josefina keine Geschäfte, die *Boutique* im Namen hatten, denn sie klangen nach viel zu hohen Preisen. Bei der *Schokoboutique* machte sie heute eine Ausnahme. Schon oft war sie auf dem Weg von der U-Bahn-Station zur Arbeit an dem Schaufenster mit den kleinen und größeren Kunstwerken aus Schokolade sehnsuchtsvoll vorbeigegangen.

Jetzt stand sie im Laden und fühlte sich zunehmend unwohl. Die Pralinen waren noch teurer als befürchtet.

»Kann ich Ihnen helfen?«, fragte die Verkäuferin schon zum zweiten Mal. Seit Josefina das Geschäft betreten hatte, war sie ihr nicht von der Seite gewichen. Befürchtete diese Frau etwa, dass sie etwas stehlen würde, oder lag es bloß daran, dass keine anderen potenziellen Kunden im Laden waren?

Ihr Unbehagen wuchs. Sie machte ein paar Schritte nach links, um Distanz zwischen sich und der Verkäuferin zu schaffen. Die Frau folgte ihr prompt.

»Zartbitter mit Preiselbeerfüllung ist unser Tipp des Monats.«

Josefina griff nach einer Pralinenschachtel, die mit hübschen Streublumen bedruckt war, und ging zur Kasse. Ihre Hände zitterten, als sie die Geldbörse aus ihrem kleinen Nylonrucksack fischte.

Die Pralinenschachtel kostete fast doppelt so viel wie das, was Josefina ursprünglich hatte ausgeben wollen. Doch für einen Rückzieher war es zu spät. Sie wollte nur noch weg von dieser seltsamen Verkäuferin.

Im *Gin & More* verstaute sie die Schachtel in ihrem Spind.

Nun musste sie nur noch warten, bis die nette Rothaarige wieder auftauchte.

*

Hanna schlängelte sich zwischen den Tischen hindurch zurück zu Ronny. An diesem lauen Maiabend bot sich zum ersten Mal die Gelegenheit, die Drinks auf der kleinen Holzterrasse des Lokals zu genießen. Sie hatten einen der letzten freien Tische ergattert, ehe Hanna einem dringenden Bedürfnis hatte nachgehen müssen.

»Irgendetwas stimmt mit deiner Kellnerin heute nicht«, stellte Ronny beiläufig fest, als Hanna ihm gegenüber Platz nahm. »Sie wirkt komplett neben der Spur.«

»Sie wirkt doch immer etwas neben der Spur«, erwiderte Hanna, während sie sich Wasser aus der Karaffe einschenkte. Dann wurde ihr bewusst, was Ronny da gerade von sich gegeben hatte. »*Meine* Kellnerin? Was soll das denn heißen?«

»Na, wer hat sich denn neulich laut eigener Aussage so ins Zeug geschmissen, um ihr zu helfen?« Ronny stützte den Kopf in die Arme und grinste sie über die Tischdeko hinweg amüsiert an.

Hanna lag bereits eine sarkastische Bemerkung auf den Lippen, da kam Josefina mit einem Tablett voller Getränke aus dem Lokal. Als sie an ihnen vorbeiging, erhaschte Hanna einen Blick in ihr Gesicht. Ronny hatte recht. Sie wirkte noch angespannter als sonst. Ihre roten Augen verrieten, dass sie geweint hatte.

Sie kam als Letztes zu ihnen an den Tisch.

»Einmal den *Manhattan* …« Sie stellte den Cocktail vor Ronny hin. »Und ein Achtel Merlot.«

Sie sah Hanna nicht an. Das war im Grunde nichts Neues, aber diesmal störte sich Hanna daran. Seit sie für Josefina in die Bresche gesprungen war, waren sie sich doch nicht mehr fremd! Ein nettes *Hallo* wäre zumindest angebracht.

»Und? Wieder einmal jemanden mit Orangensaft getränkt in den letzten Tagen?«, fragte sie mit spitzer Zunge.

Entsetzen stand in den Augen der jungen Frau, ehe sie leise stotterte: »N...n...nein. Tut mir leid.«

»Du tust es schon wieder. Wir hatten doch einen kleinen Deal, oder?«

Sie konnte Ronnys Verwunderung spüren.

»Ent...entschuldigung ... i...i...ich ...« Abrupt drehte sie sich um und stieß dabei an den Tisch. Der kleine Gartentisch wackelte bedrohlich, und Hannas Weinglas geriet ins Wanken. In letzter Sekunde konnte sie es abfangen und Schlimmeres verhindern. Die Tischdecke hatte dennoch zwei rote Spritzer abbekommen.

Josefina schnappte nach Luft. Dann schluchzte sie auf und hastete davon.

Ohne zu überlegen, sprang Hanna auf. Im Inneren des Lokals sah sie Josefina hinter einer Tür neben der Bar verschwinden und folgte ihr, den überraschten Blick des Barkeepers ignorierend.

In dem Raum, bei dem es sich offensichtlich um den Sozialraum des Lokals handelte, kauerte die junge Frau auf einer schmalen Bank und weinte. Ihre Haarspange hatte sich gelöst und das dunkelbraune glatte Haar fiel ihr ins Gesicht. Ihr ganzer Körper bebte.

»Hey.« Hanna ließ sich neben ihr auf der Bank nieder. Josefina schien kaum Notiz von ihr zu nehmen. Erst als Hanna ihr vorsichtig die Hand auf den Oberschenkel legte, zuckte sie zusammen. Hanna zog ihre Hand wieder zurück.

»T...t...tut mir leid«, brachte die junge Frau unter Tränen hervor. »Ich wollte nicht ...«

»Schon gut.« Hanna widerstand nur schwer dem Drang, sie erneut zu berühren – eine tröstende Geste, die ihr in dieser Situation selbstverständlich schien. Sie fühlte sich schuldig. »Es ist doch nichts passiert. Und wenn, würde die Betriebshaftpflicht des Restaurants die Rechnung für die Reinigung übernehmen. Das habe ich dir doch neulich schon erklärt.«

»A…aber Harry. Mein Chef … er sagt, es ist meine Schuld. Er sagt, ich muss das bezahlen. Er gibt mir die Rechnung und zieht mir den Betrag vom Lohn ab …«

Es dauerte etwas, bis Hanna begriff, dass es um den Vorfall mit dem Orangensaft ging. Empörung machte sich in ihr breit. Was war das für ein Chef, der seine vermutlich nur auf Mindestlohn eingestufte Angestellte Kosten übernehmen ließ, die eigentlich seine Versicherung übernehmen sollte?

»Josefina …« Sie nahm sie bei den Schultern und drehte sie in ihre Richtung, damit sie ihr in die Augen sah. »Du wirst hier gar nichts zahlen. Das ist nicht deine Verantwortung. Ich werde mit deinem Chef reden.«

Josefinas Tränenstrom versiegte. Ungläubig sah sie Hanna aus großen dunklen Augen an.

»Ich bin Rechtsanwältin«, schob Hanna erklärend hinterher. »Und wenn auf deinem nächsten Lohnzettel weniger Gehalt steht als sonst, werden wir juristische Schritte einleiten.«

»Nein … ich –«, setzte Josefina an, doch im selben Augenblick betrat ein dickbäuchiger Mann um die fünfzig den Raum. Hanna erkannte ihn als den Manager des Restaurants, der neulich bei der Orangensaft-Causa in Aktion getreten war.

»Was wird das, wenn es fertig ist?«, fragte er unwirsch. »Du bist zum Arbeiten hier, nicht zum Tratschen! Im Übrigen ist das deine letzte Chance. Wenn du noch mal etwas verschüttest, fliegst du raus!«

»Sie sind also Harry?« Hanna baute sich vor ihm auf und musterte ihn abschätzig. »Gestatten: Doktor Erlacher. Ich bin die Anwältin von Frau … äh, von Josefina. Ich wurde von meiner Mandantin gerade in Kenntnis gesetzt, dass Sie mit einer Lohnkürzug gedroht haben. Ich nehme an, da handelt es sich um ein Missverständnis?«

Harry glotzte sie an wie eine Außerirdische, blinzelte ungläubig.

Hanna fuhr fort: »Der Gesetzgeber definiert ziemlich klar,

in welchen Fällen Lohnkürzungen zulässig sind. Ich kann Ihnen versichern, dass das Verschütten eines Getränks keineswegs als rechtfertigender Grund gilt. Ich lege Ihnen daher dringend nahe, meine Mandantin künftig nicht mehr mit gesetzeswidrigen Maßnahmen zu bedrohen. Ansonsten sehen wir uns gezwungen, rechtlich gegen Sie vorzugehen.«

Sie sandte Josefina einen aufmunternden Blick, dann ging sie zurück an den Tisch. Niemand hatte es nötig, sich von so einem Hanswurst demütigen zu lassen!

Das Tischtuch war inzwischen gewechselt worden. Ronny hatte seinen Cocktail schon zur Hälfte geleert.

»Kein Wunder, dass Josefina immer so angespannt aussieht. Ihr Chef behandelt sie wie Dreck! Es war höchste Zeit, dass diesem Typen mal jemand die Stirn bietet.« Sie senkte die Stimme. »Und ehrlich gesagt, bin ich nicht sicher, ob ich weiterhin ins *Gin & More* gehen will, jetzt, wo ich weiß, wie sie hier mit den Mitarbeitern umgehen!«

»Hanna.« Ronny tätschelte ihre Hand. »Komm bitte wieder runter von deiner Empörungswolke und atme tief durch. Erstens: Solche Geschichten passieren überall. Warum glaubst du, hat die Gastronomie einen derartigen Personalmangel? Das *Gin & More* ist sicher nicht das einzige Lokal, in dem aufgeblasene Manager ihre Kellnerinnen und Kellner knechten. Zweitens: Bist du dir eigentlich im Klaren, was du da tust, wenn du Josefina ständig ungefragt zur Hilfe eilst?«

»Natürlich. Ich vollbringe eine gute Tat.« Hanna spülte ihre Wut mit einem Schluck Rotwein herunter. »Ich setze mich für jemanden ein, der sich offensichtlich nicht selbst wehren kann, und verhelfe ihm zu seinem Recht. Und hey, das ist wirklich vollkommen selbstlos! Ich ziehe keinen Vorteil daraus!«

»Ja, das denkst du.« Ronny seufzte. »Aber eigentlich tust du das Gegenteil davon. Du bringst sie in Schwierigkeiten.« Er musste ihre Verwirrung bemerkt haben, denn sogleich fügte er hinzu: »Du hast vielleicht verhindert, dass ihr die Reinigungskosten vom Lohn abgezogen werden, aber du bist nicht pausenlos an ihrer Seite. Dieser Harry sitzt nun einmal am längeren Hebel. Wenn er sie bestrafen will, wird er andere Wege finden. Ich glaube nicht, dass es ihm gefällt, dass eine seiner Angestellten plötzlich mit einer Anwältin aufkreuzt!«

Irgendwo vibrierte ein Handy. Ronny griff reflexartig in die Tasche seines Sakkos, doch Hanna bemerkte das Smartphone sofort auf dem Tisch hinter der Blumendeko. Sie schob es ihm hinüber – und erhaschte einen Blick auf das Display.

Flo stand in weißen Buchstaben auf dunklem Hintergrund.

Ronny nahm den Anruf an und erhob sich gleichzeitig. Er telefonierte auf dem Gehsteig vor dem Lokal. Hanna konnte nicht verstehen, was er sprach, doch ein Blick in sein Gesicht genügte, um zu wissen, dass er wohl mit seinem heimlichen Freund telefonierte. Seine Augen leuchteten, und sämtliche Härte war aus seinem Gesicht verschwunden.

Hanna konnte sich nicht erinnern, dass irgendein Mensch jemals bei ihr diese Emotionen hervorgerufen hatte. Die Frauen in ihrem Leben kamen und gingen. Selbst in Elly, das erste Mädchen, mit dem sie mehr austauschte als ein paar verstohlene Küsse auf Partys, war sie nicht wirklich verliebt gewesen. Mit ihren damals siebzehn Jahren hatte sie bereits sehr genau gewusst, dass diese Geschichte keine Zukunft haben würde, und daher nicht mehr Gefühle als notwendig investiert.

Das hatte sich bis zum heutigen Tag nicht geändert. Was sich allerdings änderte, waren die Abstände zwischen ihren kurzweiligen Affären. Während sich Anfang zwanzig ihre Liebhaberinnen beinahe die Klinke in die Hand gegeben hatten, verstrichen inzwischen viele Monate, bis sie überhaupt genug Energie für die Suche via Dating-App aufbrachte. Da sie nicht in Szenelokale ging – im Grunde gar nicht wusste, wo in Wien es überhaupt noch Frauenlokale gab –, war das Internet ihre einzige Möglichkeit, um Gleichgesinnte zu treffen. Ihre letzte Bekanntschaft dieser Art lag inzwischen elf Monate zurück. Nach drei leidenschaftlichen Nächten hatte die Frau dann gefragt, ob sie zum Golfen nach Ebreichsdorf mitkommen wolle, und Hanna hatte die Reißleine gezogen. Ihre Eltern spielten im selben Golfclub.

»Entschuldige bitte.« Ronny kam zurück. Mit zwei Schlucken leerte er sein Glas, dann deutete er auf Hannas, die ebenfalls schon ausgetrunken hatte.

»Möchtest du noch etwas?«

»Ein Glas Wasser vielleicht?«

»Ehrlich gesagt wäre mir lieber, wenn wir für heute Schluss machen.« Ronny warf einen kurzen Blick auf seine Uhr. »Tut mir leid, aber ich habe gerade erfahren, dass ich morgen um fünf Uhr früh nach Paris fliegen muss.«

Paris. Schon wieder.

»In privater Angelegenheit, nehme ich an?«, erkundigte sie sich mit provokantem Unterton. »Scheint ja eine ernste Sache zu sein.«

Ronny verzog keine Miene.

»In dienstlicher«, erwiderte er ungerührt.

»In dienstlicher«, wiederholte sie süffisant. Für wie dumm hielt er sie eigentlich? »Scheint ja ein Termin zu sein, der wahre Begeisterungsstürme in dir auslöst, deinem Gesichtsausdruck von eben nach zu urteilen.«

»Tja, nicht nur du liebst deinen Job!«

Er rief Josefina herbei und verlangte die Rechnung. Josefina hatte ihr Haar wieder nach hinten geklammert und wirkte deutlich aufgeräumter.

Als sie wiederkam, hatte sie nicht nur das Lesegerät für die Kreditkarte dabei, sondern auch eine hübsch verzierte Pralinenbox.

»Für Sie«, sagte sie leise, ohne Hanna dabei anzusehen. »Danke für alles.«

»Oh, danke ... aber das ist nicht notwendig.« Hanna betrachtete mehr verdutzt als erfreut die Schachtel. Sie wollte keine Geschenke von Menschen, die ihr nicht nahestanden, schon gar nicht von einer Bedienung, die sich Süßigkeiten aus einer teuren Edelboutique kaum leisten konnte. »Ich esse gar keine Schokolade. Bitte gib sie jemanden, der etwas damit anfangen kann.«

Josefinas Miene verriet keine Regung, doch in ihre Augen trat ein schmerzlicher Ausdruck. Sofort meldete sich leises Schuldbewusstsein. Warum konnte sie diese Schokolade nicht einfach nehmen, sich bedanken und sie weiterschenken?

Doch ihre Zurückweisung war nun schon einmal ausgesprochen.

»Es ist wirklich nicht nötig«, schob sie daher nach, diesmal etwas umgänglicher. »Spar dir dein hartverdientes Geld lieber für etwas Sinnvolles.«

Josefina nahm die Pralinenschachtel wieder an sich und verschwand.

»Das wird noch die ganz große Liebe zwischen euch«, scherzte Ronny, als sie wenig später mit ihm vor dem Lokal stand und Ausschau nach einem Taxi hielt. »Sie sieht in dir ihre Heldin und macht dir Geschenke – als Dankeschön dafür, dass du sie in Schwierigkeiten bringen wirst.«

»Ich bringe sie nicht in Schwierigkeiten«, stellte Hanna mit Nachdruck klar. »Also, bitte notiere: Das heute war meine zweite gute Tat!«

»Jaja. Deine guten Taten beschränken sich auf nur eine Person. Das ist schon auffällig.«

»Ach, denk doch, was du willst!«

Hanna war noch immer verärgert, weil Ronny sie bezüglich Paris anlog. Warum konnten sie nicht einmal ehrlich miteinander reden? – Im Grunde saßen sie doch im selben Boot!

… und ihre Folgen

Das Tor war geschlossen, und auf Hannas Klingeln reagierte niemand. Sie stieg wieder in ihren Golf und setzte rückwärts zurück auf die Straße. Auf der Suche nach einem Parkplatz kurvte sie vergeblich zweimal um den Block und schließlich weiter zur nahegelegenen Volksschule, wo sie nur deshalb einen freien Platz fand, weil Sonntag war.

Ihre Füße schmerzten in den hohen Absatzschuhen, die nicht für einen derartigen Spaziergang gemacht waren. Schließlich stand sie erneut vor der Villa ihrer Eltern. Diesmal wurde auf ihr Klingeln hin geöffnet.

»Du bist eine Viertelstunde zu spät.«

Gustav, ihr jüngerer Bruder, lehnte im Türrahmen. Mit seinem braunen Lockenkopf, der Markenjeans und dem Poloshirt mit dem Krokodillogo, war er das wandelnde Klischee eines Studenten, dessen Eltern dafür sorgten, dass es ihm an nichts fehlte.

»Hätte irgendwer von euch die Güte gehabt, mir das Tor zu öffnen, wäre ich pünktlich gewesen.«

Sie drängte an ihm vorbei in den Flur und legte den Mantel ab.

Die Villa im Wiener Bezirk Währing war eines der wenigen modernen Gebäude in diesem Viertel, in dem sich grüne Gärten mit üppigem Baumbestand und geräumigen Häusern aus der Gründerzeit aneinanderreihten. Es war ein futuristischer, zweistöckiger Bau mit vielen Winkeln, großen getönten Glasscheiben und insgesamt zwölf Zimmern. Auf der Westseite gab es eine geflieste Terrasse und einen Pool, den sie als Kinder im Sommer fast täglich genutzt hatten.

Wegen der zahlreichen großen Fenster wurde die Villa *Glaspalast* genannt. Ihr Vater Georg Erlacher selbst hatte dieses Haus geplant und war dafür sogar mit einem Architekturpreis ausgezeichnet worden. Gerade in den Anfangsjahren war das Gebäude unzählige Male Fotomotiv gewesen. Sein Abbild fand sich in zahlreichen Zeitungen, Fachmagazinen und Fotobüchern über moderne Architektur wieder.

Hanna war elf gewesen, als sie von einer gewöhnlichen Altbauwohnung im 4. Bezirk in den Neubau gezogen waren. Außer dem Garten und dem Pool gefiel ihr nichts an ihrem neuen Zuhause. Selbst in ihrem Kinderzimmer fühlte sie sich ständig beobachtet, weshalb sie sogar im Winter fast immer den Rollladen unten ließ – zumindest so lange, bis ihre Eltern ein Veto aussprachen, weil der Rollladen tagsüber das architektonische Erscheinungsbild des Hauses beeinträchtige.

Hanna hatte es somit kaum erwarten können, mit Studienbeginn von zu Hause auszuziehen und in eine Garçonnière in einem Altbau zu übersiedeln. Da auch Gustav mit Studienbeginn ausgezogen war, residierten ihre Eltern mittlerweile allein auf über dreihundert Quadratmetern Wohnfläche.

»Es ist ja Zitas Job, Gästen das Tor zu öffnen, nicht meiner«, erwiderte Gustav jetzt unbekümmert. »Außerdem ist der Hof sowieso zugeparkt.«

Zita, die Haushälterin, war vermutlich in der Küche zugange. Dass der SUV ihres Vaters und der Mercedes ihrer Mutter nicht in, sondern vor der Garage standen und obendrein von Max' BMW und Gustavs Sportcoupé zugeparkt waren, war Hanna nicht entgangen.

Sie folgte Gustav durch den Salon mit seinen Bücherregalen und dem Flügel ins Esszimmer. Dort servierte Zita gerade Suppe.

»Oh. Ich war mir gar nicht mehr sicher, ob du kommst.«

Ihre Mutter begrüßte sie mit zwei Wangenküssen.

»Pünktlichkeit ist eine Tugend, mit der meine Schwester ganz offensichtlich wenig anzufangen weiß.«

45

Max, ihr älterer Bruder, lächelte süffisant in seinen Bart hinein. Hanna fiel auf, dass er ihrem Vater immer ähnlicher wurde. Obwohl erst sechsunddreißig Jahre alt, schimmerten in seinem dunklen Haar bereits graue Strähnen. In spätestens zehn Jahren würden Haar und Bart genauso weiß sein wie bei ihrem Vater, der ihr vom Tischende aus zur Begrüßung zunickte. »Schön, dass du es doch noch hierhergeschafft hast.«

Hanna ließ sich auf jenem Platz nieder, an dem sie schon als Kind gesessen hatte. Nur fünf Gedecke am Tisch.

»Wo sind denn Anja und Titus?«, erkundigte sie sich nach ihrer Schwägerin und ihrem Neffen.

»Für ein Wochenende zu den Schwiegereltern nach Genf geflogen«, antwortete Max knapp.

»Und du wolltest nicht mit?«

»Derzeit ist viel los im Büro. Viele Aufträge, viele Ausschreibungen.« Max sah sie mit leisem Spott an. »Als Selbstständiger muss man einfach mehr leisten, als wenn man es sich auf seinem Angestelltenbürostuhl nine to five bequem machen kann.«

»Ich arbeite hart für mein Geld!«, erwiderte Hanna gereizt, während sie die Stoffserviette auf ihren Knien ausbreitete.

Dass ihr älterer Bruder sie ständig herabsetzte, war nichts Neues. Ihre gesamte Kindheit hatte er auf die denkbar unangenehmste Art seine Überlegenheit heraushängen lassen. Ihr Verhältnis zueinander war nie besonders gut gewesen, und sie hatten sich früher regelmäßig in den Haaren gelegen. Inzwischen begriff Hanna zwar, dass sie die geschwisterlichen Wortgefechte mehr stressten als ihn, trotzdem gelang es ihr nicht unbedingt, seine Spitzen zu überhören oder sachlich zu parieren. »Und das nicht selten am Wochenende. Auch als Angestellte liege ich nicht auf der faulen Haut!«

»Bitte«, sagte ihre Mutter. »Die Suppe wird kalt.«

Hanna löffelte die Zucchinicremesuppe und beteiligte sich wenig am Tischgespräch, das sich nun um Gustavs Studienerfolge drehte. Gustav studierte Architektur – was sonst – und würde irgendwann ebenfalls in Vaters Unternehmen arbeiten. *Architectura* hieß sein Architekturbüro, das für zahlreiche moderne Bauten in Wien verantwortlich zeichnete, und das Max vor einigen Jahren als Juniorchef übernommen hatte.

Zita hatte gerade den Hauptgang serviert, als Gustav sagte: »Jedenfalls kann ich den Umzug kaum mehr erwarten. Endlich mehr Platz und eine Loggia, auf der sich mehr aufstellen lässt als nur ein kleiner Zweiertisch. Und zur Uni habe ich es künftig auch nicht mehr weit.«

Hanna horchte auf. Hatte sie da irgendetwas nicht mitbekommen?

»Du ziehst um?« Bisher war sie davon ausgegangen, dass ihr Bruder in seiner Studentenbude im 7. Bezirk recht zufrieden sei. Nicht nur einmal hatte er davon geschwärmt, dass er das Nachtleben quasi vor der Haustür hatte.

»Ja.« Gustav schob sich genüsslich ein Stück vom Kalbsbraten in den Mund. »Ein Geschenk von Papa, weil ich die Bachelorarbeit fertiggestellt habe.«

Das Stück Kalbsbraten fühlte sich zwischen Hannas Zähnen plötzlich wie eine zähe Schuhsohle an. Sie schluckte es herunter, fragte: »Geht es etwa um die Arbeit, an der du satte eineinhalb Jahre gesessen bist?«

»Hanna«, kam es von ihrer Mutter gequält, während ihr Vater Zita um Nachschlag beim Gemüse bat.

Max sagte: »Es ist keine Schande, im Studium etwas länger zu brauchen. Architektur ist vor allem was Kreatives. Als Architekt braucht man diese Phasen der Muse und geistigen Konsolidierung.«

Klar. Was sonst.

Hanna fragte sich, wie nachsichtig und verständnisvoll Max mit den untätigen Phasen seines Bruders umgehen würde, wenn dieser erst mal bei *Architectura* mitarbeitete. So, wie sie ihren älteren Bruder kannte, würde seine Geduld rasch erschöpft sein, wenn Gustav nicht lieferte.

In ihr brodelte es. Sie hatte alle Prüfungen auf Anhieb bestanden, ihr Studium im Rekordtempo durchgezogen. Doch als einziges Kind ihrer Familie wohnte sie noch zur Miete und musste sich alles selbst erarbeiten. Nicht, dass sie *erwartete*, mit einer Wohnung ausgestattet zu werden. Sie verstand bloß diese Ungerechtigkeit nicht.

»Hanna, man kann nicht alle Menschen über einen Kamm scheren. Einige tun sich leichter, andere müssen hart kämpfen, um Ziele zu erreichen.« Es war, als hätte ihr Vater zumindest einen Teil ihrer Gedanken erraten. »Manche brauchen einen konkreten Ansporn. Niemand stellt infrage, dass du dein Studium zügig abgeschlossen hast. Du warst immer schon sehr ehrgeizig. Aber deshalb musst du nicht deinen jüngeren Bruder niedermachen.«

Niedermachen? Hanna schaute ihren Vater ungläubig an.

»Ich hatte bloß eine Frage gestellt. Eine einzige Frage.«

Max stieß ein kurzes Lachen aus. »Es ist nur so, dass bei dir alles wie ein Verbalangriff klingt. Vielleicht solltest du mal an deiner Tonalität arbeiten.«

Hanna schnappte empört nach Luft und wollte etwas erwidern, doch der Vater kam ihr zuvor. Wie üblich sprach er in ruhigem Tonfall: »Bitte respektiere, dass du hier nicht vor Gericht stehst, liebe Hanna. Das ist ein Familienessen, keine Verhandlung.«

Hanna presste die Lippen zusammen. Vom Zweck und Ablauf einer Verhandlung hatte ihre Familie keine Ahnung. Das war sicher. Ihr zum wiederholten Male zu erklären, dass es primär darum ging, für Gerechtigkeit zu sorgen, hätte keinen Sinn. In der Vergangenheit hatte sie durch ihr Verhalten oft genug idyllische Kaffeekränzchen gesprengt oder Streit provoziert. Dass nichts dazu führte, mehr Anerkennung zu bekommen, hatte sie erst vor einigen Jahren begriffen

Als wolle er mit aller Macht verhindern, dass das Tischgespräch noch mehr in Schieflage geriet, begann Max nun, von seinen jüngsten Projekten zu berichten. Irgendwann stieg Gustav in das Gespräch ein und tat so, als stünde er als fertiger Architekt schon voll im Berufsleben, obgleich er bislang bei *Wunschtraum* nicht mehr getan hatte als jeder x-beliebige Praktikant vor ihm.

Ihr Vater verspeiste währenddessen mit zufriedenem Gesichtsausdruck das Mittagessen und hielt das Gespräch durch gelegentliche interessierte Nachfragen am Laufen. Ihre Mutter hatte die kleine Portion, die sie sich zugestand, längst gegessen und hing ihren beiden Söhnen an den Lippen.

Was mache ich hier eigentlich, ging es Hanna nicht zum ersten Mal in ihrem Leben durch den Kopf. Ich bin in dieser Familie einfach nur ein Alien.

Sie hatte schon viele Stunden damit verbracht, ihre Situation zu analysieren und die Ursache dafür zu suchen, weshalb sie sich dermaßen fremd fühlte. Lag es daran, weil sie eine Tochter war und kein Sohn? Oder wurde ihr als Sandwich-Kind – geboren zwischen dem Stammhalter Max und dem Nachzügler Gustav – einfach nicht so viel Beachtung geschenkt? Hatte ihre Entscheidung, nicht Architektur, sondern Jura zu studieren, ihre Position in der Familie zusätzlich geschwächt?

Zu all diesen Aspekten kam hinzu, dass sie sich mit ihren roten Haaren und den Sommersprossen, die nicht nur ihr Gesicht, sondern auch ihr Dekolleté und ihre Arme bedeckten, auch optisch vom Rest der Familie abhob. Ihr Vater und ihre Brüder hatten eine drahtige Figur und bräunten leicht in der Sonne. Ihre Mutter war eine hochgewachsene, gertenschlanke Blondine mit Porzellanhaut, die viel jünger wirkte als neunundfünfzig.

Ihre Mutter sagte meist, Hanna käme ganz nach ihrer Großmutter väterlicherseits – eine Frau, die lange vor Hannas Geburt verstorben war. Die wenigen Fotos, die sie von ihr zu Gesicht bekommen hatte, zeigten eine rundliche Frau mit breitem Gesicht. Auf Hanna hatten die Fotos wie eine Mahnung gewirkt: Wenn sie nicht auf sich achtete, würde sie wohl irgendwann genauso aussehen.

Sie hatte ihren Teller geleert und legte das Besteck zur Seite. Der Kalbsbraten, das Gemüse und der Reis in ihrem Bauch fühlten sich an wie ein drückendes Bleigewicht. Am liebsten wäre sie nun aufgestanden und einfach gegangen, doch sie wusste, dass sie das Dessert noch würde durchstehen müssen, wenn sie ihre Familie nicht vor den Kopf stoßen wollte.

»Und, was tut sich bei dir eigentlich, Schwesterherz?«, wollte Gustav nun unvermittelt wissen. »Wirst du im Sommer wie immer zwei Wochen Cluburlaub mit irgendwelchen ehemaligen Kommilitonen machen?«

Gefangen in ihrem trübsinnigen Gedankenkarussell, hatte sie kaum wahrgenommen, dass sich das Tischgespräch inzwischen um Urlaubspläne drehte.

Urlaub. Da Katja am Ende des Sommers heiraten würde und Judith bereits im siebten Monat schwanger war, hatte sie sich mit dem Thema noch gar nicht auseinandergesetzt. Es war ja auch erst Mai; vielleicht konnte sie Ronny zumindest für einen kurzen Städtetrip begeistern. Aber das klang so armselig und unterstrich Gustavs Andeutung, dass sich in ihrem Leben nichts tat.

»Ich werde demnächst Partnerin bei Riedherr, Lutz & Kofranek«, platzte es aus ihr heraus. »Riedherr geht in Pension; ich übernehme.«

Sie suchte im Gesicht ihres Vaters ein Anzeichen von Stolz oder wenigstens Anerkennung und fand: nichts.

»Aha, schön.« Es klang so beiläufig, als spreche er über das Wetter. Er wandte sich Zita zu, die das Dessert servierte. »Was ist das? Tiramisu?«

»Erdbeertiramisu.«

»Immer geht es dir nur um deine Arbeit.« Ihre Mutter seufzte. »Als gebe es keine Themen, die in deinem Alter dringlicher sind. Karriere kannst du später machen. Für anderes ist es irgendwann zu spät. Du wirst nicht jünger, Hanna. Erst neulich habe ich gelesen, dass es wahrscheinlicher ist, dass eine Frau über fünfunddreißig bei einem Autounfall stirbt, als dass sie geheiratet wird.«

Dieses Thema wieder. Hanna unterdrückte ein Seufzen.

»Es wird Zeit, dass Ronny und du den nächsten Schritt macht«, setzte sie hinzu, und Hanna ließ den Löffel mit dem Erdbeertiramisu sinken. Der Appetit war ihr endgültig vergangen. Sie wollte einfach nur, dass das aufhörte! Sie wollte nicht länger der Underdog in der Familie sein, diejenige, die in den Augen ihrer Eltern und Brüder als alte Jungfer enden würde!

»Wir werden in Kürze zusammenziehen«, sagte sie daher aus dem Bauch heraus.

»Oh, tatsächlich?«

Plötzlich hatte sie die Aufmerksamkeit aller Anwesenden.

»Das wird ja auch Zeit«, sagte Max. »Ronald wird auch nicht jünger.«

»He, cool«, bemerkte Gustav, und sogar ihr Vater stieg ein: »Das sind erfreuliche Nachrichten.«

Na bitte, dachte Hanna. Fürs Erste hatte sie die Familie zufriedengestellt. Und gelogen hatte sie schließlich nicht: In einem Jahr würde sie in Ronnys Wohnung leben. Dass er dann kaum zugegen wäre, brauchte ja niemand zu wissen.

*

Hanna verstand selbst nicht, warum sie inzwischen regelmäßig Ausschau nach Josefina hielt, wenn sie im *Gin & More* zu Mittag aß. Noch vor drei Wochen war es ihr herzlich egal gewesen, von wem sie bedient wurde. Jetzt aber wollte sie sich vergewissern, dass Harry Josefina wirklich nicht wegen der Reinigungskosten zur Kasse gebeten hatte, und sich außerdem dafür entschuldigen, dass sie ihr Geschenk so brüsk abgewiesen hatte.

Seit sie die teuren Pralinen nicht angenommen hatte, musste sie ständig an den verletzten Ausdruck in Josefinas schönen, dunklen Augen denken. Irgendetwas hatte dieses verhuschte, schüchterne Wesen an sich, das sie berührte. Lag es tatsächlich daran, dass sie sich in ihrer Gegenwart wie eine Superheldin fühlte?

Nachdem sie Josefina auch am fünften Tag infolge nicht erblickte, erkundigte sie sich bei deren Kollegin.

»Josefina arbeitet nicht mehr hier.«

Die Antwort schockte Hanna zutiefst. Im ersten Augenblick fühlte sie sich fast verraten. Wie konnte Josefina einfach kündigen, ohne sich von ihr zu verabschieden, nach all dem, was sie für sie getan hatte? Dann wurde ihr bewusst, dass sie nicht wissen konnte, ob die junge Frau freiwillig gegangen war – und, dass sie sie nicht wiedersehen würde. Irritierenderweise war dieser Gedanke so schmerzhaft, dass sie fragte: »Haben Sie eine Telefonnummer von ihr?«

»Nein, Josefina war immer … sehr für sich.«

Das überraschte Hanna wenig. Während sie sich bereits überlegte, wie sie von diesem grässlichen Harry Josefinas Kontaktdaten bekommen sollte, ohne gegen geltende Datenschutzrichtlinien zu verstoßen oder sich demütigen zu müssen, schob die Bedienung nach: »Aber ich musste einmal was abholen bei ihr und weiß daher, wo sie wohnt. Falls Sie die Adresse brauchen …?«

*

Hanna dachte noch über die Formulierung der Frage nach, als sie bereits auf dem Weg in den 15. Bezirk war. Brauchte sie die Adresse einer jungen Frau, die ihr kaum in die Augen schauen konnte und zu stottern begann, sobald jemand etwas zu schroff zu ihr war? – Objektiv betrachtet wohl nicht. Doch da war dieses Gefühl von Verantwortung und Schuldbewusstsein, das Hanna nicht mehr losließ. Und noch etwas anderes – ein Gefühl, das sie nicht zuordnen konnte.

Josefina wohnte in einer Ecke Wiens, die Hanna bisher gemieden hatte. Handyshops und Dönerbuden reihten sich der Hauptstraße entlang. Durch die Gasse, in der Josefina wohnte, schallte aus einem offenen Fenster türkische Musik. Drei Burschen, die allenfalls dreizehn oder vierzehn sein konnten, lungerten vor der Türe des grauen Altbaus herum, rauchten und gafften Hanna ungeniert an. Automatisch schloss sie den obersten Knopf ihres Jacketts.

Drei Stockwerke ohne Lift später knöpfte Hanna das Jackett wieder auf, zog es aus und legte es über ihren Arm. Schweißperlen benetzten ihren Rücken, und sie brauchte ein paar Augenblicke, um wieder zu Atem zu kommen. Das Innere des Altbaus war weniger schäbig als befürchtet. Im Parterre waren die Wände mit Obszönitäten bekritzelt. Es roch leicht moderig, doch im obersten Stock schien sogar die Sonne durch das staubige Gangfenster.

Hanna drückte auf den Klingelknopf und wartete.

Ob Josefina hier allein wohnte? Oder mit ihrem Freund, falls sie einen hatte? Handelte es sich vielleicht sogar um eine WG? – Nein, gab sie sich die Antwort sogleich selbst. Jemand wie Josefina lebte sicher nicht in einer bunten Wohngemeinschaft.

Sie klingelte nochmals und lauschte nach Schritten hinter der Tür. Nichts. Offensichtlich war Josefina nicht zu Hause.

Hanna kramte in ihrer Handtasche und fand einen kleinen Zettel, auf dem sie vor einiger Zeit eine Einkaufsliste notiert hatte. Sie strich Sojamilch, Vollkornbrot und Hummus durch und schrieb auf die Rückseite:

Liebe Josefina, ich habe gehört, dass du nicht mehr im Gin & More arbeitest. Wenn du irgendeine Unterstützung brauchst – bitte melde dich. Liebe Grüße, Hanna.

Sie platzierte den Zettel so unter der Fußmatte, dass ein Teil davon hervorlugte, und legte ihre Visitenkarte dazu. Sie wollte sich bereits auf den Weg nach unten machen, da wurde ihr klar, dass

Josefina mit ihrem Namen sicher nichts anzufangen wusste, bückte sich nochmals nach dem Zettel und schrieb hinter *Hanna* in Klammern: *die Rechtsanwältin.*

Als sie sich wieder aufrichtete, spürte sie, dass sie nicht mehr allein im Hausflur war. Ein kurzer Schauder lief ihr über den Rücken, weil sie sich schlagartig daran erinnerte, dass sie sich in einem Brennpunktviertel befand. Die Handtasche umklammernd wie einen Schutzschild, drehte sie sich langsam um.

Am Treppenansatz stand Josefina, eine Tüte vom Discounter in der Hand, und starrte sie aus großen Augen an. Hannas Furcht schlug um in Erleichterung.

»H...hallo. Ich ... ich wollte mal schauen, wie es dir geht.« War sie jetzt diejenige, die plötzlich stotterte?

Josefina starrte sie weiterhin an wie eine Außerirdische. Zum ersten Mal sah Hanna sie ohne die weinrote *Gin & More*-Schürze. Josefina trug einen knielangen hellblauen Rock und ein weißes T-Shirt, unter dem sich ihr BH abzeichnete, dazu schlichte Leinenschuhe. Sie wirkte noch schlanker als sonst.

Wortlos ging sie an Hanna vorbei und schloss die alte Flügeltür zu ihrer Wohnung auf. Sie verschwand im Inneren, ohne die Tür hinter sich zu schließen.

Hanna zögerte. Dann beschloss sie, die offene Tür als Einladung zu verstehen, trat beherzt ein – und stutzte. Sie hatte nicht erwartet, gleich mitten im Zimmer zu stehen. Es gab keinen Vorraum, keinen Flur. Die Wohnung bestand aus einem kleinen Zimmer, in dem gerade einmal eine Kochzeile mit Kühlschrank, ein kleiner Schrank und eine Matratze Platz hatten. Zwischen Schrank und Tür befand sich kurioserweise noch eine Duschkabine, die trotz des Fliesenbodens herrlich deplatziert wirkte. Die Wände waren in sonnigem Gelb gestrichen. Die grünen Küchenkästen erinnerten Hanna an Filme aus den Siebzigerjahren. Vor den beiden offenen Fenstern blähten sich blickdichte weiße Vorhänge wie Segel im Wind. Es zog, und Hanna schloss die Tür.

Insgesamt war es sehr sauber, hell und freundlich. Über der

Matratze hing eine Fotoleinwand, die einen Palmenstrand und Meer zeigte. Das Bild war an einer Ecke beschädigt.

»Hast du das selbst fotografiert?«, fragte Hanna Josefina, die mit dem Rücken an einem der Küchenkästen lehnte und scheinbar ihre kurze Zimmerinspektion beobachtet hatte.

»Nein. Ich habe es vom Sperrmüll.«

Wie immer sprach Josefina sehr leise, doch diesmal hielt Hanna sich ebenfalls in Sachen Lautstärke zurück. Sie war hier der Gast, wenn nicht sogar ein Eindringling, und es lag ihr fern, die junge Frau zu verschrecken.

»Willst du mal an die Südsee? Ist das dein Traum?«

Josefina hob die Schultern.

»Es war … einfach auf dem Sperrmüll«, wiederholte sie nach einer Weile.

»Du hast eine nette Wohnung«, sagte Hanna und kam sich gleichzeitig unehrlich vor, denn der Begriff schien ihr für die Größe der Unterkunft reichlich überdimensioniert.

Da Josefina nichts darauf erwiderte, beschloss sie, die Frage zu stellen, die ihr seit mehr als einer Stunde auf den Lippen brannte.

»Josefina, warum arbeitest du nicht mehr im *Gin & More*? Hat Harry dir gekündigt?«

Josefina richtete ihren Blick weiterhin zu Boden. Sie schien mit sich zu ringen. Schließlich hob sie den Kopf und sah Hanna an.

»Er hat gesagt, er will keinen Ärger.«

Hannas Kehle wurde eng.

»Hat er dich also wegen mir gefeuert?«

Zu ihrem Entsetzen blieb der erhoffte Widerspruch aus. Josefina hob die Schultern.

»Er will keine Mitarbeiter, die Anwälte haben, hat er gesagt. Aber es ist nicht Ihre Schuld. Ich habe wieder etwas verschüttet … und ein Glas zerbrochen. I…ich werde einfach immer so nervös, und dann … dann passieren diese Dinge. Es ist nicht der erste Job, den ich deshalb verliere.«

Du bringst sie langfristig in Schwierigkeiten.

Hanna hörte Ronnys Stimme in ihrem Ohr. Sie fühlte sich schrecklich. Auch wenn Josefina anderes behauptete, lag auf der Hand, dass die Kündigung auf ihre Kappe ging.

»Es tut mir sehr leid. Ich wollte dir wirklich nur helfen.«

Josefina nickte, erwiderte aber nichts.

»Was machst du jetzt? Hast du schon etwas Neues?«

»Nein ... ich muss erst suchen.« Als wollte sie Hannas Sorge zerstreuen, fügte sie rasch hinzu: »Ich werde bald etwas finden. I...ich will nur ...« Sie schluckte. »Ich w...w...würde nur gern etwas anderes machen als kellnern.«

»Und was?«

Josefina hob erneut die Schultern.

»Irgendwas mit Büchern. Oder mit Kindern«, sagte sie dann mit nicht mehr ganz so leiser Stimme. »Aber lieber nichts mehr mit Menschen.«

»Kinder sind auch Menschen.« Sie dachte an Titus, ihren vierjährigen Neffen. »Und zwar die schlimmste Sorte: unberechenbar, laut, nervig.«

Ein kleines Lächeln trat auf Josefinas Lippen.

»Aber sie sind ehrlich und tun einem nicht weh.«

Hanna dachte an die vielen blauen Flecken, die ihr Titus zugefügt hatte, als sie sich einmal dazu hatte breitschlagen lassen, mit ihm herumzubalgen. Doch da sie wusste, dass Josefina Verletzungen meinte, die tief unter der Haut lagen, behielt sie den Scherz für sich.

»Das heißt, du hast dich arbeitslos gemeldet?«

Josefina zögerte. Wieder senkte sie den Kopf.

»Ich ... muss das noch machen. Es waren immer so viele Menschen dort ... und ich weiß nicht, ob ich überhaupt was bekomme.«

»Wieso?«

»Ich habe nicht durchgehend gearbeitet.« Josefinas Stimme wurde wieder leiser. »Und ich war nur in Teilzeit angestellt.«

»Das kann doch nicht sein.« Hanna runzelte die Stirn. »So oft, wie ich dich im *Gin & More* gesehen habe ...«

»I...ich war auf Teilzeit angestellt. Den Rest hat mir Harry schwarz ausbezahlt, wegen der Steuer und der Pensionskasse. Damit mir mehr bleibt.«

Hanna stöhnte auf. Was für eine Milchmädchenrechnung! – Wer jetzt nichts einzahlte, würde auch später nichts bekommen. Oder eben auch kaum etwas im Falle von Arbeitslosigkeit.

»Wollen Sie ... sich vielleicht setzen? Und ein Glas Wasser?«

Josefina hatte ihr Stöhnen offensichtlich falsch gedeutet. Hinter der Tür zog sie einen Klappstuhl hervor.

Hanna hob abwehrend die Hand. »Danke, alles okay. – Josefina, du solltest dich wirklich arbeitslos melden, egal wie viel du letztendlich bekommst. Es geht ja auch um deine Krankenversicherung. Wenn du dir jetzt das Bein brichst, sieht es nicht gut aus. Arbeitslos melden kannst du dich auch online. Dazu musst du nicht persönlich zum AMS gehen.«

»I...i...ich habe kein Internet.« Josefina starrte an die Wand. »Aber es ist okay. Am Montag kümmere ich mich darum. Ich werde wieder etwas finden. Ich komme zurecht.«

Genau daran hatte Hanna ihre Zweifel. Sie hatte der jungen Frau die Suppe eingebrockt. Also war es auch nur fair, wenn sie sie mit ihr auslöffelte. Obendrein vollbrachte sie eine weitere gute Tat und näherte sich dem Umzug in Ronnys Luxusdomizil.

»Ich habe Internet«, verkündete sie. »Und ich bin eine Expertin im Suchen von Jobs.«

Das stimmte nicht ganz, denn Kofranek hatte sie schon bei einem Tutorial kennengelernt, weshalb ihre Bewerbung relativ unspektakulär und gänzlich ohne Suche verlaufen war. Aber das brauchte Josefina nicht zu kümmern.

»Wie wäre es, wenn du mit zu mir fährst und wir gemeinsam ein paar Bewerbungen schreiben?«

Um Josefina von ihrem Vorschlag zu überzeugen, hatte Hanna ihr gesamtes Rhetoriktalent und ihre geballte Argumentationsstärke aufwenden müssen. Irgendwann hatte Josefina eingewilligt, mitzukommen. Vorsichtig war sie in Hannas Auto gestiegen, fast so, als hätte sie Angst, etwas kaputtzumachen. Ebenso vorsichtig hatte sie sich dann in Hannas Wohnung bewegt und die Kombination aus Art-déco-Möbeln und moderner Einrichtung bestaunt wie eine Museumbesucherin. Besonders die gerahmten Bilder an den Wänden hatten es ihr anscheinend angetan. Es waren keine Gemälde berühmter Maler, wohl aber einige Werke aufstrebender junger Künstler und Künstlerinnen, die sich der Moderne und der Fotografie verschrieben hatten. Nackte Frauen in erotischen Posen hingen neben geometrischen Formen und Fantasiewelten.

Nun saß sie an Hannas Schreibtisch und tippte die fünfte Bewerbung. Sie schrieb langsam, wie jemand, der das Zehn-Finger-System zwar gelernt hatte, aber außer Übung war. Ein paar ihrer Formulierungen hatten ungelenk geklungen, doch nachdem Hanna die ersten zwei Bewerbungen mit dem strengen Blick einer Lehrerin korrigiert hatte, floss der Text nun dahin.

Die meiste Arbeit bereitete Josefinas Lebenslauf. Hanna wusste aus dem rudimentären Gerüst, das ihr die junge Frau in Stichworten geliefert hatte, dass sie tatsächlich schon fünfundzwanzig Jahre alt und in Eisenstadt geboren war. Sie hatte dort die Volksschule besucht. Im Alter von neun Jahren wechselte sie auf eine Schule nach Wien, ein halbes Jahr später auf eine weitere in St. Pölten. Nach ein paar Monaten zog sie um ins Waldviertel, besuchte später die HAK, eine Wirtschaftsschule in Waidhofen und schloss diese erst zwei Jahre später ab als üblich – für Hanna ein Zeichen, dass sie nicht nur einmal eine Klasse wiederholt hatte. Ihr Abschlusszeugnis zeigte, dass sie auch dann noch zu kämpfen gehabt hatte. Die einzig gute Note hatte sie in Deutsch.

»Josefina, was hast du danach gemacht?« Hanna betrachtete stirnrunzelnd die Bleistiftnotizen, an denen sie sich entlanghangelte. »Zwischen deinem Maturazeugnis und deinem ersten Job in einem Café liegen drei Jahre!«

Das Tastengeklapper verstummte für einen Moment.

Josefina drehte sich langsam zu ihr um. Verunsicherung stand in ihren Augen.

»Mich um eine alte Frau gekümmert?«

Was wie eine Frage klang, war offensichtlich die Antwort.

»Als Altenpflegerin? – Dafür hast du doch keine Ausbildung.«

»Das war … inoffiziell. Ich habe bei ihr gewohnt, also habe ich mich um sie gekümmert.«

»Die ganze Zeit?«

Josefina hob die Schultern.

»Sie hatte Alzheimer. Am Schluss war es ganz schlimm. Sie konnte fast nicht mehr allein bleiben, und sie hat immer jemanden gebraucht … wenn sie auf die Toilette musste, wenn sie Hunger hatte … Sie konnte nicht mehr eigenständig essen.«

»Aber du warst noch so jung!«

Was Josefina beschrieb, klang schrecklich. In diesem Alter sollte ein junger Mensch doch Party machen, sich ausleben und selbst finden – nicht rund um die Uhr für jemanden da sein, der am Ende seines Lebens stand.

»Irgendwer musste es ja tun«, erwiderte Josefina nun, und es klang fast schon pragmatisch. »Außerdem hat sie sich früher um mich gekümmert. Es war nur fair, dass ich mich dann um sie gekümmert habe.«

»War sie deine Großmutter?«

»Nein. Sie war … wir waren nicht verwandt. Aber sie war lieb.« Josefina machte eine kleine Pause, schien Erinnerungen nachzuhängen. »Bis die Krankheit schlimm wurde. Dann war alles anders«, ergänzte sie nach einer Weile. »Aber so ist das eben, wenn man alt und krank ist und nicht mehr weiß, wer man ist.«

»Was ist mit deinen Eltern?« Hannas Neugier war geweckt.

»Ihr seid ziemlich oft umgezogen, deinen häufigen Schulwechseln nach zu urteilen.«

Wieder schien Josefina mit sich zu ringen, ehe sie eine Antwort gab.

»Meine Mutter ist früh gestorben«, sagte sie dann knapp und wandte sich wieder der Tastatur zu. »Ich habe deshalb anderswo gelebt.«

Hanna schluckte. In dem Alter, in dem Josefina begonnen hatte, sich um die alte Dame zu kümmern, hatte sie selbst erste sexuelle Erfahrungen gesammelt, an den Wochenenden zu viel Alkohol getrunken und hin und wieder Partydrogen eingeschmissen. Sie hatte mit ihren Eltern Urlaube auf Kuba, Martinique und in L. A. gemacht und sich unendlich bedauert, weil sie zum Familienurlaub *gezwungen* wurde.

Nachdenklich betrachtete sie Josefina, die konzentriert an dem Motivationsschreiben arbeitete. Sie hatte ein wirklich hübsches Gesicht, besonders dann, wenn sie nicht mehr ganz so angespannt wirkte. Ihr Teint war blass, aber frei von Unregelmäßigkeiten, ihre Lippen waren voll und schimmerten in einem frischen Rosé. Auch ohne Lidschatten und Mascara wirkten ihre Augen auf eine seltsame Weise geheimnisvoll. Die Augenbrauen hatten dieselbe Farbe wie ihr Haar und verliefen in einem schmalen, natürlich geschwungenen Bogen.

Unwillkürlich stellte sich Hanna vor, wie sie in einem eleganten Kleid aussehen musste, mit professionell frisiertem Haar und Make-up. Wie eines dieser Filmsternchen. Nur ihre Körperhaltung passte nicht dazu. Selbst wenn sie saß, zog sie die Schultern leicht nach vorne und machte einen seltsamen Buckel, der sie noch kleiner wirken ließ.

Unzählige Fragen spukten durch Hannas Kopf. Wenn Josefinas Mutter verstorben war, wer hatte sich dann um sie gekümmert? Warum hatte sie im Teenageralter so oft den Ort gewechselt? Weshalb war sie bei der alten Dame gelandet?

»Hast du denn nie daran gedacht, eine richtige Ausbildung

zu machen?«, stellte sie die Frage, die ihr am unverfänglichsten schien.

»Das ging ja nicht«, erklärte sie geduldig. »Weil ich doch auf die alte Dame aufpassen musste.«

»Aber jeder junge Mensch braucht eine Ausbildung«, hielt Hanna dagegen. »Ein Studium, eine Lehre …«

»Es war keine Zeit dafür und … ich konnte mich nicht richtig konzentrieren. Ich war nie gut im Lernen.«

Immerhin gut genug, um die Matura zu schaffen, dachte Hanna.

Sie wandte sich weiter Josefinas Lebenslauf zu. Da sie Josefina den PC überlassen hatte, arbeitete sie am Laptop. Sie fasste die Schulbesuche elegant zusammen, damit die häufigen Wechsel nicht so ins Auge stachen, und verfuhr mit den kurzfristigen Beschäftigungen in diversen Restaurants, Bistros und sonstigen Lokalen ganz ähnlich. Es erschütterte sie, dass die junge Frau in den vergangenen zwei Jahren zwölf verschiedene Arbeitgeber gehabt hatte.

Josefina selbst hatte ihr gesagt, sie hätte die Jobs wegen ihrer Ungeschicklichkeit verloren. Dass die Gastronomie derzeit händeringend nach Personal suchte, war wohl der einzige Grund, warum sie dennoch immer wieder eine Chance bekam. Sie konnte nur hoffen, dass statt der beiden Lokale, bei denen sie sich jetzt bewarb, einer der anderen potenziellen Arbeitgeber das Rennen machte – zum Beispiel die große Steuerkanzlei, die jemanden suchte, der untertags die Besprechungszimmer mit frischem Kaffee und Keksen bestückte, gebrauchtes Geschirr wegräumte, das Archiv unter Anleitung neu ordnete und Kopien anfertigte.

»Hast du irgendwelche Hobbys?«, erkundigte sie sich, als sie den Lebenslauf bereits in ein Layout eingepasst hatte.

»Lesen. Spazieren gehen. – Warum?«

»Manchmal ist es ganz sinnvoll, seine Hobbys im Lebenslauf anzugeben. Aber nur, wenn sie einen Bezug zu dem Job haben, auf den man sich bewirbt.«

»Was geben Sie denn in Ihrem Lebenslauf an?«

»Sprachkurs Englisch für JuristInnen. Außerdem betreue ich das vierteljährlich erscheinende Magazin des Alumni Club der juristischen Fakultät.«

»Ist das nicht eher Arbeit als Hobbys?«

Hanna überlegte kurz. So hatte sie das noch gar nicht betrachtet. In den drei Wochen vor Erscheinungstermin saß sie regelmäßig nach Feierabend mehrere Stunden, manchmal sogar ganze Wochenenden am Magazin. Ihren ehemaligen Kommilitonen wegen eingeplanter, aber noch nicht gelieferter Artikel hinterherzutelefonieren war zudem äußerst mühsam. Andererseits blieb auf diese Weise weniger Zeit, sich in der betäubenden Leere zu verlieren, die ihr Leben außerhalb der Arbeit und gelegentlichen Treffen mit Freunden füllte.

»Es macht mir Spaß«, sagte sie nun dennoch, was teilweise stimmte. »Und oft gehen Arbeit und Hobby ineinander über.«

Sie hatte es aufgegeben, Josefina darum zu bitten, sie zu duzen. Beharrlich hielt sie an der formellen Anrede fest und hatte sie noch kein einziges Mal mit Namen angesprochen.

Josefina erwiderte nichts.

Hanna druckte den Lebenslauf aus.

»Passt das so für dich?«, erkundigte sie sich. »Das Foto solltest du bei Gelegenheit ersetzen. So ein Handyfoto, wie wir es zuvor geschossen haben, ist einfach nicht ideal. Du solltest zum Fotografen gehen.«

Kaum ausgesprochen, biss sie sich auch schon auf die Lippen. Als ob Josefina dafür Geld übrig hätte!

Still betrachtete die junge Frau den ins Layout gebauten Lebenslauf. Dann sah sie zu Hanna auf. Aufrichtige Bewunderung und tiefe Dankbarkeit standen in ihren Augen.

»Vielen Dank. Das sieht großartig aus.«

Hanna lächelte zufrieden und sonnte sich in dem Lob. Gute Taten zu vollbringen war eindeutig gut fürs Ego!

Sie las Josefinas Motivationsschreiben und nahm einige Korrekturen vor, dann mailten sie die Bewerbungen an die potenziellen Arbeitgeber.

Sie hatten das letzte Schreiben gerade verschickt, als Josefinas Magen laut knurrte.

»Entschuldigung.« Sie drückte ihre Hand gegen den flachen Bauch. »Ich habe heute noch nichts gegessen.« Sie erhob sich, sah auf ihre Armbanduhr. »Ich sollte jetzt gehen. Vielen Dank für alles. Das alles ist so ... unglaublich nett von Ihnen.«

Hanna schluckte, als sie Tränen der Rührung in Josefinas Augen erkannte. Davon berührt, musste sie sich beherrschen, um nicht ebenfalls zu weinen, und auf einmal hörte sie sich selbst sagen: »Bleib doch noch. Ich bestelle Pizza!«

*

Josefina saß auf dem dunkelgrünen Dreisitzer-Sofa, einen Teller mit zwei Pizzastücken vor sich auf dem Couchtisch. Im Hintergrund erklang aus kleinen, versteckten Lautsprechern ruhige Klaviermusik. Neben ihr aß die Anwältin ihren Salat.

Hanna. Josefina schaffte es nicht, sie beim Vornamen zu nennen. Obwohl sie wusste, dass Hanna nur sieben Jahre älter war als sie selbst, kam sie ihr so erwachsen und imposant vor. Sie hatte studiert, war erfolgreich, intelligent. Sie war so unglaublich nett und hilfsbereit!

»Magst du noch Tiramisu?«

Hanna hatte ihre Salatschüssel geleert.

»Im Moment bin ich satt.« Noch immer lagen die zwei Pizzastücke auf Josefinas Teller. Sie konnte sich nicht erinnern, wann sie das letzte Mal so viel auf einmal gegessen hatte.

»Vielleicht später.« Hanna nahm das Geschirr und trug es in die Küche. Als sie wiederkam, hatte sie zwei Weingläser in der Hand.

»Stoßen wir darauf an, dass du bald einen tollen neuen Job bekommen wirst.«

Josefina nippte an ihrem Glas. Sie trank selten Alkohol, und eigentlich mochte sie keinen Wein, aber sie wollte Hanna nicht vor den Kopf stoßen. Zu ihrem Erstaunen schmeckte dieser besser als erwartet.

»Der ist gar nicht sauer.« Sie nahm einen größeren Schluck.

»Nein, natürlich nicht. Das ist Muskateller – nicht jedermanns Sache, aber definitiv mein persönlicher Lieblingsweißwein.«

»Im *Gin & More* haben Sie Merlot getrunken.«

»Mein Lieblingsrotwein.«

»Eigentlich seltsam, dass es *Gin & More* heißt«, überlegte Josefina laut. »Gin wird dort relativ selten bestellt. Die meisten trinken Wein.«

»Wein ist gefälliger. Ich beispielsweise kann Gin nicht leiden.« Hanna sah sie an. »Magst du Gin?«

»Ich … bin generell nicht so wild auf Alkohol.«

»Oh. Das heißt, ich verführe dich gerade?«

Hanna schob ihren Worten ein kokettes Lächeln hinterher, und ein seltsames Kribbeln strich über Josefinas Haut. Schnell blickte sie zur Seite.

»Tut mir übrigens leid wegen der Pralinen«, sagte Hanna dann unvermittelt. »Ich weiß, du hast es nett gemeint, und ich habe blöd reagiert. Ich war einfach überrascht, dass du mir ein Geschenk machst.«

Josefina schüttelte den Kopf, als könnte sie die Erinnerung an die stechende Abweisung dadurch abwerfen, und sagte: »Sie können ja nichts dafür, wenn Sie keine Schokolade mögen.«

»Ich weiß ehrlich gesagt nicht, ob ich sie mag oder nicht mag. Ich habe mir vor langer Zeit abgewöhnt, Süßes zu essen.«

»Warum?«

»Ich will nicht noch dicker werden.«

Verwundert betrachtete Josefina Hannas wohlgeformten Körper. Mit ihren weiblichen Rundungen sah sie im Gegensatz zu ihr selbst aus wie eine Frau und nicht wie ein Mädchen.

»Sie sind nicht dick«, sprach sie aus, was ihr durch den Kopf ging. »Ich finde Sie perfekt!«

»Danke.« Hanna lächelte flüchtig. »Aber ich hätte lieber eine Figur wie deine. Seit ich ein Teenager war, muss ich Sport machen und auf gewisse Dinge verzichten, damit ich meine Figur halte.«

»Das ist ja furchtbar!« Josefina war bestürzt – nicht nur über die Art, wie Hanna sich selbst kasteite, sondern auch über deren Körperwahrnehmung.

»Man gewöhnt sich daran. Meine Mutter lebt seit Jahrzehnten so, also schaffe ich das auch.«

»Hat sie … ich meine … ist denn Ihre Mutter übergewichtig?«

Hanna lachte. »Nein, eben nicht. Sie ist groß und schlank. Sie war früher Model. Ich sehe ihr nicht besonders ähnlich.«

»Ich finde Sie sehr hübsch«, sagte Josefina, die zusätzlich zu ihrer ehrlichen Aussage das Bedürfnis hatte, Hanna zu trösten.

»Du bist süß.«

Hanna legte ihr die Hand auf den Oberschenkel. Die Berührung kam so unerwartet, dass Josefina zusammenzuckte. Sofort zog Hanna ihre Hand zurück. Sie stand auf.

»Ich hole dir jetzt das Dessert«, sagte sie.

Während sie Hanna in der Küche hantieren hörte, ärgerte Josefina sich über sich selbst. Die Rechtsanwältin musste sie allmählich für völlig gestört halten!

Sie war sich im Klaren darüber, dass es um ihr Selbstbewusstsein schlecht bestellt und sie leicht zu verunsichern war. Allerdings kämpfte sie seit Jahren dagegen an und dies nicht ganz erfolglos. Wenn sie daran dachte, wie schwer es ihr anfangs gefallen war, ihren Alltag in einer Großstadt wie Wien zu bewältigen, hatte sie gute Fortschritte gemacht. Sie bekam immerhin kein Herzrasen mehr, wenn sie dicht gedrängt mit anderen in der

U-Bahn eingepfercht war, und sie stellte sich nicht mehr taub, wenn jemand sie nach dem Weg fragte.

Dass sie in Hannas Nähe so herumstotterte, war ärgerlich genug. Die Reaktion ihres Körpers auf die Berührungen war aber fast noch schlimmer. Josefina erinnerte sich, dass Hanna ihr schon einmal die Hand auf den Oberschenkel gelegt und sie intuitiv ganz ähnlich reagiert hatte. Derweil wusste sie rational, dass Hanna keinerlei böse Absichten hegte. Sie wollte ihr nicht wehtun, sondern einfach nur nett sein – wie vermutlich viele andere, die ihr in den vergangenen zwei Jahren die Hand gereicht oder gar den Arm um die Schultern gelegt hatten.

Springen Sie über Ihren Schatten und tun Sie es einfach. Denken Sie daran: Step by Step! Wählen Sie erst einen kleinen Schritt, ehe Sie einen größeren wagen!

Josefina erinnerte sich an den Artikel in einer Frauenzeitschrift, in der sie einmal bei einem Arztbesuch geblättert hatte. Es ging darin um Ängste und innere Barrieren – exakt ihre Themen. Eine Psychologin gab am Ende des Artikels Tipps zur Bewältigung. Vielleicht sollte sie diese Chance als ersten Schritt verstehen – und nutzen: eine nette Frau wie Hanna kurz berühren, ehe sie mit dem Gedanken spielte, irgendwann einem Mann körperlich näherzukommen?

»So. Du wirst mich jetzt lynchen wollen. Ich habe dein Dessert erfolgreich zerstört.« Hanna kam mit schuldbewusster Miene und einem Teller mit undefinierbarer Masse zurück ins Wohnzimmer. »Ich wollte es nur aus der Plastikbox umlagern. Aber leider ist es gekippt und … nun, sieh selbst. Ich kann verstehen, wenn du es lieber wegwerfen willst.«

Josefina nahm irritiert den Teller entgegen. Warum sollte sie etwas wegwerfen, nur weil es nicht mehr gut aussah?

»Es schmeckt super«, versicherte sie nach dem ersten Bissen.

»Wirklich?« Hanna blieb skeptisch. »Es sieht fast so aus wie Matsch!«

»Es schmeckt köstlich. Probieren Sie!« Spontan streckte sie

ihr den Löffel entgegen. Hanna zögerte. Sogleich wurde Josefina ihr Fehler bewusst. »Tut mir leid. Natürlich wollen Sie nicht von meinem Löffel essen. Entschuldigung.«

»Oh Gott!« Hanna stieß einen theatralischen Seufzer aus. »Und da dachte ich noch, dass bald dieses Vier-Gänge-Menü beim Nobelitaliener fällig ist! Zu schade! – Nein. Natürlich habe ich kein Problem damit, etwas von deinem Löffel zu essen. Das ist lächerlich. Ich habe ein Problem mit Süßem. Das habe ich doch eben erklärt.«

Springen Sie über Ihren Schatten …

Josefina hob den Kopf und sah Hanna direkt in die Augen. Ein faszinierendes Grün, wie sie es noch nie gesehen hatte.

»Aber ich habe ein Problem mit Alkohol und trinke dennoch Muskateller. Zumindest probieren müssen Sie!«

Beharrlich streckte sie Hanna den Löffel entgegen. Und tatsächlich beugte Hanna den Kopf nach vorne und ließ sich füttern.

Es gefiel Josefina, wie sie genießerisch die Augen schloss.

»Ich kann das auch machen«, platzte es aus ihr heraus. »Tiramisu, meine ich.«

»Tatsächlich?«

»Ja, es ist nicht schwer … Gertrud hat es mir beigebracht, ehe sie … also … ehe sie …« Josefina fühlte, wie sich der Zentnersack wieder auf ihren Brustkorb legte und ihr die Luft zum Atmen nahm. Sie bündelte ihre gesamte Energie und stieß ihn von sich. »Ehe sie sich an nichts mehr erinnern konnte«, vollendete sie den Satz. »Wir haben viel gemeinsam gekocht. Wir haben alles Mögliche ausprobiert … Rezepte aus aller Welt.«

»Dann werde ich dich das nächste Mal als Köchin engagieren, wenn ich Gäste einlade. Ich selbst bin keine Küchenfee.« Hanna lächelte sie an und fragte dann: »War Gertrud die ältere Dame, um die du dich gekümmert hast?«

Josefina nickte. Und auf einmal fiel es ihr ganz leicht, von Gertrud und ihrem Häuschen in der Nähe von Waidhofen zu erzählen und von Ludger und Sabine, die mit ihren Kindern in St. Pölten wohnten, dennoch ein Pflegekind aufnehmen wollten und dieses dann zu ihrer Mutter beziehungsweise Schwiegermutter schickten, als es die ersten Probleme gab … Hanna hörte zu, stellte gelegentlich eine Frage, füllte ihr Weinglas immer wieder nach, während Josefina noch am ersten Muskateller nippte.

Springen Sie über Ihren Schatten.

Der Satz hämmerte unerbittlich gegen Josefinas Schläfen, während sie so viel redete wie schon lange nicht mehr. Sie wunderte sich über sich selbst. Zwischendurch hatte sie Angst, Hanna zu langweilen, doch dann stellte sie wieder eine Frage, und Josefinas Zunge löste sich erneut.

Irgendwann hatte sie genug Mut gefasst, um sich ihren Dämonen zu stellen. Als sie mit ihrer Hand Hannas Arm berührte, sollte es nach einer zufälligen Geste aussehen. Ihre Fingerspitzen hatten Hannas nackte Haut noch nicht berührt, da begriff sie bereits, dass die Berührung weder passend noch beiläufig wirkte.

Hannas überraschter Blick ließ ihren Mut verpuffen. Hastig wollte sie ihre Hand zurücknehmen, verhaspelte sich während des Redens.

Hanna verschränkte die Hand in der ihren und zog sie näher zu sich.

»Alles okay«, flüsterte sie. »Alles okay.«

Und Josefina fühlte, dass es sogar mehr als nur okay war. Hannas warme Hand fühlte sich gut an. Es war wieder so, als würde ein warmer Strom von Hannas in ihren Körper fließen. Sie fühlte sich wohl. Die letzte Anspannung verflog. Sie redete weiter. Sie lachte sogar kurz, als Hanna eine witzige Bemerkung fallen ließ, und war danach ganz erschrocken, weil sie selbst nicht mehr gewusst hatte, wie ihr Lachen klang. Sie trank das Glas Wein bis auf den letzten Tropfen aus. Müdigkeit legte sich über sie wie eine wollene Kuscheldecke. Ihr Redefluss geriet ins Stocken. Ihre Augen wurden schwer. Alles war schön, warm, vertraut.

Ihr Kopf sank auf Hannas Schulter. Hannas offenes Haar kitzelte an ihrer Wange und roch nach Vanille und Rosen. Sie fühlte Hannas Hand über ihren Bauch streicheln und schloss die Augen.

»Josefina«, hörte sie Hannas Stimme irgendwann sanft an ihrem Ohr. »Willst du über Nacht hierbleiben?«

Josefina riss die Augen auf. Sofort war sie hellwach. Ihre Dämonen griffen nach ihr mit eiskalten Händen, und sie sprang auf.

»I…i…ich gehe. Entschuldigung.«

»Warte.« Hanna griff nach ihrem Arm, hielt sie fest. Josefina erstarrte. Sofort ließ Hanna los. Sie konnte ihre Verwunderung spüren und schämte sich sofort. Es war so schön gewesen. Warum musste sie jetzt alles zerstören?

»Lass mich dir ein Taxi rufen.«

»N…nein. Ich kann …«

»Ich zahle es vorab.« Hanna sprach in einem Tonfall, der keinen Widerspruch duldete. »Ich will, dass du sicher nach Hause kommst.«

Müde lehnte Josefina am Küchenkasten, als Hanna mit der Taxizentrale telefonierte. Dann legte ihre Gastgeberin auf und sah sie sekundenlang ausdruckslos an.

»Möchtest du morgen mit mir an den Neusiedler See fahren?«, fragte sie plötzlich.

Josefina blinzelte irritiert.

»Wir könnten Boot fahren … gut essen gehen … die Sonne genießen. Hast du Lust?«

Lust. Ein bisschen Angst. Kein Geld.

Josefina hätte all das erwidern können, doch kein Ton kam über ihre Lippen. Sie nickte nur benommen.

»Gut«, sagte Hanna, als wäre damit alles entschieden. »Dann hole dich morgen um zwölf Uhr ab.«

Ein Ausflug zum See

Hanna trank ihren Frühstückskaffee und ließ sich alles, was Josefina über sich erzählt hatte, nochmals durch den Kopf gehen. Sie war bei ihrer alkoholkranken Mutter aufgewachsen. Noch ehe sie in die Schule kam, erledigte sie selbstständig Einkäufe und hielt die Wohnung sauber, während ihre Mutter ihren Rausch ausschlief. Das Jugendamt war regelmäßig zu Gast. Doch bei diesen Gelegenheiten war die Mutter nüchtern und die Wohnung blitzblank. Erst, als ihre Mutter im trunkenen Zustand von einem Auto totgefahren wurde, realisierte das Jugendamt, dass in diesem Haushalt etwas nicht stimmte. Aber da spielte es im Grunde schon keine Rolle mehr. Da keine lebenden Verwandten ausfindig gemacht werden konnten, kam Josefina in ein Heim nach Wien und später zu einer Pflegefamilie – Ludger und Sabine – nach St. Pölten, dann zu Gertrud.

Die Kindheit und Jugend der jungen Frau nahm Hanna offenbar mehr mit als Josefina selbst, die ganz ohne Selbstmitleid über ihre Vergangenheit gesprochen hatte. Natürlich kannte sie solche Geschichten – aus den Medien. Es war das erste Mal, dass sie persönlich mit jemandem in Kontakt stand, der solche Verhältnisse durchlebt hatte. Vieles ergab nun Sinn – Josefinas Unsicherheit, beispielsweise, und ihr mangelhaftes Selbstbewusstsein.

Die Frage, die sie an diesem Morgen beschäftigte, war jedoch, was sie dazu bewogen hatte, ihr einen Ausflug anzubieten. Was versprach sie sich davon? – Josefina war nett, aber keineswegs eine Bekanntschaft, die es zu pflegen galt.

Die ehrliche Antwort war wohl, dass Katja, mit der sie eigentlich den Samstag am See verbringen wollte, sie versetzt hatte. Katja ließ sie per WhatsApp wissen, dass Niklas keinen Dienst habe und sie den Tag doch lieber mit ihm verbringen wolle. *Wir sehen uns ja so selten, das verstehst du doch.*

Hanna hatte zurückgeschrieben, dass sie das natürlich verstehe und wünschte beiden einen schönen Tag. In Wahrheit ärgerte die Angelegenheit sie, denn es war nicht das erste Mal, dass Katja kurzfristig absagte. Einmal war es Niklas, dann ein angeblicher Notfall in der Familie, manchmal einfach nur Migräne. Während sie sich vor wenigen Jahren noch alle drei Wochen gesehen hatten, kreuzten sich ihre Wege mittlerweile nur noch gelegentlich.

Vermutlich passe ich nicht mehr in ihr Leben, stellte Hanna nüchtern fest. Ich habe keinen Mann an meiner Seite und arbeite mehr als meine Freundinnen.

Bei den Gartenpartys, zu denen Judith, die inzwischen in einem Reihenhaus außerhalb Wiens wohnte, regelmäßig Freunde und Familie einlud, war sie stets der einzige Single. Ihre Wochenenden waren einsam geworden – der Hauptgrund, weshalb sie sich häufiger als früher die sonntäglichen Familienzusammenkünfte antat.

Trotzdem spielte sie mit dem Gedanken, Josefina abzusagen. Was, wenn die junge Frau ihr Entgegenkommen als Auftakt für eine Freundschaft sah? Was, wenn sie zu anhänglich wurde?

Sie wollte ihr nicht mit einer Zurückweisung wehtun. Sie hatte ja nur helfen wollen, etwas Gutes tun wollen.

Das war das gedankliche Stichwort. Hanna holte das Schulheft aus der Schreibtischschublade und machte sich eine Notiz. Sie hatte jemanden, der sich schwertat, beim Verfassen von Bewerbungen geholfen. Selbstlos. Ronny würde staunen, wenn er von seinem Parisaufenthalt zurückkam und sie schon die dritte gute Tat vorweisen konnte!

Und eigentlich war es ja auch eine weitere gute Tat, Josefina diesen Tag am See zu schenken, mit allem Drum und Dran. Unterprivilegiert wie sie war, hatte sie kaum die Möglichkeit, in der

Mole West zu speisen, einem hippen Lokal mit Blick auf den See, und ein Boot zu mieten, um dem Trubel am Ufer eine Zeit lang zu entkommen.

*

Sie saßen sich auf der Seeterrasse gegenüber und studierten die Speisekarte. Ihr gemeinsamer Ausflug hatte erst vor einer Stunde begonnen, aber Josefina sah ihre Befürchtungen schon bestätigt: Dieser Tag würde ihr Budget vollkommen sprengen. Die Bruschetta war das günstigste Gericht und lag preislich deutlich über dem, was sie normalerweise für ein Mittagessen ausgab. Sie würde dazu ein Glas Wasser bestellen.

Im Vergleich zu Hanna und den meisten Besuchern dieses Lokals kam sie sich zudem vor wie Aschenputtel. Sie trug denselben Rock wie gestern, dazu eine luftige Kurzarmbluse. Hanna hingegen war in ein knöchellanges, schwarz-weiß gemustertes Sommerkleid gehüllt, das gewiss ein Vermögen gekostet hatte, und trug dazu einen dunklen Strohhut mit breiter Krempe. Ihr Haar hatte sie lose nach hinten gebunden und die goldenen Kreolen an ihren Ohrläppchen glänzten im Sonnenlicht. Sie sah aus wie eine berühmte Diva.

»Was hältst du davon, wenn wir uns gemeinsam eine Tapasvariation bestellen?«, fragte Hanna und lächelte sie über den Tisch hinweg an. Ihre weißen, makellosen Zähne blitzten zwischen rot geschminkten Lippen.

Sie musste den Ausdruck in Josefinas Gesicht bemerkt haben, denn sogleich fügte sie hinzu: »Du bist selbstverständlich eingeladen.«

Josefina schluckte den Kloß, der sich in ihrer Kehle gebildet hatte, tapfer herunter. Zeit, etwas klarzustellen: »I...i...ich möchte nicht ausgehalten werden. Ich kann selbst zahlen.«

»Natürlich. Aber dann bestellst du vermutlich ... die Bruschetta? Und das wäre schade. Das Essen hier schmeckt nämlich hervorragend.«

Josefina fühlte, wir ihr die Röte in den Kopf stieg. Hanna hatte sie durchschaut.

Während sie auf das Essen warteten, suchte Josefina nach einem unverfänglichen Thema. Sie wollte nicht schon wieder so freimütig über sich und ihr Leben sprechen. Zumal es Dinge gab, über die sie generell nicht reden wollte, weil sie schmerzhafte Erinnerungen heraufbeschworen.

Hanna indessen ließ ihren Blick durch das Lokal schweifen. Vermutlich wusste sie genauso wenig, worüber sie mit Josefina sprechen sollte wie umgekehrt.

»Was machst du sonst so, wenn du frei hast?«

Hannas Frage riss sie aus ihren Überlegungen.

»Nicht viel. Wenn das Wetter schlecht ist, lese ich. Manchmal gehe ich in den Weinbergen spazieren. Außerdem bin ich oft im Pflegeheim und helfe.«

»Pflegeheim?«

»Irgendwann konnte Gertrud nicht mehr zu Hause betreut werden. Sie hatte einen Schlaganfall und war gelähmt. Hans hat sie dann nach Wien geholt und einen Heimplatz organisiert.«

»Hans?«

»Ihr anderer Sohn. Er wohnt in Wien. Ihm gehört auch die Wohnung, in der ich lebe.«

»Ich dachte, Gertrud wäre inzwischen tot.«

»Ist sie auch. Aber erst seit vier Monaten. Ich hatte sie im Pflegeheim regelmäßig besucht ... und ... ja, mitbekommen, wie es dort läuft. Viele kriegen selten Besuch. Und es gibt zu wenig Pflegepersonal. Also schaue ich ab und zu vorbei und helfe, wo ich kann. Manchmal rede ich auch nur mit den alten Leuten. Sie freuen sich darüber.«

»Ohne Bezahlung?« Hannas Stirn lag in Falten.

»Ja. Ich mache es ja gern.«

»Aber du solltest auch mal etwas für dich tun«, wandte Hanna ein. »Eine Ausbildung machen, beispielsweise. Oder zumindest einen Lehrgang.«

Im nahen Schilf flatterte ein Entenschwarm auf und ließ sich auf der glatten Oberfläche des Sees nieder. Eine der Enten steckte ihren Kopf ins Wasser. Josefina hatte das spontane Bedürfnis, es ihr gleichzutun. Für Leute wie Hanna war immer alles so logisch und einfach.

»Wie verbringen Sie Ihre Wochenenden?«, fragte sie schließlich, um den Fokus von sich selbst abzuwenden.

Hanna erzählte von Besuchen bei ihrer Familie, sonntäglichen Essen und Sommernachmittagen in deren Garten, und Josefina stellte sich vor, wie wunderbar das sein musste, Geschwister und Eltern zu haben. Dann gab es noch einige Freundinnen und Freunde, mit denen sie im Winter zum Skifahren ging und im Sommer eben an den See, wobei Hanna einräumte, dass mittlerweile allesamt sehr damit beschäftigt waren, Häuser zu bauen, Eigentumswohnungen zu sanieren und Nachwuchs zu produzieren.

Mutig geworden durch den Muskateller, von dem Hanna je ein Achtel für sie bestellt hatte, fragte Josefina: »Und Sie? Wann werden Sie und Ihr Partner heiraten?«

Sie vermochte den Ausdruck, der in Hannas Augen trat, nicht zu deuten, bemerkte jedoch an ihren sich straffenden Schultern, dass es die falsche Frage gewesen war. Gerade wollte sie sich dafür entschuldigen, als Hanna sagte: »Ronny ist nicht mein Partner. Er ist nur ein Freund. Ich bin Single.«

Die Antwort überraschte Josefina so sehr, dass ihr unweigerlich ein »Warum?« über die Lippen kam.

Hanna lächelte dünn. »Vielleicht ist mein Geschmack diesbezüglich zu ausgefallen«, sagte sie dann, aber Josefina fühlte, dass dies – wenn überhaupt – nur ein Teil der Wahrheit war.

Die Tapas wurden serviert. Sie waren ein kulinarisches Gedicht und mit Abstand das beste Essen, an das sich Josefina erinnern konnte.

Mit vollem Bauch stieg sie rund eineinhalb Stunden später zu Hanna in ein Elektroboot, das diese aufgetrieben hatte, und sie schipperten an Schilfinseln und Bootshütten vorbei auf den See hinaus. Der Wind fuhr Josefina durchs offene Haar, und einen Moment lang fühlte sie sich genauso frei wie die Möwen, die über dem Wasser ihre Kreise zogen.

Mitten auf dem See stoppte das Boot. Das Ufer gegenüber lag unter einer Dunstglocke; die einzelnen Häuser waren kaum zu erkennen.

Das Boot schaukelte leicht, als Hanna nun ihr Kleid und ihre Schuhe abstreifte. Doch nicht der dunkle Bikini mit den Glitzersteinchen fing Josefinas Aufmerksamkeit, sondern Hannas Körper. Sie verstand Hannas Figurproblem noch weniger als am Tag zuvor. Sie war so unglaublich schön!

»Was ist mit dir? Keine Lust auf Baden?«

Hanna sah sie auffordernd an.

»Ich dachte nicht, dass das Wetter so sonnig wird. Ich habe meinen Badeanzug nicht dabei.« Die Wahrheit war, dass sie kein Badezeug mehr hatte. Sie war seit Jahren nicht mehr in die Nähe eines Gewässers gekommen, in dem sie hätte schwimmen können.

»Schade.«

Hanna ließ sich ins Wasser gleiten, das in diesem See niemals glasklar funkelte. Der Neusiedler See war ein Steppensee, gerade einmal um die zwei Meter tief und mit schlammigem Untergrund. Josefina betrachtete vom Boot aus, wie Hanna ihre Runden zog, und beneidete sie um die Unbeschwertheit, die sie dabei ausstrahlte.

Hanna war so *normal*. Sie hatte Freunde, eine Familie, einen guten Job, ein Leben.

Sosehr ich mich auch bemühe, ich werde niemals all das haben, dachte Josefina, und die Erkenntnis schmeckte bitter.

Eine dicke Wolke schob sich vor die Sonne. Hannas Hände legten sich an den Bootsrand. Vom Wasser aus sah sie zu Josefina auf.

»Willst du nicht zumindest deine Füße in den See tauchen? – Es ist wirklich nicht kalt.«

»Okay.«

Josefina legte ihre Schuhe ab und setzte sich vorsichtig an den Bootsrand. Hanna hatte recht: Das Wasser war angenehm warm.

»Du warst als Kind wahrscheinlich recht oft hier, weil du ja nur ein paar Kilometer vom See entfernt aufgewachsen bist«, riet Hanna, deren Arme weiterhin neben ihr auf dem Bootsrand lagen.

Immer diese unangenehmen Themen. Josefina sah sich darin bestätigt, besser nicht noch mehr über sich preiszugeben. Ihr war schleierhaft, was sie am Vortag dazu bewogen hatte, Hanna so viel von ihrer Lebensgeschichte zu erzählen.

»Manchmal«, sagte sie. Die meiste Zeit war sie allerdings mit ihrer Mutter in der Wohnung gewesen. Irgendwer hatte ja aufpassen müssen, dass sie nicht mit einer brennenden Zigarette in der Hand einschlief oder an Erbrochenem erstickte.

»Vielleicht sind wir uns als Kinder sogar über den Weg gelaufen, ohne es zu wissen«, fuhr Hanna fort. »Mein Vater hatte im Nachbarort ein Segelboot; wir waren relativ oft hier.«

»Sie hätten mich wahrscheinlich gar nicht wahrgenommen.«

»Oh doch.« Hanna lächelte. »Wenn du damals schon so bezaubernde Augen hattest, dann ganz sicher!«

Bei einem Mann hätte Josefina sofort eine unsichtbare Schutzmauer errichtet. Doch da die Bemerkung von Hanna kam, fühlte sie sich auf eigentümliche Art geschmeichelt. Sie fand tatsächlich ihre Augen bezaubernd?

Das Bedürfnis, das Kompliment zurückzugeben, war groß.

»Und Sie haben ein schönes Dekolleté«, sagte sie mit Blick auf jenen Teil von Hannas Brustkorb, der aus dem Wasser ragte.

»Du meinst also konkret meinen Busen«, scherzte Hanna, und Josefina wurde prompt rot.

Als sich Hanna zurück ins Boot hievte, geriet das Boot kurz

in Schieflage. Wasser schwappte ins Innere und durchdrang Josefinas Rock.

»Oh, sorry!«

Zu Josefinas stillem Entsetzen legte Hanna in aller Seelenruhe den nassen Bikini ab, trocknete sich mit ihrem Handtuch und zog einen weiteren, ganz ähnlichen aus ihrem Stoffbeutel. Obwohl Hannas ungenierter Umgang mit Nacktheit Josefina vor den Kopf stieß, konnte sie die Augen nicht von ihr abwenden.

»Zieh doch deinen nassen Rock aus und lege ihn zum Trocknen auf den Bug«, schlug Hanna vor. »Es hat keinen Sinn – in dem pitschnassen Stoff herumzusitzen!«

Nach kurzem Zögern tat sie, wie geheißen. Obwohl sie noch Baumwollslip, BH und Bluse trug, fühlte sie sich seltsam nackt.

Hanna begann, sich mit Sonnencreme einzuschmieren. Als nur noch ihr Rücken übrig war, warf sie Josefina die Tube zu.

»Würdest du ...?«

Mit einer Selbstverständlichkeit, die Josefina nie für möglich gehalten hätte, verteilte sie das cremige Weiß erst auf ihren Händen, dann auf Hannas warmer, glatter Haut. Auch ihren Rücken zierten Sommersprossen und ein paar Leberflecken. Josefina konnte zart die Muskeln spüren. Vorsichtig hob sie die Rückseite des Bikinis an, um auch die Ränder einzucremen. Dabei sprang plötzlich der Verschluss auf. Sie brauchte sich nicht nach vorne zu beugen, um zu wissen, dass Hannas volle Brüste prompt aus den Schalen fielen.

Noch ehe sie sich entschuldigen konnte, drehte sich Hanna auch schon um. Josefinas Blick klebte automatisch auf dem blanken Busen.

»Eigentlich können wir auch gleich oben ohne sonnen«, sagte Hanna unbefangen. »Hier ist ja niemand außer uns!«

Die Bluse heftete sich an Josefinas feuchten Rücken. Sie konnte ihr Herz in der Brust schlagen hören. Als ihr bewusst wurde, dass sie immer noch auf Hannas Busen starrte, flüchtete sie ans andere Ende des Bootes.

Hanna streckte sich aus und schloss die Augen.

Eine ganze Weile blieb Josefina starr sitzen. Das seltsame Gefühl, als sie gestern Hannas Hand gehalten hatte, war wieder da. Sie stierte auf die Wasseroberfläche. Geriet sie so in Aufruhr, weil sie sonst wenig mit anderen Menschen in nahen Kontakt kam?

Eine klare Antwort wollte sich nicht abzeichnen. Josefina tat es Hanna schließlich gleich und streckte sich auf der anderen Hälfte des Bootes aus, den Kopf auf ihren kleinen Rucksack gebettet. Als ihre Zehen Hannas berührten, zog sie die Beine rasch an.

»Du solltest dich auch eincremen.«

Hannas Stimme erklang viel zu nahe an ihrem Ohr, und sie riss die Augen auf. Die Rothaarige hatte sich über sie gebeugt und sah mit leichter Besorgnis zu ihr herunter.

»Und hast du keine Kappe oder einen Hut dabei? Du kriegst noch einen Sonnenstich!«

»Ich bin nicht so empfindlich.«

Dass ihr Herz wieder raste und sie sich fühlte, als müsste sie jeden Augenblick implodieren, konnte unmöglich an der Sonne liegen. Woran dann?

»Aber zumindest deine Beine brauchen Schutz.«

Josefina schluckte ihren spontanen Protest herunter, als Hanna begann, großzügig Sonnencreme auf ihren Beinen zu verschmieren. Bisher waren ihre Hände nur an ihrem rechten Unterschenkel, aber sie hatte das Gefühl, dass sich in ihrem Innerstem etwas aufbaute, das sie kaum mehr kontrollieren konnte. Gänsehaut bildete sich auf ihrem Körper, während Hannas Hand nun weiter nach oben glitt. Sie schwitzte und wusste: Es lag nicht bloß an der Sonne, die nun vollends zwischen den Wolken hervorgekommen war und auf das Boot niederbrannte.

Hannas massierende Hände hatten beinahe den unteren Ansatz ihres Höschens erreicht. Josefinas Körper reagierte wie von selbst. Sie öffnete ihre Beine, sehnte sich ... ja, nach was? – Sie wusste es selbst nicht, während sie die Augen sicherheitshalber geschlossen hielt und sich wünschte, dass Hanna bloß nicht aufhörte, sie zu berühren.

Hanna wechselte zum anderen Bein, noch ehe sie das Höschen berührt hatte. Josefina hörte, dass weitere Creme aus der Tube gedrückt wurde, und fühlte die kühle Substanz an ihrem Bein.

Diesmal schien sich Hanna mit dem, was sie da tat, noch mehr Zeit zu lassen. Ihre Hände zogen kleine Kreise, massierten ihre von innen brennende Haut. Josefina hörte nichts als ihren eigenen, schnellen Atem. Zwischen ihren Beinen pulsierte es. Ihr Körper begann leicht zu zittern. Während Hannas Hand nun wieder die Innenseite ihres Schenkels massierte, hatte sie das Gefühl, gleich den Verstand zu verlieren.

Dann fuhr ein Finger sanft über ihren Slip. Der heiße Blitz, der durch ihren Körper zuckte, entlockte ihr ein heiseres Keuchen. Sie fühlte Hannas Oberkörper jetzt dicht über sich, spürte ihren warmen Atem auf ihrem Gesicht und ihre andere Hand, die sich unter ihre Bluse zu ihren Brüsten schob.

Doch was auch immer Hanna mit ihren Brüsten machte, ging in dem Strudel der Empfindungen durch die Berührung ihrer Mitte unter. Josefina hatte das Gefühl, zu verglühen.

Dann glitt Hannas Hand unter ihr Höschen. Josefina hörte sich laut aufstöhnen. Ihr Becken hob sich wie von selbst. Einen Moment lang stand die Welt still. Dann fiel sie zitternd in sich zusammen.

Die Augen weiterhin fest zusammengepresst, entfuhr ihr ein leises Schluchzen. Alles in ihr war in Aufruhr. Ihr Herz galoppierte in der Brust. Sie atmete so schnell, als hätte sie gerade einen Sprint zurückgelegt.

»Alles gut«, hörte sie Hannas sanfte Stimme an ihrem Ohr. »Alles gut.«

Hanna hatte den Arm unter ihren Nacken geschoben. Ihre andere Hand ruhte auf ihrem Unterbauch. Während sich Josefinas Atem allmählich beruhigte, hoffte sie, dass Hanna in ihrer

Pose verharrte. Die Hand auf ihrem Bauch fühlte sich tröstlich an – wie ein Ankerpunkt in all der Verwirrung, die sie eben noch verursacht hatte.

Was hast du da mit mir gemacht?

Die Frage brannte auf Josefinas Lippen, doch die Vernunft, die sich jetzt durch diesen Wirbel an körperlichen Empfindungen kämpfte, hielt sie davon ab, sie zu stellen.

Sie mochte in mancher Hinsicht naiv sein, aber jetzt und hier wusste sie ganz genau, was Sache war. Hanna hatte mit ihr Sex gehabt ... oder sie zumindest befriedigt. Im Augenblick wusste Josefina nicht, was sie mehr in Verwirrung stürzte: dass eine Frau wie Hanna, die jeden und jede haben konnte, *diese Sache* ausgerechnet mit ihr machte, oder, dass sie soeben den ersten sexuellen Höhepunkt ihres Lebens erlebt hatte. Bei den wenigen Versuchen, sich selbst zu berühren, war allenfalls ein kurzes Prickeln entstanden, das sie nicht dazu bewogen hatte, ihr Tun fortzusetzen.

»Sieh mal ... die Wolke sieht aus wie das Gesicht einer Katze«, hörte sie Hanna an ihrem Ohr sagen. »Sogar mit Schnurrhaaren.«

Josefina erkannte, dass sie die Augen nicht ewig verschließen konnte. Dennoch sah sie lieber gen Himmel als in Hannas Gesicht.

»Das ist ein Osterhase«, sagte sie langsam. »Er hat einen Korb auf dem Rücken. Das, was du für Schnurrhaare hältst, sind seine dünnen Ärmchen.«

»Unmöglich. Vom Eierschleppen hätte er mehr Muskeln«, widersprach Hanna. »Es handelt es sich eindeutig um die Schnurrhaare einer Katze!«

»Auch ein Hase hat Barthaare.«

»Nie im Leben!«

»Oh doch!«

Josefina kicherte, was sonst gar nicht ihre Art war, und konnte kaum mehr aufhören. Hanna stimmte in das Lachen ein.

»Wie auch immer«, sagte sie dann. »Was hältst du von dieser Wolke?«

Sie deutete auf ein weiteres weißes Gebilde, das sich nun vor den Hasen – oder die Katze – schob.

»Eindeutig eine Zitrone«, erwiderte Josefina.

»Oder eine Riesenolive.«

Josefina drehte sich zur Seite und stützte ihren Kopf auf die Hand. In Hannas grünen Augen tanzten kleine Funken.

»Ich weiß wirklich nicht, wo du deine Oliven kaufst, aber ich rate dir ganz dringend, mal einen Blick auf deren Herkunft zu werfen. Wenn das da eine Olive ist, kann sie nur in Tschernobyl gewachsen sein!«

Hanna lachte herzlich und offen.

Eine ganze Weile lagen sie nebeneinander und fantasierten über die Wolkengebilde, die über den See zogen. Dann gab das Boot ein knirschendes Geräusch von sich, und sie schreckten hoch. Um sie herum wuchs Schilf. Sie waren abgetrieben.

*

Hannas Gewissensbisse setzten ein, kaum dass sie das Elektroboot wieder an der Verleihstation zurückgegeben hatten. Josefina stand am Seeufer, betrachtete zwei sich nähernde Schwäne und warf hin und wieder einen verstohlenen Blick in ihre Richtung. Jetzt, wo sie an Land waren, wirkte Josefina wieder befangen und ein wenig verloren. Zumindest siezte sie sie nicht mehr.

Sie hatte nicht vorgehabt, Josefina derart zu berühren. Aber dann hatte sie ihre Haut unter den Fingern gespürt und bemerkt, wie sie darauf reagierte, und ihr waren die Sicherungen durchgebrannt. Schon lange hatte sie niemanden mehr auf diese Weise berührt, war schon lange nicht mehr berührt worden, und Josefina wollte es so sehr – oder?

Gewehrt hatte sie sich nicht, als das harmlose Einschmieren eine intime Note bekam.

Würde sie sich denn wehren?, fragte eine kritische Stimme in Hannas Innerem, und ihr wurde übel bei dem Gedanken, dass sie vielleicht nicht besser war als ihr Mandant Stefan Werder, der die Abhängigkeit seiner Angestellten hatte ausnutzen wollen.

Ursprünglich hatte sie vorgehabt, am frühen Abend wieder zurück nach Wien zu fahren. Aber vorher musste sie das wieder ins Lot bringen. Denn es konnte nicht so stehen bleiben. Sie musste ihr sagen, dass es schön gewesen, aber einer Laune entsprungen war ...

Doch dann empfing Josefina sie mit diesem aufrichtigen, erwartungsvollen Blick, und Hanna wusste, dass sie ihre Worte mit Sorgfalt und Bedacht wählen musste. Gerade war die junge Frau aufgetaut. Wenn sie jetzt signalisierte, dass ihr selbst das alles nichts bedeutete, würde sie sich sicher sofort in ihr Schneckenhaus zurückziehen. Aus irgendeinem Grund, den Hanna nicht einordnen konnte, gefiel ihr die Vorstellung nicht.

»Es ist ein lauer Abend«, sagte sie. »Ich würde gern noch etwas trinken. Ein Dorf weiter gibt es ein neues, ziemlich schönes Lokal.«

Josefina nickte nur.

Dass in der neuen Location genauso viel los war wie an der angesagten *Mole West,* überraschte Hanna dann doch. Sie hatte auf mehr Privatsphäre gehofft. Alle Tische waren besetzt. An den Stehtischen gruppierten sich Leute in ihrem Alter oder jünger.

Abseits des Trubels standen Strandkörbe auf der Wiese, die an das Freibad angrenzte. Hanna sah, wie ein älteres Paar gerade den Strandkorb am Seeufer verließ, und zog Josefina mit sich.

»Sitzen bleiben und diesen Platz bewachen wie ein Kettenhund«, wies sie Josefina an.

»Und du?«

»Nachdem du mich wochenlang im *Gin & More* bedient hast, werde ich heute dir ein Glas Wein von der Bar bringen.«

»Kannst du das denn?« Josefina grinste schelmisch. »Ich meine, es ist eine lange Strecke von der Ausschank bis hierher, und wenn man nicht in Übung ist …«

Hannas Lippen kräuselten sich amüsiert. Unglaublich, was so ein kleiner Höhepunkt bewirkte.

Wortlos zeigte sie ihr den Stinkefinger und bewegte sich zur Bar.

Als sie mit den vollen Gläsern zurückkehrte, fand sie Josefina mit einer Decke über den Knien in die Polster gekuschelt wieder.

»Ich bin noch nie in einem Strandkorb gesessen«, sagte Josefina und nahm ihr das Glas ab. »Du?«

»Hmhmm. Ich musste einen Urlaub auf Sylt verbringen.«

»Wenn du das so sagst, klingt das wie Straflager.«

»Ich war dreizehn, gemeinsam mit meinen Eltern und meinem viel jüngeren Bruder im Ferienhaus unserer Bekannten, und es hat an zehn von vierzehn Tagen geregnet. Ein iPad gab es damals noch nicht.«

»Was hättest du lieber gemacht?«

»Hmm.« Da musste Hanna tatsächlich überlegen. Ihr wurde bewusst, dass sie bisher immer nur darüber geklagt hatte, was sie *nicht* machen wollte – ohne einen Gedanken an Alternativen.

»Ich weiß es nicht«, gab sie offen zu. »Die Frage hat sich nie gestellt. Mein Vater hält die Familie sehr hoch. Wenn es nach ihm ginge, hätten meine Brüder nie ausziehen dürfen. Er lädt Gustav, meinen jüngeren Bruder, noch immer regelmäßig zum Skiurlaub nach Sankt Moritz ein – so wichtig ist es ihm, dass er zumindest einmal im Jahr sieben Tage am Stück mit ihm verbringt.«

»Von Sankt Moritz habe ich schon mal gehört. Ist es da wirklich so schön?«

»Keine Ahnung, ich war noch nicht dort.«

»Aber sagtest du nicht, deine Eltern haben euch zum Skifahren eingeladen?«

»Als ich noch mit von der Partie war, stand stets Kitzbühel auf dem Plan.«

Josefina schaute gedankenverloren in ihr Weinglas.

»Ich war an beiden Orten noch nie«, sagte sie dann.

»Da hast du nichts verpasst.« Sie erntete einen überraschten Blick und bereute ihre Antwort sofort. Für jemanden, der noch nicht in der Welt herumgekommen war, musste das wahnsinnig undankbar klingen.

»Wie meinst du das?«, hakte Josefina nach.

Sie hätte sie mit einer lapidaren Antwort abspeisen können. Doch die Erinnerungen erfüllten sie plötzlich mit unerklärlichem Groll, und sie hörte sich selbst sagen: »Wenn man anders ist als die anderen und nach außen permanent so tun muss, als würde man dazugehören, geht einem das irgendwann so auf die Nerven, dass man alles ätzend findet. Man spielt mit und könnte bei jeder weiteren Spielrunde kotzen.«

Josefina erwiderte nichts.

Hanna wurde bewusst, dass sie sich soeben so weit aus dem Fenster gelehnt hatte wie selten in ihrem Leben, und sie schob hastig nach: »Es ist nicht alles schlecht. Und letztendlich habe ich gewisse Dinge ja auch selbst entschieden. Ich könnte sie jederzeit ändern.«

Josefina wandte sich ihr zu. »Ich glaube nicht, dass du das könntest. Zumindest nicht so einfach. Wenn man erst einmal in einem Strudel drinnen ist, kostet es immense Kraft, herauszukommen – zumal, wenn man Sorge haben muss, auch außerhalb des Strudels zu ertrinken.«

Hanna nahm einen Schluck Wein. Dieses Gespräch hatte eine überraschende Wendung genommen – eine, die ihr Angst machte.

»Ist das bei dir so? Dass du Angst hast, außerhalb des gewohnten Strudels zu ertrinken?«, lenkte sie den Fokus um.

Josefina hob die Schultern und starrte wieder in ihr Weinglas. »Eigentlich ja … Jeden einzelnen Tag. Aber im Gegensatz zu dir hatte ich noch nie das Gefühl, selbst viel entscheiden zu können.«

Hanna dachte über den Satz nach. Dann sagte sie: »Vielleicht bin ich in Wahrheit in einer ähnlichen Situation.«

Eine Weile hörten sie nichts außer das Gewirr an Stimmen und das Lachen, das von der Bar zum Seeufer drang. Irgendwo hinter ihnen legte ein Motorrad einen Fehlstart hin. Die Sonne näherte sich wie ein glutroter Ball der Seeoberfläche.

Als das Schweigen eine gewisse Schwere bekam, rutschte Hanna näher an Josefina heran. Ihre Gläser klirrten, als sie gegeneinanderstießen. Ihre Knie berührten sich.

»Warum Josefina?«, stellte sie schließlich die Frage, die sie schon seit einiger Zeit beschäftigte.

»Warum was?« Josefina sah sie mit großen Augen an.

»Weshalb dieser Name? – Es ist ein sehr alter Name. Ungewöhnlich. Früher hätte ich mit diesem Namen immer eine Omi um die achtzig verbunden.«

Josefina lächelte verhalten. »Ich bin nach einer Ordensschwester benannt. Schwester Maria Josefina. Die fand mich in der Babyklappe, und sie haben mir diesen Namen gegeben.«

»Babyklappe? Aber du bist doch bei deiner Mutter aufgewachsen?«

»Meine Mutter war fünfzehn, als sie mich bekam. Fünfzehn! Sie hat mich heimlich auf die Welt gebracht und abgegeben. Und ein bisschen später hat sie es sich anders überlegt und wollte mich wieder. Das Jugendamt hat das verstanden. Die Hormone und so. Und es ging ja auch gut ... ein paar Jahre lang. Meine Mutter hat es trotz Kleinkind geschafft, eine Ausbildung abzuschließen. Erst haben wir in so einem Heim gewohnt, dann in einer kleinen Wohnung in Eisenstadt. Das Jugendamt hat regelmäßig vorbeigeschaut. Der Alkohol kam erst mit den Männern. Sie hatte ständig einen anderen Freund. Ich glaube, das hat sie sehr unglücklich gemacht. – Jedenfalls, was meinen Namen betrifft: Sie behielt ihn einfach bei. Und eigentlich mag ich Josefina auch.«

Die Lebensgeschichte der jungen Frau wurde mit jedem Detail dramatischer. Unwillkürlich griff sie nach ihrer Hand. Josefinas Finger schlossen sich sofort um die ihren.

»Wieso heißt du Hanna? Heißt irgendeine Vorfahrerin so?«

»Nicht, dass ich wüsste. Vermutlich hat meinen Eltern der Name einfach gefallen.«

»Die Namen deiner Brüder klingen so herrschaftlich. Gustav, Maximilian – da gab es ja einige Könige, die so hießen.«

»Es gab auch Königinnen, die Johanna hießen.«

»Aber keine hieß nur Hanna, oder?«

»Stimmt.«

Es war interessant, was Josefina auffiel. In der Tat stach ihr Name auf seltsame Weise heraus.

»Gertrud hat mich Josy genannt. Sie hatte so einen Amerika-Fimmel, weil ihr irgendein US-Soldat nach dem Zweiten Weltkrieg die erste Schokolade ihres Lebens geschenkt hat. Sie hatte im Wohnzimmer eine US-Fahne hängen, direkt über dem Kanapee, und sie hat amerikanische Filme immer im Original sehen wollen.«

»Das konnte sie?« Nach den bisherigen Schilderungen hatte sie angenommen, dass es sich bei der alten Dame um eine schlichte Frau mit durchschnittlicher Bildung gehandelt hatte.

»Ja. Gertrud war Ärztin. Sie war eine von wenigen Frauen ihres Jahrgangs, die in Wien Medizin studiert hatten. Sie zog dann ins Waldviertel, weil dort eine Kassenstelle frei war und niemand dort hinwollte.«

»Wow«, entfuhr es Hanna. Das hatte sie nicht erwartet. »Und ihr Mann?«

»Sie war nicht verheiratet. Sie lebte ein paar Jahrzehnte mit jemandem zusammen. Hans ist aus dieser Beziehung. Ludger hatte sie schon vorher.«

»Sie war sehr mutig.«

»Das war sie. Eine echte Feministin und sehr belesen. Durch sie bin ich zu Büchern gekommen.« Josefina lächelte gedankenversunken. »Gertrud war der wichtigste Mensch in meinem Leben. Ihr habe ich so viel zu verdanken … meinen Schulabschluss zum Beispiel. Bevor ich zu ihr kam, war ich ein echtes Problem.«

»Inwiefern?«

»Ich habe kaum geredet und mich nur unter dem Bett oder hinter dem Sofa verkrochen, sobald ich Angst bekam. Und ich hatte eigentlich ständig Angst ... also, du kannst es dir vorstellen. – Gertrud hat mir Sicherheit gegeben.«

»Wow«, sagte Hanna zum zweiten Mal. In Anbetracht dessen, dass sie Josefina noch immer als sehr schüchtern und ängstlich empfand, fiel ihr dazu nichts Treffenderes ein. »Und wer ist seit Gertruds Tod die wichtigste Person in deinem Leben?«, erkundigte sie sich dann. So fröhlich und offen, wie sie Josefina an diesem Tag erlebt hatte, musste sie zumindest ein paar Freunde haben.

Josefina überlegte. Irgendwann sagte sie: »Ich weiß nicht. Hans vielleicht, weil er mich für wenig Geld in seiner Wohnung wohnen lässt.«

Josefina war wirklich nicht vom Leben verwöhnt worden. Ein anderer, noch befremdlicherer Gedanke kam ihr in den Sinn.

»Aber Hans wohnt da nicht auch, oder?«

Josefina schmunzelte. »Nein. Natürlich nicht. Er wohnt mit seiner Frau und zwei Töchtern im Nachbarhaus.«

Hanna atmete erleichtert aus. Es hätte gerade noch gefehlt, dass da ein Mann war, der Josefinas Situation in irgendeiner Form ausnutzte!

Ihre Erleichterung währte nur kurz, weil sie sich daran erinnerte, dass sie ansprechen musste, was im Boot zwischen ihnen passiert war. Ihr ganzes Inneres wehrte sich dagegen. Josefinas Gesellschaft war im Moment so angenehm; die Gespräche interessant.

Dennoch. Sie *musste*. Es lag in ihrer Verantwortung, dass Josefina keine falschen Schlüsse zog, sich nicht emotional in irgendetwas verstrickte, nicht ...

Eine Bewegung riss sie aus ihren Gedanken. Josefina hatte die Decke nun über ihnen beiden ausgebreitet.

»Du siehst aus, als würdest du frieren«, erklärte sie leise, und

Hanna hatte das Gefühl, dass ihr Herz zerfloss. Es war lange her, dass sich jemand um ihr Wohlergehen gesorgt hatte.

Sie schaute auf den See, der im Abendlicht dunkel wirkte wie flüssiges Öl. Ein paar Kinder hatten sich offenbar von ihren Eltern abgeseilt und warfen kleine Steine ins Wasser.

»Am liebsten hätte ich diesen Job bei der Steuerberatung«, hörte sie Josefina sagen. Ein paar Augenblicke verstrichen, ehe Hanna begriff, dass sie von den Bewerbungen sprach. »Den, wo ich das Archiv ordnen kann. Aber wahrscheinlich wird es wieder ein Gastro-Job werden.«

»Warum denkst du das?«

»Weil es in der Gastro derzeit leicht ist, eine Stelle zu bekommen. Und ich bin in Vorstellungsgesprächen ... nicht gut. Ich werde immer nervös. Sobald sich mehrere Leute auf einen Job bewerben, bekomme ich ihn nicht.«

Sie sprach nüchtern, ohne Selbstmitleid. Trotzdem glaubte Hanna, die Enttäuschung förmlich greifen zu können.

Falls du mit dieser Haltung zum Vorstellen gehst, kann das ja nichts werden, ging ihr durch den Kopf. »Wenn du willst, können wir Vorstellungsgespräche üben – in so einer Art Rollenspiel. Dann bist du auf alle Fragen vorbereitet. Ich spiele deine zukünftige Chefin, und du ... bist du selbst.«

»Ich weiß nicht, ob das funktioniert.«

»Oh doch, es funktioniert. Anfangs habe ich meine Plädoyers vor dem Spiegel geübt. Ich war die ersten Male vor Gericht auch nervös.«

»Wirklich?« Josefina sah sie ungläubig an. »Du?«

»Natürlich. Das ist ganz normal, oder?« Hanna richtete sich im Strandkorb auf. »Wir können gleich anfangen. Also. Ich bin jetzt deine zukünftige Chefin ...« Sie veränderte ihre Stimmlage und sprach die folgenden Worte überdeutlich aus. »Erzählen Sie doch bitte von sich.«

»Und da beginnt das Verhängnis.« Josefina seufzte. »Sobald die Leute hören, wie ich aufgewachsen bin, ist es vorbei.«

»Na ja, du musst ja nicht erzählen, dass deine Mutter Alkoholikerin war. Falls sich das Gespräch in diese Richtung entwickeln sollte, sagst du einfach, sie sei krank geworden, weshalb du zu einer Pflegefamilie gekommen bist. Das ist nicht gelogen.«

»Die ganze Wahrheit ist es aber auch nicht.«

»Manchmal ist es sinnvoll, gewisse Details auszuklammern.« Unter der Decke drückte sie Josefinas Hand. »Ernsthaft, Josefina: Das ist reine Übungssache. Mein Angebot steht.«

Josefinas Blick war auf den See gerichtet. Die Kinder standen mittlerweile bis zu den Knöcheln im Wasser und bewarfen sich mit Schlamm. Ihr übermütiges Kreischen und Quieken mischte sich mit der Geräuschkulisse des Lokals.

Dann sah sie Hanna an. Die Mischung aus Dankbarkeit, Vertrauen und Zuneigung, die sie in ihren Augen las, machte Hanna ganz schwindlig und ließ sie all ihre Vorsätze vergessen. Ein paar Sekunden lang erwiderte sie den Blick mit derselben Intensität. Josefinas Lippen bewegten sich. Kein Wort drang aus ihrer Kehle, als Hanna ihre Hände an deren Wangen legte und sich mit ihren Lippen dem halb geöffneten Mund näherte. Dann schloss sie die Lücke zwischen ihren Gesichtern und küsste Josefina langsam und innig. Ihr anfängliches Gefühl, dass Josefina nicht wirklich wusste, wie ihr da geschah, verflog, als sie schließlich ihren Mund weiter öffnete und sich ihre Zungen berührten. Heißes Verlangen stieg in Hanna auf. Die Zeit dehnte sich ins Unendliche, während sie den Kuss vertiefte und mit der Zunge Josefinas Mund erforschte.

Als sie den Kuss schließlich löste, schlug ihr Herz schnell.

»Ich …«, begann Josefina, doch im selben Augenblick packte Hanna die seltsame, unergründliche Angst, dass ihre Unsicherheit wieder das Ruder übernehmen würde, und sie erstickte ihren angefangenen Satz mit einem weiteren leidenschaftlichen Kuss.

Ihre Bedenken verflogen, als Josefina ihren Arm zaghaft um ihren Nacken legte und sie näher an sich zog. Diesmal war es Josefina, die ihre Zunge gleich in Hannas Mund schob und die ihre liebkoste. Hanna unterdrückte ein leises Stöhnen, während sie mit der Hand blindlings die obersten Knöpfe von Josefinas Bluse öffnete und ihren Busen berührte. Durch den Baumwollstoff ihres BHs konnte sie die harte Brustwarze spüren.

Josefina schnappte nach Luft. Hanna küsste ihren Hals entlang, saugte an der weichen Stelle in der Halsbeuge, schmeckte leicht salzige Haut, drückte ihren Mund schließlich auf den harten Knochen ihres Schlüsselbeins. Josefina zitterte leicht, was Hannas Verlangen in die Höhe trieb. Sie war so empfindsam! Wie wenig genügte, um sie zu erregen ...

Wieder trafen sich ihre Münder. Hanna wollte in diesem Moment so viel. Ihre Zunge in Josefinas Mund stoßen. Sich zwischen ihre Beine knien. Ihre Hände in Josefinas Gesäß graben. Ihre Brustwarzen mit den Lippen umschließen.

Aber noch mehr wollte sie Josefina spüren. An sich. In sich. Unter der Decke schob sie ihr Kleid nach oben. Dann griff sie nach Josefinas Hand, führte sie langsam zwischen ihre Beine.

»Mach's mir«, flüsterte sie mit heiserer Stimme. »Bitte!«

Augenblicklich versteifte Josefina sich. Doch ihre Hand zog sie nicht weg, und sie hatte ihren Arm noch immer um ihren Nacken gelegt.

»Du willst das doch, oder?«, suchte Hanna nach der Bestätigung, die sie jetzt brauchte.

»Es ... ist okay.«

Es fühlte es sich an wie eine kalte Dusche.

Hanna nahm ihre Hand von Josefinas Brust und rutschte nach rechts. Zwischen ihren Beinen pulsierte ungestilltes Verlangen.

»Bitte ... Hanna ...«, kam es leise von der anderen Seite.

»Weißt du, du musst das nicht tun, wenn du es nicht willst«, stellte Hanna klar, ohne sie dabei anzusehen. »Das ist kein Akt der Dankbarkeit, weil ich dir geholfen habe ... oder warum auch immer.«

»Nein ... so ist es nicht.« Josefinas Stimme hörte sich kläglich an. »Es ist nur … Es passiert gerade so viel. Es … es geht alles so schnell.«

Hannas leiser Ärger und ihre Enttäuschung verpufften. Was tat sie hier eigentlich? – Erst befriedigte sie die junge Frau auf so unpersönliche Art auf einem Boot, dann versuchte sie, sie an einem öffentlichen Ort zu vernaschen. Nun, da ihre Erregung langsam verebbte, wurde ihr bewusst, dass sie im Strandkorb am See saßen. Auch wenn die Dämmerung inzwischen in Dunkelheit überging und im Moment niemand in der Nähe war, barg die Situation weiterhin ein gewisses Risiko, gesehen zu werden. Ein Schauder ging über ihren Rücken, als sie sich vorstellte, dass Judith, Ronny oder gar ein Mandant sie beim Herumknutschen mit einer Frau beobachtet hätten. Ihre Lust hatte sie jede Vorsicht vergessen lassen.

»Entschuldige«, sagte sie und drückte Josefinas Hand. »Das war dumm von mir.«

Gleichzeitig spürte sie, dass der gemeinsame Tag damit so gut wie vorbei war. Sie warf einen Blick auf ihr Weinglas. Es war leer. Dass Josefina kaum von ihrem Muskateller getrunken hatte, nahm sie als gegeben bin. Letztendlich hatte sie ihr den Alkohol nahezu aufgedrängt, genauso wie die Intimitäten.

»Ich glaube, wir sollten aufbrechen«, sagte sie, um einen lockeren Tonfall bemüht.

Josefina erhob sich bereitwillig.

Auf der einstündigen Rückfahrt war es still. Anfangs bemühte sich Hanna, ein unverfängliches Gespräch in Gang zu bringen. Als sie nur knappe Antworten bekam, gab sie auf und stellte das Radio an. Mit jedem Kilometer näher an Wien wuchs ihr Schuldbewusstsein.

Ich hätte das zwischen uns klären müssen, anstatt über sie herzufallen, tadelte sie sich selbst. Im Moment hatte sie nicht einmal wirklich Zeit für eine Affäre. Außerdem kamen sie aus völlig verschiedenen Welten. Der gemeinsame Gesprächsstoff reichte – nüchtern betrachtet – kaum für einen halben Tag.

Vor Josefinas Haus gab es gleich drei freie Parklücken. Vermutlich hatten die meisten Leute in der Gegend schlicht kein Geld für ein eigenes Auto.

»Also«, sagte sie und setzte ein professionelles Lächeln auf, um ihr eigenes Unbehagen zu überspielen. »Es war ein toller Tag. Ich drücke dir die Daumen für deine Bewerbungen. Das wird schon!«

Josefinas Hand lag am Türgriff, doch sie machte keine Anstalten, auszusteigen.

»Bitte sei nicht böse«, sagte sie dumpf, ohne sie dabei anzusehen. »Ich mag dich. Und ich wollte das auch. Aber ...« Sie verstummte.

»Das ist doch kein Problem«, erwiderte Hanna, ohne ihren professionellen Tonfall zu verlieren. Sie hatte diese Situation im Griff, auch wenn es ihr unter die Haut ging, dass Josefina ihretwegen jetzt noch Schuldgefühle hatte. »Ich bin nicht böse.« Sie machte eine kleine Pause. Der Gedanke, Josefina in ihrer Unsicherheit noch zu bestärken, anstatt sie ihr zu nehmen, fühlte sich entsetzlich an. Deshalb fügte sie hinzu: »Du küsst einfach so unglaublich toll. Da sind sämtliche Pferde mit mir durchgegangen.«

Josefina sah sie überrascht an. »Du fandest das toll?«

»Ja. – Du nicht?«

»D...d...doch.«

Dann beugte sich Josefina völlig unerwartet zu ihr, zog sie zu sich heran und küsste sie. Die Begegnung ihrer Münder fühlte sich so gut an, dass Hanna damit kämpfen musste, den Kuss nicht zu vertiefen.

»Gute Nacht«, sagte Josefina. »Und danke für alles. Du bist der netteste Mensch, der mir seit Langem begegnet ist.«

Hanna wartete, bis sie die Eingangstüre aufgeschlossen hatte und im Haus verschwunden war. Danach brauchte sie noch ein paar Minuten, ehe sie den Wagen starten konnte. Josefina hielt sie für einen netten Menschen ... Das warme Gefühl, das diese Worte ausgelöst hatten, breitete sich in jede Faser ihres Körpers aus. Denn auch, wenn sie Ronny gegenüber etwas anderes behauptete: Für einen wirklich netten Menschen, hielt sie sich selbst nicht.

Sexuelle Missverständnisse

Der Aktenordner über den vermeintlichen Anlagebetrüger, der mehrere Senioren um ihre Ersparnisse gebracht hatte, umfasste mehr als dreihundert Seiten. Hanna saß in ihrem Büro und versuchte zu verstehen, was der Angeklagte – ihr Mandant – wirklich getan hatte. Sie hatte in ein paar Fonds investiert, sich ansonsten aber nie mit Wertpapieren beschäftigt. Dass sie zusammen mit Kofranek an diesem Fall arbeiten würde, beruhigte sie und setzte sie gleichzeitig unter Druck. Vor dem Mann, der mit darüber entschied, ob sie Partnerin werden würde, wollte sie nicht wie ein unwissendes Kind dastehen. Allerdings langweilte dieses Investmentgequatsche sie unendlich.

Regelmäßig wanderten ihre Gedanken zurück zu jenem Samstag am Neusiedler See. Trotz ihrer gelegentlichen Gewissensbisse hatte sie den Tag genossen. Mit Josefina Zeit zu verbringen, war angenehm. Wenn sie mit Judith, Katja, Ronny oder anderen unterwegs war, gab es häufig diese Momente, in denen sie sich emotional unter Stress gesetzt fühlte. Alle erzählten immer von ihren Karrieren, von ihren Reisen, von dem, was sie in ihrer Freizeit machten. Katja lief Marathon, Ronny war leidenschaftlicher Golfer. Judith hatte zwei eigene Pferde, mit denen sie vor ihrer Schwangerschaft auf Turnieren gestartet war. Im Vergleich dazu war ihr eigenes Leben ziemlich ereignislos. Um irgendetwas von sich erzählen zu können, bauschte sie manchen Fall aus der Kanzlei zu einer Riesensache auf – freilich, ohne Namen zu nennen.

Wenn sie mit Josefina unterwegs war, musste sie sich nicht

anstrengen, um unterhaltsam und aufregend zu wirken. Sie konnte die Entscheidungen treffen, was gemacht und wann und wo gegessen wurde – ohne diese nervigen Diskussionen, welcher Star-Winzer der Region die besseren Weine hatte oder dass man in der braunen Brühe, die sich See nannte, ja nicht baden könne. Josefina war dankbar um alles, was sie ihr bot.

Als sie am Samstagabend heimgekommen war, hatte sie die Liste der guten Taten um einen vierten Punkt ergänzt: Sie hatte einem unterprivilegierten Menschen aus sozial schwachen Verhältnissen einen Traumtag am See geschenkt. Die Formulierung las sich zwar etwas komisch, aber wenn sie sagte, dass sie mit der Kellnerin essen gegangen und Boot gefahren war, würde Ronny nur wieder spöttische Andeutungen mit *ihrer Kellnerin* machen.

Und jetzt saß sie hier und dachte an Josefina. Ob ihre Bewerbungen wohl schon auf Interesse gestoßen waren? Drei Werktage waren seit dem Versenden vergangen – Zeit genug, dass ein potenzieller Arbeitgeber zumindest einen kurzen Blick darauf hätte werfen können. Immerhin war sie jetzt arbeitslos gemeldet und würde am Ende des Monats Geld bekommen – nicht viel, aber besser als nichts. Dafür hatte Hanna persönlich am Samstag noch gesorgt.

Der Gedanke an die Bewerbungen ließ ihr keine Ruhe. Sie griff zu ihrem Smartphone und tippte: *Hallo, hast du schon etwas bzgl. der Jobs gehört?*

Sie wollte die Nachricht schon Absenden, als ihr der Gedanke kam, dass Josefina vielleicht nicht einmal ihre Nummer abgespeichert hatte, daher ergänzte sie: *Liebe Grüße, Hanna.*

Es dauerte keine zwei Minuten, ehe das Display aufleuchtete. *Das Café hat sich gemeldet. Die brauchen jemanden für tagsüber. Ich soll am Freitag für einen Probetag kommen.*

Gastronomie also wieder. Hanna seufzte leise. Josefina hatte ihre Chancen am Arbeitsmarkt wohl leider richtig eingeschätzt.

Das Handy leuchtete nochmals. Josefina hatte eine zweite Nachricht geschickt.

*Eine Frau von der Steuerberatung hat angerufen, wegen die-
ser Archivstelle. Ich soll morgen zum Vorstellen kommen.*

Das klang schon besser.

Das ist prima, schrieb Hanna zurück. *Ich drücke dir die Daumen.*

Sie wollte sich gerade wieder dem Anlagebetrug widmen, als
erneut eine Nachricht eintraf.

*Ich glaube, ich werde das lassen. Ich habe schon am Telefon
so gestottert. Das mit dem Café passt schon. Danke für deine
Hilfe.*

Was sollte das denn heißen? – Wollte Josefina nicht weg von
der Gastrobranche? Hanna verstand die Welt nicht mehr.

Sie schloss ihre Bürotür und rief Josefina an. Beim zweiten
Klingeln hob sie ab.

»Natürlich wirst du zu diesem Vorstellungsgespräch gehen«,
kam sie gleich auf den Punkt. »Die haben dich immerhin eingeladen!«

»Die Frau hat gesagt, dass sie auch andere eingeladen haben«,
erwiderte Josefina zaghaft.

»Ja, natürlich haben sie auch andere eingeladen!« Hanna verdrehte die Augen. »Das ist doch immer so!«

»Aber die anderen haben studiert.«

»Bitte?«

Hanna erinnerte sich noch gut daran, dass im Anforderungs-
profil keine Rede von einem Studium gewesen war. »Woher willst
du das wissen?«, hakte sie misstrauisch nach.

»Weil die Frau das gesagt hat: Die anderen sind Studenten,
die nebenher arbeiten wollen.«

Mit zwanzig Wochenstunden ist der Job tatsächlich ideal für
Studenten, dachte Hanna. Trotzdem stimmte die Aussage sie zu-
versichtlich.

»Studenten sind unzuverlässig, weil Blockseminare oder zeit-
lich verlegte Pflichtvorlesungen die besten Absichten stören können. Wenn ich als Arbeitgeberin die Wahl hätte zwischen einem

Studenten und jemandem, der in diesem Job die Hauptaufgabe sieht, wüsste ich sofort, wen ich wähle.«

»I...i...ich bin nicht gut in solchen Gesprächen.« Josefinas Stimme war leiser geworden. »Das ist das Problem. Aber danke für deine Hilfe.«

Dass dieses Jobinterview mit einer solchen Haltung schiefgehen würde, war eine sich selbst erfüllende Prophezeiung ...

»Komm heute Abend zu mir und wir üben das. Du wirst sehen, wenn du vier, fünf Gespräche geführt hast, läuft das morgen wie am Schnürchen.«

Die Stille am anderen Ende der Leitung dauerte eine gefühlte Ewigkeit. Hanna fragte sich schon, ob Josefina einfach aufgelegt hatte, bevor sie deren Stimme wieder vernahm.

»Okay ... danke.«

Wenig später ärgerte Hanna sich über Josefinas mangelnden Enthusiasmus. Ihr Tonfall hatte allenfalls höflich geklungen, fast so, als täte sie Hanna einen Gefallen, nicht umgekehrt.

Wie auch immer, dachte Hanna, während sie sich wieder ihrer Arbeit zuwendete. Wenn sie Josefina auf ein Bewerbungsgespräch vorbereitete, wäre das ihre fünfte gute Tat – der finale Abschluss, was ihr Engagement für die junge Frau betraf.

*

Alles, was Josefina bisher über Liebe und Sexualität gewusst hatte, entsprang einerseits den TV-Schnulzen, die sie früher mit Gertrud gemeinsam fast täglich gesehen hatte, andererseits ihren Beobachtungen. Letztere standen im kompletten Kontrast zu allem, was ihr das Fernsehen bot. Während in allen Filmen ein durchschnittlicher Typ zum Helden wurde und das Herz einer sich nach Liebe sehnenden Frau eroberte, verhielt es sich in der Realität umgekehrt.

Die Männer im Leben ihrer Mutter waren anfangs Helden gewesen oder hatten zumindest so getan. Nach ein paar Wochen zeigten sie ihr wahres Gesicht, nämlich dann, wenn sie sich im trunkenen oder von Drogen benebelten Zustand mit ihrer Mutter in die Haare gerieten. Stühle flogen, Fingernägel gruben sich in nackte Haut, und das die körperliche Auseinandersetzung begleitende Geschrei war meist so laut, dass es in der ganzen Wohnanlage zu hören war. Ein paarmal war sogar die Polizei aufgetaucht. Meist hatten sich ihre Mutter und der jeweilige Liebhaber dann wieder versöhnt und bereits im Schlafzimmer eingeschlossen.

Einer dieser Männer war Kurt gewesen. Kurt brachte eine Dänische Dogge namens Suzy mit in die Beziehung, die alles ansabberte und gar nicht folgte, die Josefina aber vom ersten Tag an liebte. Sie durfte den Hund füttern, mit ihm spazieren gehen und ihm vor dem Haus Bällchen werfen – allerdings nur, wenn sie zuvor auf Kurts Schoss saß und erduldete, dass er sie mit der einen Hand eisern festhielt, während er mit der anderen in seinem Schritt herumfummelte. Sofort stieg ihr sein Körpergeruch wieder in die Nase: eine Mischung aus Schweiß, kaltem Rauch und Frittierfett. Er hatte ihr eingeschärft, dass sie niemandem davon erzählen solle, was sie hier mit ihm tat, denn sonst würden auch noch andere wissen, wie böse und durchtrieben sie sei. Irgendwann verschwand Kurt wieder aus dem Leben ihrer Mutter und Suzy mit ihm.

Doch erst, als sie in die Obsorge des Jugendamts kam, begann sie zu begreifen, dass das, was Kurt mit ihr gemacht hatte, unter den Begriff *sexueller Missbrauch* fiel. Josefina war damals vorübergehend in einem Heim in Wien untergebracht worden. In einem Präventionsseminar, an dem alle hatten teilnehmen müssen, war das Thema ausführlich erörtert worden. Einige andere Mädchen erzählten, was ihnen widerfahren war. Josefina hörte schweigend zu und nahm mit Schaudern zur Kenntnis, dass es viel schlimmere Dinge gab als schwielige Hände an ihren Schenkeln und ihrem damals noch so flachen Oberkörper.

Später hatte sie Gertrud von Kurt erzählt. Einen ganzen Nachmittag redeten sie darüber. Seither dachte Josefina nur noch selten an ihn.

Gelegentlich fragte sie sich, ob ihr Desinteresse am anderen Geschlecht – ihr Desinteresse an Sexualität im Allgemeinen – nicht doch an Kurt lag. Während ihrer ganzen Schulzeit hatte sie kein einziges Mal das Bedürfnis gehabt, einem der Burschen näherzukommen. Sie empfand die meisten als laut, derb und grob. Einmal hatte sie dann einen geküsst, nur weil sie endlich wissen wollte, wie es sich anfühlte. Eine enttäuschende Erfahrung mit zusätzlich unangenehmen Auswirkungen: Der Bursche erzählte anschließend herum, dass sie schlecht küsse und frigide sei, und da sie ohnehin nie zu den beliebten Mädchen der Schule gehört hatte, war ihr Ruf damit zementiert.

Auch von dem Kuss erzählte sie Gertrud – weil sie Gertrud alles erzählte, was ihr Sorgen bereitete. Weil Gertrud immer die richtigen Worte fand. Damals sagte Gertrud, dass sie niemals etwas nur deshalb tun sollte, weil es die Gesellschaft von ihr erwartete. Wenn sie niemanden küssen wolle, sollte sie das auch nicht. Und wenn sie kein Bedürfnis hatte, mit jemandem zu schlafen, sollte sie es bleiben lassen.

Keinen Sex zu haben, macht dich nicht zu einem seltsamen Menschen, versicherte Gertrud. Josefina widersprach ihr nicht, war sich in diesem Punkt aber nie sicher. Sex gehörte zum Leben eines Erwachsenen dazu. Also stimmte wohl doch etwas nicht mit ihr? – Und da war ihr wieder Kurt in den Sinn gekommen.

Hanna hatte ihr am Samstag die Antwort auf die zermürbenden Überlegungen geliefert, die sie so manche Nacht wachgehalten hatten. Sie war weder traumatisiert noch asexuell, sondern offenbar lesbisch.

Gerne hätte sie mit Gertrud darüber geredet. Aber Gertrud lag jetzt irgendwo am Wiener Zentralfriedhof – ihre Söhne hatten sich für die günstigste Beerdigungsvariante entschieden: ein anonymes Urnengrab. Also suchte Josefina am Montag gleich als Erstes die Hauptbibliothek am Gürtel auf, wo sie seit ihrem Umzug nach Wien Stammgast war. Es kostete sie ein bisschen Überwindung, sich dem Regal zu nähern, über dem der bunte Regenbogen prangte, und als sie mit den drei ausgewählten Büchern zum Pult mit dem Verleih ging, wagte sie kaum der Bibliotheksangestellten in die Augen zu sehen. Dass diese routiniert ihre Arbeit verrichtete, gab ihr Sicherheit.

Eines der Bücher war ein Sachbuch über die Geschichte der Homosexualität. Josefina erfuhr daraus nichts, was ihr weiterhalf, und legte es zur Seite, ohne es zu Ende zu lesen.

In den zwei Romanen verliebten sich die Protagonistinnen unter widrigsten Umständen und genossen ihr Happyend. Damit waren diese Romane nicht anders zu lesen als die vielen Liebesschmöker, in denen sich Frau und Mann kennenlernten, und die Josefina eine Zeit lang verschlungen hatte, ehe sie die deutschsprachige Gegenwartsliteratur für sich entdeckte. Allerdings gab es einen Unterschied: Die ausführlich geschilderten Sexszenen erregten sie über alle Maße. Immer wieder dachte sie an Hanna und an all das, was sie gespürt hatte, als sie erst im Boot, dann im Strandkorb von ihr berührt worden war.

Sie empfand keine Scham. Gertruds Nachbarn waren ein schwules Paar gewesen. Fast jeder im Dorf hatte die beiden gemocht. Die wenigen, die über sie tuschelten und etwas von *wider die Natur* daherschimpften, hatte Gertrud als dumme Kleingeister bezeichnet. Was sie spürte, war Unsicherheit. Dank der Romane wusste sie nun in der Theorie, was Frauen im Bett alles miteinander anstellen konnten. Manches war ihr ein wenig suspekt. Sie konnte sich nicht vorstellen, dass es Spaß machte, einer anderen Frau die Muschi zu lecken oder einen Silikondildo in sie hineinzustecken.

Während sie an diesem Abend mit dem Lift zu Hanna in den dritten Stock fuhr, wurde ihr bei dem Gedanken, dass Hanna eventuell von ihr erwartete, all diese Dinge mit ihr zu tun, ganz beklommen.

Ihre größte Sorge war jedoch, dass Hanna gar nichts mehr dergleichen mit ihr machen würde, nachdem sie im Strandkorb in einem Anflug stiller Panik einen Rückzieher gemacht hatte – Panik, die nichts damit zu tun hatte, dass sie die Berührungen nicht *wollte*, sondern Angst, etwas nicht richtig zu machen.

*

»Komm rein.«

Hanna trat zur Seite und nahm Josefina ihre Jacke und den nassen Regenschirm ab. Eine Stunde zuvor, gerade als Hanna endlich das Büro verlassen hatte, war ein Gewitter losgebrochen. Seither regnete es.

Sie stellte den tropfenden Schirm in ihre Badewanne. Als sie zurückkam, hatte Josefina bereits die Schuhe ausgezogen. In feuchter Jeans und trockenem T-Shirt stand sie im Vorraum und streckte ihr eine Sonnenblume entgegen.

»Für dich.«

»Danke. Aber du sollst mir nichts schenken.« Sie wies mit dem Kinn zum Wohnzimmer. »Mach es dir schon mal bequem. Ich hole noch eine Vase. – Willst du was trinken?«

»Wasser ist okay.«

Hanna hantierte in der Küche und bereute zum wiederholten Male, dass sie Josefina zu sich gebeten hatte. Sie wollte ihr immer noch helfen – die fünfte gute Tat auf die Liste setzen, aber dieser Tag war so unerfreulich und stressig gewesen, dass sie eigentlich nur noch auf die Couch wollte. Lutz hatte sie um ein Gespräch wegen eines Falls gebeten, den er rechtlich ganz anders beurteilte als sie. Kofranek hatte zeitgleich eine erste juristische Einschätzung zum Anlagebetrug von ihr erwartet. Obendrein hatte Gustav sie zweimal am Handy angerufen, weil ihm jemand den Außenspiegel abgefahren hatte. Beim ersten Mal wollte er von ihr wissen, ob er belangt werden könnte, weil er seinen Unfallgegner im Affekt *Volldepp* genannt hatte. Beim zweiten Mal kündigte er ihr an, dass er gegen ihn klagen wolle, da der Typ ihn mittlerweile als *Arschloch* bezeichnet hatte. Er gehe davon aus, dass sie ihn juristisch unterstütze, wenn die Sache vor Gericht käme.

Hanna hatte ihm geraten, doch erst einmal ihre Daten auszutauschen und die Versicherung zu informieren, so, wie man es bei kleineren Unfällen eben mache, und eine Nacht darüber zu schlafen. Gustav erklärte daraufhin beleidigt, er werde sich dann eben einen Anwalt nehmen und dem Vater erzählen müssen, wie wenig hilfsbereit sie sei. Die Drohung war ihr herzlich egal.

Was sie mehr ärgerte, war, dass Gustav ständig irgendeinen Blödsinn anzettelte und von anderen – vorzugsweise ihr – erwartete, dass sie ihn rausboxten. Sie hatte ihm schon mehrmals geholfen, nie aber auch nur ein Dankeschön dafür bekommen. Verzogener Bengel!

Gerne hätte sie ihrem Ärger Luft gemacht – oder sich zumindest ablenken lassen. Doch der einzige Mensch, dem sie sich diesbezüglich öffnen konnte, saß in Paris fest. *Dienstlich.*

Stattdessen durfte sie sich mit Josefinas prekärer Lebensgeschichte und ihren Unzulänglichkeiten herumschlagen. Wunderbar.

Als sie mit dem Wasser ins Wohnzimmer kam, saß Josefina steif auf dem Sofa und machte ein Gesicht wie auf dem Weg zum Schafott.

»Also, legen wir los«, sagte Hanna und ließ sich neben ihr nieder. »Ich bin der böse Personaler, der dir Angst macht, und du bist … nun ja, du selbst. Oder besser noch, du bist die Version zwei Punkt null mit dem Update *Selbstsicherheit.*«

Ein fast unmerkliches Lächeln flog über Josefinas Lippen.

»Lektion eins: Bitte halte Blickkontakt. – Nichts hassen Personalchefs oder Vorgesetzte mehr als Bewerber, die auf die Tischplatte starren!«

»Harry wollte keinen Blickkontakt.«

»Harry war ein armseliges Würstel. – Also sieh mich bitte an und mach ein freundliches Gesicht.«

Josefina hob gehorsam den Kopf.

»Ist das dein freundliches Gesicht? – Du siehst aus, als hättest du eine Wurzelbehandlung vor dir!«

»Ich lächle«, verteidigte sich Josefina matt.

Hanna seufzte. Josefina hatte die Schultern wieder nach vorne gekippt. Ihre verkrampfte Körperhaltung mit dem leichten Buckel erinnerte an eine Schildkröte.

Sie nahm Josefinas Schultern und drückte sie sanft nach hinten. Dann hob sie mit ihrer Hand deren Kinn an und richtete mit der anderen ihren Rücken gerade.

»Lektion zwei: die *bella figura*. Du bist hübsch, also versuche nicht krampfhaft, mit Quasimodo in Konkurrenz zu treten!«

Diesmal lächelte Josefina wirklich, wenn auch nur kurz.

»Erzählen Sie mir von sich«, ahmte Hanna einen gelangweilten Personaler nach.

»Das steht doch in meinem Lebenslauf«, wandte Josefina zaghaft ein.

»Ja, aber den hat dein Gesprächspartner in der Regel nicht gelesen. Die Sekretärin hat unter allen Bewerbern vier herausgesucht, die in die engere Wahl kommen. Jetzt sitzt er oder sie vor dir und will sich ein Bild von dir machen.«

Josefina begann zu sprechen. Anfangs stotterte sie, startete immer wieder von Neuem. Dann fasste Hanna ihr Leben auf elegante Weise zusammen und ließ sie den Text so lange wiederholen, bis er ihr flüssig über die Lippen kam.

Josefina war eine gelehrige Schülerin. Sie nahm ihre Vorschläge an und setzte sie nach bestem Können um. Das gefiel Hanna, die im Privaten nicht oft erlebte, dass jemand ohne Widerstand und Einwände tat, was sie sagte. Ihre Laune besserte sich. Schritt für Schritt gingen sie das Gespräch durch.

»Und jetzt noch zu einer abgedroschenen Frage«, sagte Hanna schließlich. »Was sind Ihre Stärken? Was sind Ihre Schwächen?«

Sie könne sich schwer konzentrieren, tue sich schwer mit Auswendiglernen, sei oft unsicher und nervös, mache dann vieles falsch, habe Angst vor Menschenmengen …

»Es reicht«, ging Hanna irgendwann dazwischen. »Du willst doch den Job, oder?«

»Aber das alles ist wahr. Ich will nur ehrlich sein.«

»Ehrlichkeit ist da nicht gefragt. Außerdem siehst du dich viel zu negativ. Von deinen Stärken habe ich noch gar nichts gehört.«

»Weil es da wenig zu sagen gibt?«

»Unsinn. – Du bist geduldig, sanft, kannst dich gut in andere hineinversetzen und übernimmst Verantwortung. Und da du dich um eine Tätigkeit im Archiv bewirbst, sagst du auch noch, dass du gründlich bist.«

»Ich weiß nicht, ob ich das bin.«

»Ich habe deine Wohnung gesehen. Wer ordentlich ist, ist auch gründlich.«

Eine freie Interpretation von Doktor Hanna Erlacher, aber auch eine zweckdienliche.

»Und diese Stärke ist zugleich deine Schwäche«, fuhr sie fort, während ihr Blick auf Josefinas Finger fielen, die sich jetzt um das Glas schlossen. »Du bist so gründlich, dass du einfach nichts liegen lassen kannst. Du kannst erst ruhig schlafen, wenn du das, was du dir vorgenommen hast, erledigt hast.«

»Glaubst du?«

Josefina bedachte sie mit einem skeptischen Blick.

Hanna schmunzelte.

»Es ist egal, was ich denke. *Du* musst das von dir selbst denken. Nur so kannst du dich gut verkaufen.«

Sie wartete, bis Josefina ihr Wasserglas wieder abgestellt hatte, und griff nach deren Hand. Sogleich bereute sie es, denn das warme Gefühl, das von ihr Besitz ergriff, sobald sich ihre Finger berührten, passte ihr ganz und gar nicht in den Kram.

Sie musste sich räuspern, ehe sie ansprechen konnte, was ihr schon am See aufgefallen war.

»Du solltest deine Hände besser pflegen. Deine Haut ist an den Knöcheln trocken, das sieht man, und deine Nägel sind … seltsam unregelmäßig. Feilst du sie?«

»N…n…nein. Ich … also …« Josefina fuhr sich mit der Zunge über die Lippen. »Ich … manchmal knabbere ich sie einfach ab. Oft, ohne es zu bemerken.«

Oh. Mein. Gott!

Hanna gab sich Mühe, ihr Entsetzen zu verbergen.

»Das kann so nicht bleiben«, sagte sie. »Wir tun am besten gleich etwas.«

Mit einer Feile und durchsichtigem Nagellack kehrte sie aus dem Badezimmer zurück.

»Ich bin keine Kosmetikerin, aber das kriege ich hin«, versprach sie, während sie sich Josefinas Fingern widmete. Eine Viertelstunde später war der Lack getrocknet.

»Untersteh dich, noch mal irgendetwas abzuknabbern!«

Hanna schwenkte spielerisch drohend den Zeigefinger und brachte Josefina damit zum Lächeln.

»Was ziehst du morgen an?«

»D…den Rock von Samstag und die weiße Bluse?«

Hanna runzelte die Stirn. Freizeitklamotten.

»Ich war im Waschsalon«, schob Josefina hinterher, ihren Gesichtsausdruck auf ihre Weise interpretierend. »Alles ist sauber.«

»Aber kein Outfit für ein Vorstellungsgespräch in einer Steuerberatungskanzlei. Die Leute dort sind stockkonservativ.«

»Woher weißt du das?«

»Ich kenne meinen Steuerberater. David geht zum Lachen in den Keller. Wenn er da nicht schon dauerhaft wohnt.«

»Sagt man dasselbe nicht über Rechtsanwälte?«

Hanna grinste. Anscheinend erwachte Josefina nach den mittlerweile fast zwei Stunden verkrampfter Konversation allmählich wieder zum Leben.

»Vielleicht verstehen David und ich uns deshalb so gut«, konterte sie trocken. Sie griff nach Josefinas Hand. »Komm mit ins Schlafzimmer. In meinem Schrank gibt es ein paar Klamotten, die dir einigermaßen passen könnten.«

Die dunkelgrüne Stretchhose eines italienischen Designers war Josefina selbst mit Gürtel zu weit. Das roséfarbene Etuikleid, ausgelegt auf Hannas Oberweite, aber farblich zu ihrem roten Haar im Nachhinein ein völliger Fehlgriff, warf im Brustbereich Falten. Eine weitere Hose schlackerte am Gesäß und an den Oberschenkeln.

Sosehr es Hanna auch gefiel, Josefina beim Ent- und Ankleiden zu betrachten, so rasch sah sie ein, dass sie mit den ausrangierten Stücken, an die sie spontan gedacht hatte, nicht weit kam, und holte einen jener Röcke aus dem Schrank, die sie selbst noch gelegentlich trug: einen raffinierten Wickelrock, knielang und mit verdecktem Gehschlitz.

»Probier mal den.«

Josefina griff nach dem Rock, sah Hanna an, ungläubiges Entsetzen im Blick.

»Der ist von …«

Sie hatte den bekannten Designernamen im Label entdeckt.

»Ja, und? – Es ist nur ein Rock. Da er bei mir mittlerweile ziemlich eng sitzt, müsste er dir gut passen. Und ein Jackett habe ich auch noch dazu … Hier …«

Als sie sah, dass Josefina mit dem Reißverschluss des Etuikleids kämpfte, trat sie spontan hinter sie und zog ihn ein Stück nach unten.

Das Kleid rutschte der jungen Frau über die Schultern und gab ihren Oberkörper frei. Hanna stand noch immer dicht hinter ihr. Der Duft von Josefinas Shampoo stieg ihr in die Nase – eine betörende Mischung aus verschiedenen Früchten, die an einen tropischen Garten erinnerten.

Hanna sog den Duft ein. Ihr Atem streifte Josefinas Haut. Sie wollte zurücktreten, ihrem aufkommenden Verlangen keinen

Raum geben, doch völlig unerwartet griff Josefina nach hinten, nahm ihre Hand und zog sie zu sich an ihren nackten Bauch.

Ein weiteres Mal atmete Hanna tief ein. Zwischen ihren Beinen setze ein sehnsuchtsvolles Ziehen ein, das sich verstärkte, als Josefina ihre Hand weiter nach unten schob. Sie lag jetzt auf dem Bund des Slips, diesmal kein Baumwollhöschen, sondern ein luftiges Ding mit Spitze.

Hanna hatte ihre Wohnung für sehr ruhig gehalten, aber jetzt nahm sie den Verkehrslärm von unten überlaut wahr und hörte sogar das Klingeln der Straßenbahn an der nächstgelegenen Hauptstraße. Aus einer plötzlichen Furcht heraus, Josefina könne ihre Erregung bemerken, wagte sie kaum mehr zu atmen.

Sie wollte ihren Vorsätzen treu bleiben und nichts tun, was sie später bereute. Nicht diesmal.

»Probiere mal den Rock an«, sagte sie stockend und trat ein paar Schritte zurück. »Ich komme gleich wieder.«

In der Küche füllte sie ein Glas mit Wasser und lehnte sich dann an den Küchenkasten.

In der Hoffnung auf Ablenkung griff sie nach ihrem Handy.

Ein verpasster Anruf, drei Kurznachrichten. Der Anruf stammte vom Handy ihrer Mutter, eine der Nachrichten vom Vater:

Ruf bitte asap an, Gustav steckt in Schwierigkeiten. Rechtsbeistand benötigt.

Die Nachricht war vor einer Stunde eingetroffen. Da sie sich denken konnte, was von ihr gewünscht wurde, hatte sie nicht vor, sich an diesem Abend noch zu melden.

Die zweite Nachricht war von Katja.

Hi, können wir uns zusammentun für das Geschenk zu Judiths Gender Release Party am Sonntag? Habe irgendwie keinen Plan, was man da schenkt. Glaube, es wird zu knapp, wenn wir das auf Jessicas Junggesellinnenabschied am Samstag in Pörtschach besprechen.

In der dritten Nachricht, ebenfalls von Katja, stand knapp:

Sorry. Nachricht war für Alice. Vertippt.

Hanna legte das Handy zur Seite. Judith gab also eine dieser amerikanischen Unsinnspartys, bei denen unter Trommelwirbel und Konfettiregen das Geschlecht des erwarteten Babys bekannt gegeben wurde, und sie war nicht dazu eingeladen? Nicht, dass sie heiß auf diese dämliche Babyparty war oder gern für einen Tag an den Wörthersee gefahren wäre, um sich anlässlich Jessicas bevorstehender Hochzeit einen Rausch anzutrinken. Doch die Tatsache, dass sie bei beiden Events nicht einmal eingeladen worden war, kränkte. Scheinbar passte sie nicht mehr in das Leben ihrer Freundinnen.

Die Bitterkeit trieb ihr fast die Tränen in die Augen. Sie war einsam. Und sie hatte nicht einmal mehr Sex!

Hanna ging zum Kühlschrank und füllte das Glas erneut – diesmal mit dem offenen Wein. Zügig kippte sie den Alkohol herunter. Der Frust des gesamten Tages fühlte sich an wie Salz, das diese neue Wunde zusätzlich zum Brennen brachte.

Sie stellte das leere Glas ins Spülbecken und ballte ihre Hände zu Fäusten.

Als sie ihr Schlafzimmer erreichte, verharrte sie stocksteif auf der Schwelle. Vor dem mehrtürigen Kleiderschrank stand eine hübsche, sehr elegante Frau mit zurückgebundenem Haar und betrachtete sich selbst mit ungläubigem Gesichtsausdruck im Spiegel. Sie bemerkte Hanna erst, als sie sich mehrmals prüfend um die eigene Achse gedreht hatte.

»Es sieht … nicht wirklich aus wie ich, oder?«

»Du siehst fantastisch aus!« Hanna ging schnellen Schrittes auf sie zu. Eine Armlänge von ihr entfernt blieb sie stehen und ließ ihren Blick an Josefinas Körper hinabgleiten. »Das ist wie für dich gemacht!«

»Bist du sicher?«

»Absolut. Nur solltest du hohe Schuhe dazu tragen.«

Im Moment stand Josefina barfuß auf dem dunklen Parkett.

»I…i…ich habe leider keine. Nur ein paar Sandalen.«

»Schuhgröße?«

»Achtunddreißig.«

»Perfekt.«

Hanna erinnerte sich an ein Paar schwarzer Pumps mit mittlerem Absatz, die etwas kleiner ausfielen. Sie selbst schwankte zwischen 38 und 39, was dazu führte, dass sie sich nicht selten Schuhe zulegte, die sich beim ersten Tragen außerhalb des Schuhgeschäfts als Folterwerkzeug erwiesen.

Aus einem der oberen Schrankfächer zog sie eine Schuhschachtel. Dann kniete sie sich vor Josefina auf den Boden und steckte ihr erst den rechten, dann den linken Schuh an den Fuß.

Josefinas Hände lagen auf ihren Schultern.

»Ich weiß echt nicht, ob ich damit gehen kann. Normalerweise trage ich nie Absatzschuhe.«

Hanna richtete sich langsam auf. Die Wärme, die Josefina ausstrahlte, war ebenso betörend wie ihre unschuldige, ehrliche Miene. Sie gab dem Bedürfnis nach körperlicher Nähe nach und umschlang Josefinas Taille. Sie zog sie nur so nahe an sich heran, dass eine Hand breit Abstand zwischen ihnen blieb.

»Du kannst die Schuhe gerne dabei anlassen. Dann kann sich dein Fuß daran gewöhnen.«

»Wobei?«

Ein Hauch von Irritation lag in der Frage, und Hanna fragte sich, ob Josefina wirklich so naiv war, wie sie sich gab.

»Dabei.«

Der Rock saß so locker, dass es leichtfiel, eine Hand in den Bund und zwischen Josefinas Beine gleiten zu lassen. Die junge Frau gab ein kurzes, überraschtes Keuchen von sich. Hanna erstickte es mit einem leidenschaftlichen Kuss.

Ungezügeltes Verlangen loderte und wurde zu einem drängenden, alle Vorsätze und Absichten verdrängendem Feuer, als sie Josefinas Zunge an der ihren spürte.

Sie brach den Kuss ab.

»Du in diesem Rock und den Schuhen, das macht mich unheimlich an. Ich will dich so sehr.«

Hastig knüpfte sie den Blazer auf. Er fiel von den Schultern auf das Parkett. Hanna sank auf die Knie. Mit einer Hand schob sie den Rock nach oben, mit der anderen zog sie das Spitzenhöschen in einem Ruck nach unten. Dann presste sie ihre Lippen auf Josefinas Oberschenkel und machte sich mit sanften Küssen auf den Weg zu ihrem Zentrum.

Ihr Mund hatte sein Ziel noch nicht erreicht, als Josefina zu zittern begann und leicht wankte. In letzter Sekunde gelang es Hanna, sie abzufangen. Sie bugsierte sie zur nächstgelegenen Wand und drückte sie dagegen. Prüfend sah sie Josefina ins Gesicht, wollte sich vergewissern, dass sie nichts gegen ihren Willen tat. Sofort schloss Josefina die Augen und suchte ihren Mund. Der Kuss, in den sie sie zog, beseitigte alle Zweifel.

Hanna hatte weder etwas dagegen, beim Sex dominiert zu werden noch dabei selbst den Ton anzugeben. Sie war diesbezüglich äußerst flexibel. Nach diesem Tag voller Frust war ihr mehr denn je danach, jemanden zu dominieren.

»Ich werde dich richtig hart ficken«, hauchte sie Josefina ins Ohr, während sie an ihren Brustwarzen herumspielte, bis sie unter dem Spitzen-BH zu kleinen Murmeln versteiften. Ein bisschen *Dirty Talk* durfte bei solchen Spielchen gerne sein. »Ich will tief in dir sein, wenn du kommst, und ich will, dass du mich dabei ansiehst.«

*

Oh Gott, dachte Josefina mit wachsendem Entsetzen und sinkender Erregung.

So viele Regieanweisungen. Und dann das, was Hanna da angekündigt hatte ... und wohl auch gleich tun würde, denn ihre Hand schob sich wieder unter ihren Rock. Der Slip hing irgendwo zwischen ihren Füßen.

Sie fühlte Hannas Hand an den Schamlippen, und es war dieselbe Berührung wie auf dem Boot am See, eine Berührung, die ihr gefallen hatte. Doch in ihrem Kopf echote es: *hart ficken* ... Dass ihre erotische Lektüre sie darauf vorbereitet hatte, konnte sie nicht behaupten. In keinem der Romane war eine der Protagonistinnen halb bekleidet und in Schuhen, auf denen sie in dieser Position kaum stehen konnte, gegen eine harte Wand gepresst *hart gefickt* worden. Das hatte alles viel romantischer geklungen.

Aber Hanna wollte es so. Und wenn sie jetzt wieder vor lauter Panik ausstieg, dann war's das womöglich. Und wann würde sich wieder die Chance auf Sex mit einer Frau ergeben?

»Es macht mich so unendlich geil, deine feuchte Muschi zu spüren.«

Hannas Stimme klang fremd. Ihre Hand glitt über Josefinas Mitte – ein sanftes, rhythmisches Streicheln.

Josefina sog die Luft ein. Sie versuchte, sich auf das Jetzt und Hier einzulassen. Hannas Hand war ungewohnt angenehm. Erregung baute sich erneut auf.

Hanna küsste sie, biss leicht in ihre Unterlippe, spielte mit ihrer Zunge und stöhnte schließlich in ihren Mund, was Josefina zu ihrem eigenen Erstaunen gefiel.

Und das macht *mich* an, hätte sie gerne gesagt, doch alles war so neu, so überwältigend und gleichzeitig erschreckend, dass nur ein heiseres »Ah« aus ihrer Kehle drang.

Der Stoß in ihr Innerstes kam vollkommen unerwartet und fühlte sich an, als würde etwas in ihr zerreißen. Sie keuchte auf vor Schmerz. Ihr ganzer Körper verkrampfte sich.

»Was ist los?« Hanna klang erschrocken. Sie zog ihre Finger zurück. »Sag mir doch, wenn du nicht magst, dass ich in dich eindringe! Ich kann das nicht erraten, oder?«

Josefina fühlte sich plötzlich entsetzlich nackt und auf seltsame Art schuldig. Sie wollte einfach nur weglaufen, doch sie steckte immer noch in Hannas Rock, und nichts widerstrebte ihr in diesem Augenblick mehr, als sich völlig auszuziehen.

Wo war in dieser Wohnung das Badezimmer?

»Es t...tut mir leid«, presste sie hervor und kämpfte gegen die Tränen. »I...i...ich wollte es, a...a...aber ...«

Sie brach ab, weil sie wusste, dass ihr Stottern noch schlimmer werden würde. Den Blick richtete sie auf den Blazer am Boden. Einen Moment lang hatte sie sich gefühlt wie jemand, der einen richtigen Job ergattern konnte, wie eine Frau, die nicht übersehen wurde und der nicht ständig irgendwelche Missgeschicke passierten. Es war nur eine Illusion gewesen.

»Mir tut es leid.« Hanna hatte auf dem Bett Platz genommen und rieb über ihre Schläfen. »Ich weiß nicht, was dir passiert ist ...« Sie hob den Kopf. »Ich bin niemand, der jemandem gegen seinen Willen Sex aufzwingt!«

Sie sah dabei so verletzt aus, dass Josefina sich noch elender fühlte.

»N...nein. D...d...das denke ich auch nicht. I...i...ich wollte das.«

Eine Träne löste sich aus Josefinas Auge und floss über ihre Wange. Sie stand noch immer an der Wand, doch ihr Drang, zu fliehen, war längst nicht mehr so ausgeprägt wie noch Augenblicke zuvor. Sie wollte nicht weglaufen. Diesmal nicht.

»M...mir ist nichts passiert«, begann sie tapfer. Das von Kurt brauchte Hanna nie zu erfahren; es interessierte sie ja auch sicher nicht. »I...i...ich habe das einfach noch nicht gemacht. Ich w... weiß nicht, was ich tun muss.«

»Du hast noch nie im Stehen Sex gehabt?«

Hanna sah sie ungläubig an, und Josefina schluckte.

»Ich habe noch nie Sex gehabt«, sprach sie die Wahrheit tapfer aus.

»Mit einer Frau Sex gehabt, meinst du?«

Hanna schien es nicht zu begreifen, was Josefina nachvollziehen konnte. Sie war fünfundzwanzig; andere hatten in diesem Alter schon drei Kinder.

»Mit niemandem«, präzisierte sie. »Ich hatte noch nie Sex.«

Hanna starrte sie ein paar Sekunden lang an.

Dann sagte sie: »Oh Gott!« und ließ sich rücklings auf ihr Bett fallen. Dort blieb sie liegen.

Als Josefina die Bewegungslosigkeit unheimlich wurde, ging sie zum Bett und setzte sich auf die Kante.

Hanna starrte die Zimmerdecke an.

»Warum, um Himmels willen, hast du mir das nicht gesagt?«

»Weil ich wusste, dass du dann nicht mehr mit mir schlafen willst.«

»Und das glaubtest du weshalb so genau zu wissen?«

Josefina lächelte dünn. Sie war erleichtert, dass Hanna mit ihr redete, statt sie auszulachen.

»Weil du jemanden willst, der beim Sex Stilettos trägt, den du *hart ficken* kannst und der im Anschluss dasselbe bei dir macht?«

»Ist das in deinen Augen ein perverser Wunsch?«

»Nein. Nur … ich kann es eben nicht. Das bin ich nicht.«

»Vielleicht *noch* nicht. Was verständlich ist, in Anbetracht der Ausgangslage.«

»Du glaubst also, dass ich irgendwann so einen Satz über die Lippen bringe wie: *Leck meine Pussy, zieh an meinen Haaren, fick mich, bis ich komme?*«

Hanna lachte. Sie setzte sich auf.

»Ja, das glaube ich. Denn gerade hast du bewiesen, dass du dazu durchaus in der Lage bist.«

»Als Trockenübung fällt es mir nicht schwer. Ich bin sehr belesen.«

Hanna lachte erneut.

»Manchmal bist du wie zwei Personen«, sagte sie dann ernst. »Die eine versteckt sich hinter ihrem eigenen Schatten, die andere überrascht mich immer wieder.«

Sie legte ihre Hand auf Josefinas nackten Oberschenkel. Die Berührung fühlte sich auf eigenartige Weise vertraut an.

»Lass uns noch mal ganz von vorne anfangen«, schlug sie in demselben lockeren Ton vor, in dem sie zuvor mit Josefina das

Vorstellungsgespräch geübt hatte. »Wir liegen beide in diesem Bett, und ich sage keine anrüchigen Dinge. Versprochen!«

Das Angebot kam für Josefina so überraschend, dass sie erst einmal nicht wusste, was sie dazu sagen sollte. Sie hatte sich auf eine höfliche, endgültige Verabschiedung eingestellt.

»Darf ich die Schuhe ausziehen?«, fragte sie dann, obwohl sie die Antwort schon kannte. Auch Hanna wollte keine Straßenschuhe im Bett.

»Darfst du. Und du darfst sogar mich ausziehen.«

*

Hanna öffnete schläfrig die Augen. Es war dunkel im Zimmer. Draußen trommelte der Regen gleichmäßig auf das Fensterbrett. Im Mondlicht, das gedämpft durch die zugezogenen Vorhänge fiel, erkannte sie neben sich die Umrisse einer schlafenden Frau.

Sie brauchte ein paar Momente, um sich in Erinnerung zu rufen, was geschehen war. Nach ihren Startschwierigkeiten hatten Josefina und sie doch noch Sex gehabt. Und in Anbetracht dessen, dass es sich um Josefinas erstes Mal gehandelt hatte, war es sogar ziemlich gut gewesen. Sie war es sanft und langsam angegangen, und Josefina hatte genauso empfindsam reagiert wie vor ein paar Tagen im Boot. Im Grunde brauchte es nicht allzu viel, um sie zum Höhepunkt zu bringen.

Umgekehrt hatte sie von ihr nichts gefordert. Auf ihre Kosten gekommen war sie dennoch. Sie hatte sich selbst zu einem netten, wenngleich auch nicht bahnbrechenden Orgasmus verholfen, während Josefina langsam wieder von der Wolke heruntergekommen war, auf die sie sie fliegen hatte lassen.

Danach waren sie offenbar beide eingeschlafen. Und so richtig sich der Sex angefühlt hatte, so falsch fühlte sich diese Situation nun an. Denn Hanna Erlacher ließ niemals eine Frau bei sich übernachten. Die Nähe, die dabei entstehen würde, konnte sie schon in ihrer Vorstellung nicht ertragen.

»Josy.« Sie berührte die junge Frau, die sie vor wenigen Stunde darum gebeten hatte, sie künftig so zu nennen, vorsichtig an der Schulter.

Josefina gab einen kleinen Laut von sich und drehte sich auf den Rücken. Sie blinzelte kurz in die Dunkelheit, dann schloss sie die Augen wieder. Gleichzeitig rutschte sie noch näher an Hanna heran und schlang ihr einen Arm um die Taille.

Hanna hörte ihr eigenes Herz laut in ihrer Brust schlagen. Leichter Schweiß brach ihr aus. So war das nicht gedacht gewesen. Das war nicht ihr *Modus Operandi*, wenn es um ihre Bettgeschichten ging.

Ihre Augen hatten sich an die vom Mondlicht durchtränkte Dunkelheit gewöhnt. Sie betrachtete die schlafende Josefina. Ihre Nasenflügel hoben und senkten sich. Die Lippen waren halb geöffnet. Auf der einen Seite lugte ihre nackte Brust unter der Bettdecke hervor.

Hanna dachte an die Frauen vor ihr. Die meisten waren freiwillig gegangen, und wenn nicht, hatte ein Wink mit dem Zaunpfahl genügt. Möglicherweise hätte Letzteres auch bei Josefina gereicht, um sie aus der Wohnung zu bugsieren. Aber nun war es zu spät. Der Radiowecker zeigte 2:34 Uhr an. Die öffentlichen Verkehrsmittel fuhren nachts nur selten, und die Vorstellung, dass Josefina im Regen durch die Dunkelheit stapfte, behagte ihr nicht. Die Prozedur, wieder ein Taxi zu bestellen und es im Voraus zu bezahlen, wollte sie sich und ihr ersparen.

Trotzdem fühlte sich Josefinas Arm an ihrer Taille inzwischen an wie ein Bleigewicht. Hanna schob ihn sanft nach von sich und stand auf.

Als sie sich vor dem Badezimmerspiegel die Zähne putzte, starrte sie ihr nacktes Ich sekundenlang an und fragte es in Gedanken, wo das alles hinführen sollte. Eine dunkle Vorahnung machte sich in ihr breit. Das mit Josefina war anders. Es würde nicht so glatt laufen wie mit ihren Affären zuvor. Sie allein hatte das zu verantworten. Niemals hätte sie es so weit kommen lassen dürfen. Sie hatte es nicht geschafft, die Notbremse zu ziehen. Schaffte es immer noch nicht.

Und genau das machte ihr eine Höllenangst.

Herausforderungen und Wagnisse

Josefina trat aus der U-Bahn-Station und zog fröstelnd ihren dünnen Mantel über der Brust zusammen. Der Reißverschluss funktionierte schon seit dem vergangenen Jahr nicht mehr und der Stoff war an den Nähten so verschlissen, dass das Austauschen unmöglich war. Einen neuen Mantel, der sowohl zu ihr selbst als auch zu ihrem Budget passte, hatte sie noch nicht gefunden. Immer wieder kamen andere, wichtigere Ausgaben dazwischen: die Stromrechnung fiel aufgrund der Teuerungen viel höher aus als in den Vorjahren, Hans hatte die Miete um dreißig Euro angehoben – und ihre sonstige Garderobe hatte nach Aufstockung verlangt.

Seit sie ihren Job bei EUREA angetreten war, jener Steuerberatung, deren Archiv sie gemeinsam mit einer Kollegin ordnen, digitalisieren und instand halten sollte, kam sie mit zwei Jeans, dem bunten Sommerkleid, dem hellblauen Rock und mehreren Oberteilen einfach nicht mehr aus. Hanna hatte recht behalten: Die Firma legte großen Wert auf ein gepflegtes, eher konservativ gehaltenes Erscheinungsbild. Daran änderte auch die Tatsache nichts, dass sie im Archiv – das klassisch in einem großen Kellerraum lag – keinen Kundenkontakt hatte. Dass Hanna ihr den schwarzen Designerrock, Blazer und Schuhe überlassen hatte, half in der ersten Zeit, doch spätestens, als ein unachtsamer Kollege seinen Kaffee umgestoßen hatte und die dunkle Brühe in den Stoff gesickert war, begriff sie, dass sie adäquaten Ersatz brauchte. Und auch wenn sie freilich nicht in exklusiven Boutiquen, sondern in Secondhand-Läden und billigen Bekleidungs-

117

geschäften einkaufte – ihre ersten zwei Gehälter hatten darunter gelitten.

Die Sache mit der Kleidung war jedoch das Einzige, was Josefina bei EUREA nicht mochte. Jörg Lindner, der Chef, war um die vierzig, hatte das Unternehmen von seinem Vater vor drei Jahren übernommen und bemühte sich um ein kollegiales Betriebsklima.

Vor zwei Wochen hatte er das gesamte Team für einen Tag in die Wachau zum Betriebsausflug eingeladen. Sie besichtigten eine Weinkellerei, fuhren mit dem Schiff die Donau entlang und kehrten dann in einem Heurigenlokal ein. Anfangs war Josefina unsicher gewesen, wie sie einen Tag inmitten der noch nicht allzu vertrauten Kollegen außerhalb des Büros durchstehen sollte, und hatte sogar mit dem Gedanken gespielt, sich in der Früh krankzumelden. Seit sie in Wien wohnte, hatte sie noch nie eine Krankschreibung benötigt. Die Vorstellung, sich einen Hausarzt suchen und diesem ein Lügenmärchen auftischen zu müssen, hatte sie noch mehr geängstigt als die Aussicht auf den Betriebsausflug. Wider Erwarten genoss sie den Tag dann sehr. Die Kollegen und Kolleginnen bezogen sie gleich mit ein und behandelten sie so respektvoll und freundlich, wie sie es in der Gastro nie kennengelernt hatte.

Jetzt, wo Josefina den Weg von der U-Bahn-Station nach Hause ging, fragte sie sich, ob dies nur an ihrem neuen Umfeld lag oder auch daran, dass sie selbst sich geändert hatte. Sie war nicht mehr ganz so furchtsam, wurde nicht mehr so schnell nervös. Seit Wochen hatte sie nicht mehr gestottert.

Nach dem Tod von Gertrud war sie in ein tiefes Loch gefallen. Selbst als Gertrud im Pflegeheim gelegen und kaum mehr ansprechbar war, hatte ihr die alte Dame Halt gegeben. Ihr Tod hatte sich für Josefina wie der Weltuntergang angefühlt. Sie war sich damals vorgekommen, als würde sie allein in einem Haifischbecken zurückgelassen werden. Überall gab es Leute, die es nicht gut mit ihr meinten: Chefs oder Chefinnen, die sie für zu langsam, zu ungeschickt oder zu passiv hielten. Andere Kellner und Kellnerinnen, die über sie tuschelten und Witze über sie rissen. Männer in der übervollen Straßenbahn, die sich viel zu dicht an sie drängten. Oder auch nur Bäckereiverkäuferinnen, die drei Kunden vor ihr bedienten, obwohl sie die Erste am Tresen gewesen war.

Seit Hanna in ihr Leben getreten war, hatte sie wieder mehr Vertrauen in sich selbst. Das Gefühl, dass es jemanden gab, auf den sie sich verlassen konnte, machte sie stark.

Hanna sah ihre Stromrechnung durch, um zu prüfen, ob die Erhöhung gerechtfertigt war (leider ja). Als ihre Gastherme Probleme machte, wies Hanna darauf hin, dass die Reparatur vom Vermieter übernommen werden müsste (was sie Hans dann mit bangem Herzen mitteilte und zu ihrer Überraschung erlebte, dass er widerstandslos einknickte, kaum dass sie ihn auf die rechtliche Lage hingewiesen hatte). Das, was ihr Selbstbewusstsein jedoch am meisten wachsen ließ, war die Tatsache, dass eine Frau wie Hanna überhaupt Zeit mit ihr verbrachte, sowie deren Begehren. Dass Hanna, die zweifelsohne viel hübschere, gebildetere und aufregendere Frauen in ihr Bett lotsen konnte, ausgerechnet mit ihr schlief, war wie ein Ego-Kick. Nach all den Jahren seit ihrer Pubertät, in denen kein Raum gewesen war, sich näher mit Liebe und körperlichen Bedürfnissen zu befassen, hatte sie nun endlich Sex – und nicht nur das.

Hinter ihr lag der beste Sommer ihres bisherigen Lebens. Hanna war mit ihr mehrere Male an den Neusiedler See gefahren. Auf einem Boot hatten sie so ganze Tage mit baden, picknicken und sonnen verbracht.

Kulinarisch hatte Hanna ihren Horizont noch mehr erweitert als das gemeinsame Kochen mit Gertrud damals. Sie kannte inzwischen diverse Sushi-Kreationen, und sie hatte Tintenfisch in den unterschiedlichsten Variationen gegessen. Zudem konnte sie sich mittlerweile für Wein begeistern und stellte fest, dass ihr nicht nur Muskateller schmeckte, sondern auch eine Rebsorte na-

119

mens Traminer, und dass sie von Rotwein schnell Kopfschmerzen bekam.

Einmal hatten sie sogar ein ganzes Wochenende auf einem ruhig gelegenen Winzerhof in der Steiermark verbracht. Fernab der Touristenpfade wanderten sie durch Weinberge, planschten im zugehörigen Schwimmteich, aßen gut – und verbrachten viel Zeit im Bett.

Sex war Hanna sehr wichtig. Das hatte Josefina schnell begriffen. Mittlerweile gab es fast nichts mehr, was sie in der intimen Zweisamkeit mit Hanna überraschen konnte. Sie hatten vieles miteinander getan, was in den lesbischen Romanzen, die sich Josefina inzwischen regelmäßig in der Bibliothek auslieh, so ausführlich und erotisch beschrieben wurde. Josefinas Hemmungen hatten schnell den Rückzug angetreten. Sie mochte es, wenn Hanna auf ihr und in ihr war, wenn sie sie – wie sie es häufig sehr direkt formulierte – *fickte*. Es gefiel ihr, Hanna zu lecken, bis diese stöhnend zum Höhepunkt kam, ihre Hände voller Leidenschaft in ihrem Haar vergraben. Dass Hanna bei allem die Oberhand behielt und Tempo und Richtung vorgab, hatte ihr anfangs Sicherheit gegeben. Inzwischen flackerte hin und wieder der Wunsch in ihr auf, die Dinge anders anzugehen. Aber so, wie Hanna es wollte, war es auch okay und nicht wert, deshalb eine Verstimmung oder schlimmer noch: einen Bruch zu riskieren.

Am Morgen nach dieser ersten Nacht, als Hanna sie zügig und sehr sachlich aus ihrer Wohnung hinauskomplimentiert hatte, ohne ihr zumindest einen Kaffee anzubieten oder gar einen Guten-Morgen-Kuss zu geben, hatte sie gedacht: Das war's.

Auf der Straßenbahnfahrt nach Hause und in den darauffolgenden Tagen hatte sie ein paar Tränen vergossen, weil die stille Zurückweisung wehtat.

Umso überraschter war sie gewesen, als sich Hanna nach über einer Woche meldete und sie zum Abendessen einlud. Seither trafen sie sich ein- bis zweimal unter der Woche und verbrachten einen Tag des Wochenendes miteinander. Josefina freute sich auf diese Treffen, fragte sich aber jedes Mal, wie lange sie dauern würden. Es gab Tage, an denen es so selbstverständlich für Hanna schien, dass sie übernachtete und sogar frühstückte. An anderen sah sie nach ein paar Stunden auf die Uhr und antwortete nur noch einsilbig. Josefina hatte inzwischen gelernt, Hannas Verhalten zu deuten. Sie ließ es nicht mehr so weit kommen, dass diese den schmerzhaften Satz ›Ich brauche jetzt Zeit für mich‹ aussprechen musste. Wenn Hanna begann, auf die Uhr zu schauen, sagte sie selbst: ›Ich bin noch mit Clea verabredet‹ oder ›Ich wollte heute noch im Pflegeheim vorbeischauen‹, obwohl es meist nicht stimmte.

Clea war eine Kollegin bei EUREA, mit der sie sich angefreundet hatte. Sie arbeitete als Teamsekretärin und war zwei Jahre älter als Josefina. Vom ersten Tag an war sie besonders freundlich und entgegenkommend gewesen, hatte Josefina von der Teeküche bis hin zu ihrem Arbeitsplatz alles gezeigt und sie den Kollegen vorgestellt. Seither verbrachten sie die Mittagspausen miteinander; hin und wieder gingen sie am Wochenende im Park spazieren oder fuhren auf der Donauinsel Rad.

Clea war das Gegenteil von ihr: fröhlich, dynamisch und selbstbewusst. Ähnlich wie in ihrer Beziehung zu Hanna hatte sie sich daher anfangs gefragt: Was will eine Person wie Clea ausgerechnet von mir? – Dann erfuhr sie, dass Clea selbst erst seit drei Monaten in Wien wohnte und kaum Leute kannte. Clea redete viel, was ihr ganz recht war, denn dann musste sie weniger von sich erzählen. Mittlerweile wünschte sich Josefina, dass Clea wirklich immer dann für sie Zeit gehabt hätte, wenn Hanna sie spontan loswerden wollte. Denn durch ihre humorvolle Art brachte die neue Freundin sie schnell auf andere Gedanken.

Hannas Rauswürfe waren jedoch nicht leichter zu ertragen, nur weil sie ihr irgendeine Verabredung vorlog. Es war eben nichts im Leben perfekt. Insgesamt war ihr Leben durch Hanna so viel besser geworden. Ihre Zuwendung stärkte ihr Selbstvertrauen, und durch ihre Großzügigkeit kam sie an Orte, die sie sonst nie betreten hätte. Hanna zahlte alles und machte ihr nette Geschenke – ein Paar Ballerinas hier, ein Set Spitzenunterwäsche da, eine Sonnenbrille, ein schön gemustertes Halstuch aus Seide. Josefina hatte aufgegeben, dagegen zu protestieren. Das Einzige, was sie wirklich wollte, war Hannas Zuneigung.

Der Herbstwind wirbelte buntes Laub auf. Sie schloss die schwere Eingangstür auf und war froh, dem Wind und der Kälte zu entkommen.

Während sie die Stufen zu ihrer Wohnung hinaufstieg, überlegte sie, was sie später anziehen konnte, um sich besser vor dem kühlen Wind zu schützen. In knapp zwei Stunden war sie mit Hanna verabredet, und da sie sich grundsätzlich in Hannas Wohnung trafen, musste sie noch einmal hinaus. Für später am Abend war außerdem Regen angesagt. Hoffentlich war Hanna in der Stimmung, dass sie bei ihr übernachten durfte.

In ihrer Wohnung angekommen, hatte sie gerade den Mantel abgelegt, als sie das Handy in ihrem Rucksack piepsen hörte. Die Nachricht war von Hanna.

Hi, treffe mich spontan mit Ronny auf ein Achterl, verschieben wir unser Treffen auf morgen.

Es war nicht das erste Mal, dass es sich Hanna anders überlegte. Trotzdem konnte Josefina sich an diese Spontanität nur schwer gewöhnen. Gerade jetzt hatte sie das Gefühl, dass Hanna sie in ihr Leben einpasste, wenn keiner ihrer anderen Freunde Zeit hatte.

Du tust ihr unrecht, ermahnte sie sich selbst, während sie sich einen Topf mit heißem Wasser aufstellte. Sie war so durchgefroren, dass ein Tee die einzig rettende Lösung schien. Aus Kostengründen wollte sie die Heizung erst im Oktober einschalten.

Hanna hatte eben viele Freunde, und alle waren im Job wesentlich eingespannter als Josefina mit ihrer Zwanzig-Stunden-Tätigkeit. Dass sie versuchte, allen gerecht zu werden, war doch klar – oder?

Erst als das Teewasser schon kochte, wurde Josefina bewusst, was sie an dieser spontanen Planänderung so fuchste: Hanna zog scheinbar nicht einen Moment in Erwägung, sie zu diesem Treffen mitzunehmen. Sie war nun seit über drei Monaten ein Teil von Hannas Leben und kannte noch keinen ihrer Freunde persönlich. Zeit, das zu ändern! Umgekehrt sollte Hanna auch Clea kennenlernen und die Menschen im Pflegeheim, die ihr am Herzen lagen.

Josefina beschloss, diesbezüglich den ersten Schritt zu wagen.

*

Hanna saß an ihrem Schreibtisch und beschäftigte sich mit einer Erbschaftsstreitigkeit, als es an ihrer Bürotür klopfte. Kofranek trat ein, noch ehe sie *Herein* sagen konnte. Sogleich richtete sie sich auf und begrüßte ihn mit einem einladenden Lächeln. Erst neulich hatten er und Lutz wieder bekräftigt, welche Bereicherung sie für die Kanzlei war. Hanna zählte insgeheim bereits die Tage bis zu Riedherrs Pensionsantritt.

»Was kann ich für Sie tun?«

»Für mich nichts, aber für einen Ihrer Mandanten.« Kofranek zog sich einen der Besucherstühle an den Schreibtisch heran. »Herr Werder von GHS Food & Beverage steckt mal wieder in Schwierigkeiten.«

Ein paar Sekunden verstrichen, ehe Hanna dem Namen einen Fall und einem Gesicht zuordnen konnte. Ihr Magen zog sich zusammen, als sie den aalglatten jungen Mann vor sich sah, der sich selbst als *Highperformer* bezeichnete und Frauen, die ihm nicht zu Willen waren, *dumme Weiber* nannte.

»GHS Food & Beverage?«, wiederholte sie überrascht. »Vor ein paar Monaten war er doch noch Regionalleiter bei dieser Supermarktkette!«

»Er ist zum Produktmanager befördert worden. GHS Food & Beverage ist der Mutterkonzern.«

Kurz war Hanna von dem zufriedenen Lächeln auf Kofraneks Lippen irritiert. Dann fragte sie: »Und in welchen Schwierigkeiten steckt er?«

»Eine Praktikantin bei GHS Food & Beverage hat Anzeige gegen ihn erstattet. Sie behauptet, er hätte ihr beim Betriebsfest unter den Rock gegriffen und anzügliche Dinge zu ihr gesagt.«

»Ach!«, sagte Hanna, wobei sie die Information weit weniger überraschte, als es ihr Ausruf verlauten ließ. »Und was sagt er?«

»Die Praktikantin war stark angetrunken. Sie wurde unpassend anhänglich; er hat sie in die Schranken gewiesen. Am nächsten Morgen wurde er ins HR-Büro gebeten und mit den Vorwürfen konfrontiert.«

Und schon wieder war Werder das Unschuldslamm.

»Es wird schwieriger werden, ihn da rauszuboxen, nachdem das bereits der zweite Vorfall dieser Art ist«, gab sie zu Bedenken.

»Tja, ein junger, fescher Mann wie er wird eben schnell mal Opfer von Intrigen«, wandte Kofranek ein. »Sie kennen doch den Grund, warum die spanischen Hoteldirektoren nicht mehr mit Mitarbeitern der untersten Hierarchieebene in den Aufzug steigen?«

Hanna runzelte die Stirn. Abgesehen davon, dass sie sich fragte, was diese Aufzuggeschichte an dieser Stelle sollte, wunderte sie sich ein wenig über Kofraneks unkritische Haltung.

»Weil die Zimmermädchen großteils aus dem Maghreb stammen und sich mit Klagen wegen sexueller Belästigung ein Zusatzeinkommen sichern«, gab ihr Kofranek nun die Antwort.

Hanna starrte einen Moment lang an Kofranek vorbei ins Leere. Was ein marokkanisches oder algerisches Zimmermädchen davon hatte, einen sexuellen Übergriff zu erfinden und infolge einen unangenehmen öffentlichen Prozess auf sich zu nehmen, erschloss sich ihr nicht. Schmerzensgeld hin oder her – in ihrem sozialen Umfeld galt sie wahrscheinlich dennoch auf grausame Art als beschmutzt.

Doch im Grunde wollte sie sich kein tiefgehendes Urteil über Normen und Werte von Arbeitsmigrantinnen erlauben. Weit besser kannte sie sich im sozialen Umfeld ihres Mandanten Stefan Werder aus.

»Sie glauben also, dass auch diese Praktikantin den Übergriff erfunden hat, um ihm zu schaden?«

»Natürlich. Werder sagt, es sei eine Racheaktion, weil er sie zum einen abgewiesen hat und zum anderen ihr zwei Tage zuvor gesagt hat, dass sie nach dem Praktikum nicht übernommen wird.«

»Sie haben also schon mit ihm gesprochen?« Ungewöhnlich, dass er so detailliert Bescheid wusste!

»Es ergab sich, durch Zufall ...« Kofranek strich sich über den Bart. »Ich bin ... sein Vater und ich sind flüchtige Bekannte«, rang er sich schließlich zu einer Erklärung durch. »Dennoch ist er natürlich Ihr Klient. Sie haben ihn ja bereits hervorragend vertreten, und er hat daher ausdrücklich wieder nach Ihnen verlangt. Ich habe mir nur erlaubt, den grundsätzlichen Sachverhalt in einem Gesprächsprotokoll zusammenzufassen. Sie finden es in Ihrer Mailbox. Trotzdem sollten Sie natürlich noch mit Stefan ... äh, Herrn Werder persönlich sprechen.«

Hanna rief das Protokoll auf, sobald Kofranek den Raum verlassen hatte. Auch der Name der Praktikantin wurde genannt: Lisa-Marie Buchholz. Was Kofranek nicht erwähnt hatte, war, dass es für den Vorfall am Betriebsfest eine Zeugin gab. Eine gewisse Susanne Fechter, tätig in der Buchhaltung, hatte den Übergriff bestätigt.

Hanna gab den Namen der Anklägerin in die Suchmaschine ein und fand zahlreiche Einträge, in denen Lisa-Marie Buchholz im Zusammenhang mit Volleyballturnieren und schulübergreifenden Aktivitäten gelistet war. Letzteres machte sie stutzig. Konnte jene Lisa-Marie Buchholz, die laut aktuellstem Eintrag vom Juni eine Stellungnahme zur diesjährigen Mathematura abgegeben hatte, wirklich die Praktikantin im GHS-Konzern sein?

Sie konnte, wie Hanna feststellte, als sie wenig später auf Facebook fündig wurde. Lisa Buchholz ließ die Welt an ihrem Leben teilhaben. Unter ihren sogenannten Lebensereignissen fand sich ein Eintrag vom August, in dem sie stolz verkündete: *Praktikum bei GHS Food & Beverage angetreten. Lebensmittel-Marketing macht Spaß!*

Hanna scrollte durch die früheren Beiträge – und erstarrte, als sie auf eine Fotoserie stieß, die Lisa beim CSD in Wien zeigte – mit Regenbogenfahne, in knappen Shorts und mit einem gelben T-Shirt, auf dem *Proud. Human. Queer* stand. Ein weiteres Foto zeigte Lisa in enger Umarmung mit einer stark tätowierten, etwa gleichaltrigen Frau; Bildunterschrift: *Love of my life. Kathi und Lisa forever!*

Sie druckte einige der auffälligsten Beiträge aus und marschierte damit zu Kofranek.

»Werders Darstellung ist vor Gericht leicht widerlegbar«, kam sie direkt zum Punkt. »Lisa Buchholz ist lesbisch und hat eine feste Freundin. Dass sie im angetrunkenen Zustand plötzlich scharf auf einen übergeordneten Kollegen wird, bezweifle ich. Außerdem ist das Mädchen gerade mal achtzehn Jahre alt und hat sich für ein Psychologie-Studium an der Hauptuni Wien inskribiert. Dass sie in ihrem Job bei GHS mehr sieht als ein Sommerpraktikum, geht aus den Fakten nicht hervor. – Wenn wir Werder verteidigen, muss er uns mit der Wahrheit mehr entgegenkommen. So lässt sich keine haltbare Verteidigung aufbauen!«

Kofranek sah sie an. Auf seiner Stirn bildeten sich zwei steile Falten.

»Als Anwaltskanzlei müssen wir hinter unserem Mandanten stehen. Das ist Ihnen schon bewusst, liebe Kollegin Erlacher?«

»Natürlich. Das tue ich ja, indem ich recherchiere und ihn darauf aufmerksam machen werde, dass es nichts bringt, uns Bullshit zu erzählen!«

Aufgebracht wie sie war, benutzte sie plötzlich Wörter, die ansonsten nicht zu ihrem Vokabular gehörten. Auch Kofranek war das nicht entgangen, denn er sagte verwundert: »Warum denn plötzlich so emotional? – Tun Sie einfach Ihre Arbeit!«

»Ich bin gerade dabei!« Hanna sah ihm fest in die Augen. Begriff er denn nicht, worum es ging? »Ich rette unseren Mandanten vor sich selbst. Er tischt uns eine Geschichte auf, die von der Gegenseite mit ein paar einfachen Beweisen widerlegt werden kann. Hier …!«

Sie legte ihm die Ausdrucke auf den Schreibtisch. Er blätterte sie kurz durch, erwiderte dann: »Das sagt doch gar nichts. Ein junges Mädchen, das eben einiges ausprobiert.«

»Laut Facebook hat sie seit zwei Jahren eine feste Freundin und engagiert sich in einer Coming-out-Group.«

»Sie engagiert sich wo …?«

»In einer Coming-out-Group«, wiederholte sie, merkte aber, dass sie sich auf gefährlichem Terrain bewegte. »Sie unterstützt andere Jugendliche dabei, zu ihrer sexuellen Orientierung zu stehen.«

Kofranek schüttelte ungläubig den Kopf. »Sachen gibt's«, sagte er mehr zu sich selbst als zu ihr. Nun richtete er den Blick auf Hanna. »Wir haben hier also eine verwirrte Jugendliche, die sich einer Randgruppe angeschlossen hat, die ihre sexuellen Vorlieben in der Öffentlichkeit auslebt. Ich gestehe ihr zu, dass man sich in diesem Alter noch leicht auf Abwege führen lässt. Daher passt es für mich wunderbar ins Bild, dass sie sich in die Arme unseres Mandanten werfen wollte. Allmählich dämmert ihr wohl, dass sie auf dem falschen Weg war, und sehnt sich nach Normalität.«

Hanna war sprachlos.

Sie wechselte die Strategie. »Werder erwähnt in seiner Aussage selbst eine Zeugin, die beobachtet haben will –«

Kofranek wischte ihren Satz mit einer unwirschen Handbewegung vom Tisch. »Eine Person, die leicht als unglaubwürdig hingestellt werden kann.«

»Warum?«

»Bunt gefärbte Haare und die Arme voller Tattoos.« Er stand auf und klopfte ihr jovial auf die Schulter. »Die Verteidigungsstrategie ist damit klar: Zeigen Sie der Jury, dass es sich sowohl bei der Klägerin als auch bei der Zeugin um nicht in die Gesellschaft integrierte Elemente handelt. Machen Sie sie unglaubwürdig. Und wenn Sie so richtig gut sein wollen, dann tun Sie GHS Food & Beverage einen Gefallen und sorgen Sie dafür, dass die Tätowierte ihren Job verliert! Die andere ist ja eh bald weg. Solche Mitarbeiterinnen braucht niemand.«

*

Josefina lag auf Hannas Couch, ihre Jeans und Socken auf dem Boden. Ihr Körper bebte noch, ihre Finger waren feucht von Hannas Nässe.

Dennoch fühlte sie sich alles andere als befriedigt – oder, besser gesagt: zufrieden. Denn eigentlich hatte sie alles andere als Sex im Sinn gehabt, als sie an diesem Abend vor Hannas Wohnungstür gestanden war.

Sie waren verabredet, ohne besondere Pläne zu haben. An Abenden wie diesen sahen sie meist gemeinsam fern oder aßen etwas. Hanna brach ihre Regel, nach 18 Uhr nicht mehr zu essen, inzwischen regelmäßig. Sie wiederrum, die in ihrer eigenen Wohnung ganz ohne Fernseher lebte, war durch Hanna begeisterter Fan von *Games of Thrones* geworden.

Diesmal hatte Hanna sie zur Begrüßung nicht umarmt und mit einem sanften Kuss begrüßt, sondern in die Wohnung gezogen und die Tür mit einem Fußtritt geschlossen. Kaum hatte sie ihr den Mantel abgestreift, war sie über sie hergefallen wie ein hungriges Raubtier. Ihre Küsse waren gierig, ihre Finger nicht immer zärtlich, ihr Verlangen beinahe schon aggressiv. Obwohl Josefina auch auf diese Weise Lust empfinden konnte, so befremdete sie diese rohe Gier und Selbstverständlichkeit, mit der Hanna sich ihres Körpers bediente. Sie hatte wenigstens erst einmal ankommen wollen …

Gerade knöpfte sie sich die Bluse zu, als Hanna mit einer Schüssel und zwei Tellern aus der Küche kam. Hanna selbst war wieder in ihren schwarzen Jumpsuit geschlüpft und sah nicht aus wie die Frau, die vor über fünf Minuten noch keuchend mit ihr am Sofa gelegen hatte. Sogar ihr Haar war wieder nach hinten zu einem sauberen Knoten gebunden.

»Thailändischer Glasnudelsalat«, sagte sie und stellte die Schüssel auf den Tisch. »Ich hoffe, du magst das.«

Josefina mochte im Grunde alles außer Innereien. Sie sah Hanna zu, wie sie die Teller füllte. Das Licht der Stehlampe fiel auf ihr Gesicht, und Josefina bemerkte, wie angespannt Hanna wirkte. Sie erinnerte sich nun, dass sie diesen Gesichtsausdruck schon zwei-, dreimal bei ihr gesehen hatte – nämlich dann, wenn Hanna beruflich unter Stress stand. Hanna sprach nicht mit ihr über ihren Job oder irgendwelche Probleme. Aber Josefina hatte einmal mitbekommen, wie sie ihrem Freund Ronny von irgendeinem Anlagebetrug erzählte, der ihr zu schaffen machte, weil sie das Treiben ihres Mandanten nicht vollständig durchblickte. In den rund zwei Stunden, die sie zuvor mit Josefina verbracht hatte, war ihr kein Wort davon über die Lippen gekommen. Warum konnte Hanna nicht mit ihr darüber sprechen, wenn sie etwas belastete?

Nun erinnerte sie sich daran, dass Hanna auch damals auf nicht sehr sanfte Weise Sex eingefordert hatte, und sie sah den Zusammenhang. Offenbar war es Hannas Ventil.

Ich sollte das ansprechen, ging es Josefina durch den Kopf. Gertrud hatte regelrecht gepredigt, sie solle immer sagen, wenn ihr etwas nicht gefiel!

In der Theorie hatte sich das so einfach angehört. Was ihr schon vorher in der Umsetzung nicht gelungen war, fiel ihr noch schwerer, wenn es um Hanna ging. Da gab es diese unterschwellige Angst, dass Hanna sie nicht mehr wollte, sobald sie sich nicht fügte ...

Trotzdem. Es war einer von mehreren Punkten, die ihr inzwischen auf der Seele lagen. Punkt eins hatte sie heute ansprechen wollen – wollte es immer noch.

»Hattest du heute nicht ein Bewerbungsgespräch in diesem Bistro?«, erkundigte sich Hanna, während sie aßen. »Wie lief es?«

»Es war ganz nett, aber es lässt sich nicht mit den zwanzig Stunden bei EUREA kombinieren. Die erwarten volle Flexibilität und haben Wechselschichten.«

Seit ihrem ersten Arbeitstag bei der Steuerberatung suchte Josefina nach einem Zweitjob.

»Das ist wohl bei jedem Gastro-Job das Problem«, erwiderte Hanna schulterzuckend. »Ich habe dir ja gleich gesagt, dass das schwierig wird. – Ich finde sowieso, dass du deine freie Zeit besser nutzen solltest. Mach eine Weiterbildung, irgendwas Sinnvolles!«

Josefina ließ die Gabel sinken. Dieses Thema schon wieder ... Hanna kapierte es einfach nicht!

»Lehrgänge sind teuer«, wiederholte sie geduldig, was sie schon oft zu erklären versucht hatte. »Ich habe keine Ersparnisse, von denen ich das zahlen kann.«

»Es gibt staatliche Förderungen. Du musst dich nur erkundigen.«

»Ich wüsste nicht einmal, was ich machen sollte.«

»Dann sieh dir doch mal das Vorlesungsverzeichnis der Uni durch, vielleicht sticht dir da etwas ins Auge! Du könntest auch etwas studieren und nebenher arbeiten. Das machen viele.«

Josefinas Magen zog sich zusammen. Dieser Abend stand eindeutig unter keinem guten Stern.

»Ich habe dir ja schon gesagt, ich bin beim Lernen nicht gut«, erwiderte sie leise.

»Aber du hast die HAK-Matura geschafft ...«

Josefina stocherte in den Glasnudeln herum. Sie wollte Hanna nicht erklären müssen, wie viel Kraft sie das gekostet hatte und wie viele Tränen bei den Vorbereitungen geflossen waren.

»Du bist noch so jung. Du solltest wirklich etwas für dich tun, das dich beruflich weiterbringt.« Hanna schien sich an dem Thema festzubeißen. »Du kannst nicht für immer in Teilzeit im Archiv arbeiten. Da kommst du finanziell nie auf einen grünen Zweig!«

Josefina legte das Besteck zur Seite. Plötzlich hatte sie keinen Appetit mehr. Sie wollte von dem Thema nichts mehr hören!

»Du solltest –«, begann Hanna erneut.

Entgegen ihrer sonstigen Art fiel Josefina ihr ins Wort. »Am Sonntag macht Clea in ihrer neuen Wohnung eine Housewarming-Party. Sie hat uns beide eingeladen.«

Wummps. Nun war es geschehen. Sie hatte die gefährliche Linie überschritten.

Das Klappern des Bestecks verstummte. Auch Hanna hatte anscheinend die Lust am Glasnudelsalat verloren.

Die Sekunden, in denen sie nichts sagte, fühlten sich für Josefina an wie eine Ewigkeit.

»Du hast deiner Freundin Clea von mir erzählt?«, fragte Hanna dann langsam. Ihr stechender Blick brachte deutlich zum Ausdruck, was sie davon hielt.

Josefinas Hände wurden feucht. »N…n…nicht direkt von dir. Ich habe gesagt, dass ich eine F…Freundin habe.«

»Hast du das?«, fragte Hanna gedehnt.

Josefina fühlte den Schweiß nun auch unter ihren Achseln.

»S…s…sie fand das g…ganz okay«, fuhr sie tapfer fort, wagte aber nicht, Hanna in die Augen zu sehen. »Sie hat kein P… Problem damit, dass ich lesbisch bin.«

»Das ist schön.«

Hanna nahm wieder ihr Besteck auf und aß weiter, als wäre nichts geschehen. Ihre Miene verriet nicht, was in ihr vor sich ging.

Als Josefina das Schweigen nicht mehr aushielt, nahm sie ihren Mut neuerlich zusammen und fragte vorsichtig: »Und? Wirst du mitkommen? – Clea ist wirklich nett.«

Hannas angespannte Körperhaltung, ihr starrer Gesichtsausdruck, die eng aufeinander gepressten Lippen – das alles schrie ihr ein deutliches ›Nein!‹ entgegen. Doch zu ihrer Überraschung sagte Hanna nun in völlig neutralem Tonfall: »Okay. Wann steigt die Party genau?«

Zu perplex wegen der unerwarteten Antwort, dauerte es, ehe Josefina ihre Sprache wiederfand. Dann tat ihr Herz einen Satz. Es war das erste Mal, dass Hanna mit ihr gemeinsam andere Leute treffen würde; das machte sie offiziell zu einem Paar – oder?

»Am Sonntag«, wiederholte sie. »Nachmittags ab fünfzehn Uhr geht es los.«

»Okay.« Hanna hatte ihren Teller geleert. Sie erhob sich, ging zu ihrem Schreibtisch. Aus einer Lade zog sie einen in braunes Wildleder gebundenen Kalender und schlug ihn auf.

»Oh«, sagte sie plötzlich. »Tut mir leid. Sonntagnachmittag bin ich schon verplant. Meine Mutter feiert Geburtstag.«

Josefina blinzelte ungläubig und ließ die Aussage auf sich wirken. Ihr Herz wurde schwer.

»Ach so«, sagte sie dann, bemüht, sich ihre Enttäuschung nicht anmerken zu lassen. »Nun ja ... dann ein a...andermal.«

»Ganz sicher.« Hanna schlug den Kalender zu und steckte ihn in die Lade zurück. »Lust auf ein paar Folgen *Game of Thrones*?«

Am liebsten hätte sich Josefina einfach nur auf dem Sofa zusammengerollt und losgeheult. Gleichzeitig kam sie sich lächerlich vor. Hanna hatte ein enges Verhältnis zu ihrer Familie. Es lag auf der Hand, dass sie am Geburtstag ihrer Mutter nicht fehlen wollte!

In dieser Nacht blieb Josefina nicht bei Hanna. Sie spürte, dass diese lieber allein sein wollte, und ihr war selbst nicht danach. Als sie an der U-Bahn-Station auf die U6 wartete und das Gespräch wieder und wieder Revue passieren ließ, wurde ihr bewusst, was für eine Farce das gerade gewesen war: Wer musste schon im Kalender nachsehen, dass seine Mutter ausgerechnet an diesem Tag Geburtstag hatte?

Stiller Kummer formte sich zu einem bleiernen Gewicht, das sich auf ihre Schultern legte und jeden Schritt erschwerte. Als sie endlich in ihrem Bett lag, fand sie lange keinen Schlaf.

Am nächsten Vormittag wurde ein Strauß roter und weißer Rosen an der Rezeption des EUREA-Büros abgegeben, der an sie adressiert war.

»Hast du einen Verehrer?«, wollte Jonas von der Gehaltsverrechnung neugierig wissen. Josefina blieb ihm die Antwort schuldig, obwohl sie allen gern erzählt hätte, dass sie mit einer Frau zusammen war. Doch wie der Vorfall vom Vorabend gezeigt hatte, war das nicht in Hannas Sinne.

Dem Rosenstrauß lag eine rosafarbene Grußkarte mit einem großen Herz auf der Vorderseite bei.

Tut mir leid. H.

Die Verlobung

»Oh wie schön, das Fräulein Tochter. Wie üblich eine Viertelstunde zu spät.«

Es war ihr Vater, dem Hanna als Erstes über den Weg lief, nachdem ihr Zita die Tür geöffnet hatte. Er trug einen eleganten weißen Anzug zu weißen Lederschuhen. In Kombination mit dem weißen Bart und dem üppigen Haupthaar, dem schon seit Langem jegliche Pigmente fehlten, wirkte er wie ein Wesen aus einer anderen Welt. Irgendein angesagter Modeberater musste ihm kürzlich eingeredet haben, dass Weiß bei festlichen Anlässen das neue Schwarz war.

»Die Lastwagen vom Catering stehen im Hof; ich musste draußen erst einen Parkplatz suchen«, verteidigte sie sich vage, doch ihr Vater hatte sich bereits einem Herren zugewandt, der aus dem Salon getreten war. Hanna kannte ihn vom Sehen; es war ein Wiener Stadtrat, der erst seit ein paar Jahren zum Bekanntenkreis ihrer Eltern gehörte.

Aus dem Salon drangen Stimmen und dezente Klaviermusik. Hanna straffte die Schultern und setzte ein Lächeln auf, dann stellte sie sich der Gästeschar, die sich zum sechzigsten Geburtstag ihrer Mutter eingefunden hatte.

Sie schüttelte Hände, verteilte Wangenküsschen, wechselte einige höfliche Worte, schnappte sich ein Prosecco-Glas von einem vorbeilaufenden Kellner und hielt nebenbei nach ihrer Mutter Ausschau. Sie entdeckte sie am anderen Ende des Raumes im Gespräch mit einer Frau, die Hanna spontan nicht zuordnen konnte. Gustav stand neben ihr, Hand in Hand mit einer dünnen

Blondine im schwarzen Cocktailkleid. Offenbar hatte er wieder eine neue Freundin.

»Hallo, Mama. Alles Gute zum Geburtstag.«

Ein penetranter floraler Duft stieg ihr in die Nase, als sie der Mutter zwei Küsse auf die Wangen drückte. Sie konnte sich gerade noch abwenden, ehe der Niesreiz die Oberhand gewann.

»Um Himmels willen, Hanna! Du kommst doch nicht etwa krank zu meiner Feier?«

»Nein, ich …«

Ihre Mutter hatte sich bereits wieder der Frau an ihrer Seite zugewandt.

»Annabella, das ist Hanna, meine Tochter. Sie ist eine sehr erfolgreiche Anwältin und mit dem Sohn von Cristina und Heinrich Germeten-Gingen verlobt.«

Hanna fiel beinahe das Prosecco-Glas aus der Hand.

»Mama –«, setzte sie an, kam aber nicht weit.

»Ich weiß, ich weiß. Ihr wollt es selbst publik machen. Aber inzwischen pfeifen es ja schon die Spatzen von den Dächern.«

Ihre Mutter tätschelte lächelnd ihre Schulter.

»Herzlichen Glückwunsch.«

Annabella streckte ihr die Hand entgegen, und Hanna nahm sie wie in Trance. Danach ließ sie ihren Blick nervös durch den Raum schweifen. Ronny war noch immer in Paris, aber die Vorstellung, dass seine Eltern hier waren und mit dieser schamlosen Lüge konfrontiert wurden, bereitete ihr Bauchweh.

»Wo sind denn die Germeten-Gingens eigentlich?«, fragte sie, bemüht, ihre Frage belanglos klingen zu lassen.

»Das weißt du nicht? – Cristina und Heinrich sind derzeit auf den Seychellen.«

Hanna atmete erleichtert durch. Zumindest bekamen die beiden von dieser angeblichen Verlobung nichts mit.

Sie wartete, bis sich Annabella entfernt hatte und auch Gustav mit der Blondine weggegangen war, dann zog sie ihre Mutter zur Seite.

»Bitte hör auf, herumzuerzählen, dass wir verlobt sind. Ich habe nie etwas in dieser Richtung behauptet!«

»Doch, hast du.« Ihre Mutter sah sie irritiert an. »Du hast vor ein paar Monaten gesagt, ihr werdet in Kürze zusammenziehen. Das ist dasselbe.«

»Ist es nicht«, stellte Hanna klar. »Außerdem ist es unsere Sache, wann wir eine etwaige Verlobung bekanntgeben.«

»Und wann genau wird das sein?«

Nie, antwortete Hanna in Gedanken.

Warum konnte sich Ronny denn auch nicht für die simple Lösung ihrer beider Probleme begeistern! Mit einem einzigen Wort – *Verlobung* – hätten sie beide ihre Karrieren gepusht, und alle nervigen Diskussionen wären zunächst beendet.

»Dann, wenn wir einmal Zeit dafür finden, uns über etwaige Rahmenbedingungen Gedanken zu machen.« Hanna drückte sich absichtlich kryptisch aus. »Aber Ronny ist auf unbestimmte Zeit in Paris, und ich bin momentan mit Arbeit eingedeckt.«

»Pass auf, dass deine besten Jahre nicht ungenutzt vorbeiziehen.« Ihre Mutter hatte ihre Stimme gesenkt, klang aber nicht minder spitz. »Deine Jugend hat den Zenit schon überschritten. Eine Frau muss zusehen, dass sie unter die Haube kommt, ehe die ersten Falten sichtbar sind.«

Im Gegensatz zu dir habe ich einen wirklichen Beruf, lag es Hanna bereits auf der Zunge. *Einen, in dem ich genug Geld verdiene, um nicht auf einen Mann angewiesen zu sein!*

In diesem Augenblick kam ein neu eingetroffener Geburtstagsgast auf ihre Mutter zu, und deren Gesicht hellte sich schlagartig auf.

»Helmut! Was für eine Freude!«, zwitscherte sie.

Helmut hatte sie noch nicht erreicht, da lehnte sie sich noch einmal zu Hanna: »Übrigens, hast du zugenommen? – Dieses grüne Kleid spannt an deiner Taille ganz ordentlich!«

*

»… und wenn ich dich heute so ansehe, liebste Regina, sehe ich dich noch immer genau so vor mir, wie du damals mit zwanzig auf dieser Yacht vor Capri zu Raimund und mir herübergewunken und in deinem entzückenden antrainierten amerikanischen Akzent gerufen hast: ›Come on board, there is plenty of Champagne!‹«

Georg hatte seine Rede beendet. Alle klatschten begeistert, als er Regina nun vor aller Augen küsste.

»Ich kotz gleich«, flüsterte Gustav, der sich zu Hanna gesellt hatte. »So viel Lügen auf einmal kann kein Mensch ertragen!«

Er machte eine kleine Pause, ahmte dann mit verstellter Stimme den Vater nach: »Und obwohl ich dich, liebste Regina, angeblich seit dieser Champagnerorgie auf der Yacht deines Ex-Freundes auf Händen trage, habe ich dich unzählige Male mit willigen Jungarchitektinnen betrogen und mir dabei wenig Mühe gegeben, diskret zu sein.«

Hanna, die mittlerweile ihr drittes Glas Prosecco in den Händen hielt, schmunzelte. Dass Gustav sich so unverhohlen kritisch über seinen Vater und Sponsor äußerte, war neu. Vermutlich lag es am Alkohol.

»Ja, er hatte schon immer die Gabe, sich als liebender Vater und vorbildlicher Ehemann zu präsentieren«, sagte sie süffisant. »Wäre er nicht Architekt geworden, dann wohl Schauspieler!«

»Jetzt reicht es aber!« Eine scharfe Stimme in gedämpfter Tonlage erklang hinter ihr. Max hatte die letzten Sätze ihres Zwiegesprächs offenbar vernommen. Mit finsterem Blick sah er sie an. »Wie kannst du an Mamas Geburtstag so widerlich daherreden! Es war eine brillante Rede – und sieh nur, wie Mama sich freut!«

»Ja, ich fand deinen Kommentar jetzt auch ziemlich daneben«, sagte Gustav ernst, grinste sie dabei jedoch – von Max

137

unentdeckt – hämisch an. Hanna widerstand nur schwer der Versuchung, ihm den restlichen Prosecco ins Gesicht zu schleudern.

Stattdessen stellte sie das Glas auf den Flügel und flüchtete ins Badezimmer im ersten Stock. Sie setzte sich auf den Wannenrand und atmete tief durch. Was für ein Schmierentheater! Gustav hatte recht, was die Rede betraf: Ihre Eltern hatten schwierige Jahre durchlebt. Die zahlreichen Seitensprünge ihres Vaters sorgten für Dauerstreit unter ihren Eltern. Trotz Zurückziehens in eines der Schlafzimmer waren sie dabei aber so laut, dass Hanna und ihre Brüder als Kinder selbst im unteren Stockwerk jedes Wort verstehen konnten.

Hanna hatte nie gewusst, was an dieser Situation makaberer war: dass nach jedem Streit das Bett so unmissverständlich klapperte und quietschte, dass der kleine Gustav anfangs oft unschuldig gefragt hatte: ›Machen Mama und Papa jetzt was kaputt?‹, oder dass sie sich später beim Abendessen anlächelten wie ein verliebtes Paar in den Flitterwochen, obwohl die Spannung zwischen ihnen noch immer spürbar war.

Im Moment wollte Hanna einfach nur weg. Die Gäste interessierten sie nicht. Die Gespräche, in die sie hineingezogen wurde, drehten sich um Belanglosigkeiten. Und alle waren so entsetzlich glücklich und mussten das auch unbedingt zur Schau stellen, zumal wenn sie paarweise aufschlugen!

Besonders Gustav war ihr dabei ein Dorn im Auge. Mittlerweile wusste sie, dass seine Freundin Fiona hieß und eine Austauschstudentin aus Florida war. Die beiden kannten sich seit drei Wochen, was ihn aber nicht daran hinderte, mit ihr zu einem Familienfest aufzukreuzen und sie vorzustellen, als handle es sich um die Frau fürs Leben.

Überhaupt war diese Fiona zickig, arrogant und fordernd – ganz anders als Josy, die nie etwas verlangte und sich gerade bei so einem Anlass nur höflich und dezent verhalten hätte.

Hanna stellte sich vor, wie es wäre, sie jetzt an ihrer Seite zu haben. Sie könnte hier im Badezimmer mit ihr sitzen und sich über ihre Familie auskotzen. Josy würde sie tröstend in die Arme schließen und ihr einen Kuss geben.

Die Szene, die sie kurzzeitig so klar vor Augen gehabt hatte, verlor schnell an Kontur. Abgesehen von der Tatsache, dass sie eher im Juli einen Schneemann im Garten ihrer Eltern bauen würde als jemals mit Josy hier aufzukreuzen, konnte sie mit ihr nicht über diese Dinge reden. Josy sah zu ihr auf. Hanna gab den Ton an. So funktionierte ihre Beziehung – oder das, was sie da hatten – mittlerweile schon seit knapp vier Monaten.

Es hatte viele Momente gegeben, in denen sie kurz davor gewesen war, die Beziehung zu beenden, und es gab sie regelmäßig. Aber irgendetwas hatte Josy an sich, das sie nicht losließ. Vielleicht war es diese Verletzlichkeit. Eventuell aber auch ihre sanfte Art, ihre Nachgiebigkeit und die Aufrichtigkeit, mit der sie ihr und anderen begegnete. Hanna hatte noch nie zuvor einen Menschen getroffen, der so ehrlich zu sich selbst und zu anderen war wie Josy.

Dass sie sich seit Beginn ihrer Bekanntschaft entwickelt hatte, ließ sich nicht leugnen. Sie fürchtete sich nicht mehr vor ihrem eigenen Schatten, sie stotterte nur noch, wenn sie sehr nervös war, und sie ging aufrechter als früher. Sosehr Hanna diese Fortschritte auch mit Stolz erfüllten – das meiste davon war eindeutig ihr Verdienst –, sosehr machten sie ihr zeitweise Angst.

Josys Versuch, sie mit ihrer neuen Freundin bekannt zu machen, zeigte ihr deutlich, dass der jungen, schüchternen Frau allmählich Flügel wuchsen. Sie traute sich mehr, suchte Kontakt zu anderen Leuten, war nicht mehr ganz so abhängig von Hannas Zuneigung. Soweit sie wusste, war diese Clea heterosexuell, aber letztendlich war es eine Frage der Zeit, bis Josy irgendwann eine traf, die ihr das geben konnte, wozu sie selbst nie in der Lage sein würde.

Eine, die sie ihrer Familie vorstellte.

Eine, die sie in ihr Leben einbezog.

Eine, die sie wie eine gleichberechtigte Partnerin behandelte.

Eine, die ihr sagte, dass sie sie liebte.

Josy hatte das alles verdient. Trotzdem wurde Hanna übel bei dem Gedanken, dass sie irgendwann kein Teil ihres Lebens mehr sein würde.

Was sie jetzt wohl machte? – Ah ja, richtig, sie war ja auf dieser Housewarming Party. Ob es da wohl ähnlich langweilig war?

Sie nahm ihr Handy aus der Handtasche und schrieb:

Hi, was machst du? Ist es nett? Gibt es was Gutes zum Essen? Was hast du an (bitte um Details, einschließlich der Unterwäsche, *lol*). Tausend Küsse, H.

Kaum hatte sie die Nachricht verschickt, bereute sie es auch schon. Dass sie plötzlich Küsse und Unterwäsche in einer Nachricht erwähnte, konnte nur am Prosecco liegen!

PS: Behalte das mit der Unterwäsche für dich. Bin nicht an Details interessiert, zumal wenn du andere Frauen triffst, schob sie hinterher.

Dann wartete sie. Fünf Minuten. Zehn Minuten. Laut der Anzeige im Nachrichtenstatus warf Josy nicht einmal einen kurzen Blick auf ihr Handy.

Diese Party bei Clea musste ja wirklich der Renner sein!

Nach fünfzehn Minuten schrieb Hanna:

Fühl dich nicht bemüßigt, zu antworten. H.

Dann steckte sie ihr Handy in die Tasche und ging zurück in den Salon. Zu ihrem Erstaunen lieferten ihre Brüder gerade eine herzzerreißende Schaueinlage ab, in der sie ihre Mutter mit extra für den Anlass angefertigten Medaillen schmückten und ihr Titel wie *Beste Mama der Welt, Fürsorglichste Mama der Welt, Bestaussehende Mama der Welt und Kreativste Mama der Welt* verliehen. Jeder Medaille ging ein ausführlicher Bericht irgendeines belanglosen Erlebnisses aus der Kindheit voraus. Trotzdem kränkte sie das Schauspiel. Keiner ihrer Brüder hatte sie in Kenntnis gesetzt, dass sie diese Show zum Geburtstagsfest der Mutter planten. Keiner hatte sie gefragt, ob sie sich beteiligen wollte.

In ihrer Tasche vibrierte das Handy.

Hallo, ich breche gerade von Clea auf. Die Party war nett, es gab Pizza. Ich habe deinen Rock an und ein Shirt und bin vollkommen overdressed. Details zur Unterwäsche gebe ich nicht per WhatsApp, meine Anwältin hat mir davon abgeraten. Aber du kannst sie gerne auf anderem Wege herausfinden ...

Hanna schmunzelte. Dass Josy in ihrem Designerrock zur Housewarming-Party einer Gleichaltrigen ging und erst dort überrascht feststellte, unpassend gekleidet zu sein, war typisch. Neu dagegen war die Prise Humor.

Schick mir bloß kein Foto. So gern ich es hätte, die Vorstellung, dass du dich bei Clea ausziehst, um ein schlüpfriges Selfie zu schießen, behagt mir nicht.

Ich glaube, damit wäre meine Anwältin noch weniger einverstanden als mit diesem Chatverlauf, antwortete Josy, und tatsächlich lag sie damit richtig. Hanna hatte das Gefühl, sich auf dünnem Eis zu bewegen. Wenn irgendwer an Josys Handy geriet, diese eindeutig zweideutigen Nachrichten sah und Rückschlüsse auf sie zog ... Sie stellte sich die Gesichter von Kofranek und Lutz vor, und ein kalter Schauder lief ihr über den Rücken.

Wieder vibrierte das Handy.

Wann sehen wir uns?

Es war das erste Mal, dass die Initiative von Josy ausging. Bisher hatte sie es Hanna überlassen, Termine für ein Wiedersehen festzusetzen, und jeden Vorschlag abgenickt.

Heute, tippten Hannas Finger wie von selbst, weil sie Josy plötzlich vermisste wie nie zuvor und sich bereits vorstellte, ihr Slip und BH abzustreifen. So verheißungsvoll der Anblick von Josy in reizvoller Spitzenunterwäsche auch sein mochte, es ging nichts über deren nackte, seidig weiche Haut.

Ist die Geburtstagsfeier deiner Mutter schon zu Ende?

Hanna antwortete:

So gut wie.

Während die Geburtstagsgesellschaft gerade unter Begleitung

des für den Tag engagierten Klavierspielers lautstark zum *Happy Birthday* ansetzte, stahl sich Hanna davon. Sie war sich sicher, dass ihre Abwesenheit erst dann auffallen würde, wenn sich alle anderen Gäste verabschiedet hatten und nur noch die Familie zurückblieb – wenn überhaupt.

*

Als ihr Mandant gegangen war, öffnete Hanna das Fenster ihres Büros. Kühle Herbstluft drang herein und mischte sich mit Stefan Werders aufdringlichem Rasierwassergeruch.

In ihrer gesamten bisherigen Laufbahn war Hanna noch nie einem Menschen begegnet, der so von sich eingenommen war. Der sich für so unwiderstehlich hielt, dass er davon ausging, dass keine Frau Nein zu ihm sagte. Und wenn dies doch geschah – Hanna ging fest davon aus, dass Janka Marić und Lisa-Marie Buchholz nur die Spitze des Eisbergs darstellten –, leugnete er alles und verunglimpfte die betroffenen Frauen.

Ohne mit Lisa-Marie Buchholz gesprochen zu haben, ging Hanna davon aus, dass die kecke und noch dazu lesbische Frau nicht das geringste Bedürfnis nach Sex mit Werder gehabt hatte.

Niemals würde Werder mit seiner Darstellung durchkommen. Hanna hatte versucht, ihm klarzumachen, dass seine Chancen diesmal schlecht standen, als glaubwürdig erachtet zu werden, und ihm dazu geraten, das Ganze als, auf gut Österreichisch gesprochen, *b'soffnes Gschichtl* darzustellen. Er habe etwas über den Durst getrunken, Lisas Signale fehlgedeutet und sich deshalb kurzzeitig vergessen. Es tue ihm von Herzen leid, er schäme sich dafür, blablabla. Doch Werder beharrte darauf, dass Lisa-Marie Buchholz eine Lügnerin war.

Die Kälte im Raum ließ Hanna nun schlottern. Sie schloss das Fenster.

Immerhin sah sie jetzt klar. Sie würde diesen Fall an einen Kollegen abgeben. Außer den drei Partnern gab es in dieser Kanzlei noch zehn andere Anwälte. Drei davon waren spezialisiert auf Strafrecht. Vielleicht würde Kofranek Werders Verteidigung ja auch selbst übernehmen wollen.

Für sie widersprach die Verteidigung dieses Menschen ihrer persönlichen und moralischen Verantwortung.

Genau das sagte sie Kofranek, als sie eine Stunde später Audienz bei ihm bekam. Seine Stirn legte sich in Falten, und Hanna spürte, dass sie gerade in seiner Achtung sank.

»Stefan Werder ist mein Patensohn«, sagte er dann langsam und sprach jedes Wort überdeutlich aus. »Ich habe ihm die beste Anwältin meiner Kanzlei versprochen. Doch ich habe mich anscheinend in Ihnen getäuscht. Als beste Anwältin hätten Sie Professionalität und Loyalität bewiesen, anstatt sich auf die Seite einer durchgedrehten Göre zu stellen.«

Hanna verließ das Büro in dem Bewusstsein, ihrer Karriere gerade selbst Steine in den Weg gelegt zu haben. Sie fühlte sich zerrissen. Einerseits wollte sie bei Kofranek und Lutz nicht in Ungnade fallen. Andererseits: Was musste es mit einem Menschen machen, der – wie Lisa-Marie – an das Gute und Wahre glaubte und vor Gericht als Lügnerin statt als Opfer dargestellt wurde? – Selbst wenn Werder den Fall durch ihre Hilfe gewann, würde es sich dennoch wie eine Niederlage anfühlen.

Sie solle noch einmal darüber schlafen, hatte ihr Kofranek mit auf den Weg gegeben.

Die Melodie ihres Handys riss sie aus ihrem Gedankenkarussell. Katjas Name erschien auf dem Display. Hanna nahm den Anruf an, froh über die unverhoffte Ablenkung.

»Herzlichen Glückwunsch!«, schallte Katjas Stimme durch den Hörer. »Freut mich total für dich!«

»Äh ... was denn?« Hanna hatte das Gefühl, auf der Leitung zu stehen.

»Na, das mit dir und Ronny! Eure Verlobung!«

Vor Schreck fiel Hanna beinahe ihr Smartphone aus der Hand, während Katja beschwingt weiterredete: »Jetzt sind wir endlich alle drei in festen Händen: Judith war die Erste, dann ich, und nun du! – Warum hast du es mir denn nicht gleich erzählt? Wann genau hat er dir den Antrag gemacht? Und wie? – Erzähl, erzähl, ich platze fast vor Neugierde!«

Hanna versuchte in aller Eile, ihre Gedanken zu sortieren. Irgendwie musste das Gerücht aus der Villa ihrer Eltern heraus den Weg in die Welt gefunden haben.

»Woher weißt du es denn?«, fragte sie, bemüht, ihre Stimme einigermaßen gelassen klingen zu lassen, während sich ihr Magen bereits verknotete.

»Na, aus der Zeitung! Eure Anzeige heute in DIE PRESSE!« Katja klang so verblüfft wie Hanna sich fühlte. »Echt eine nette Idee, eure Verlobung auf diese Weise bekanntzugeben! Und ihr seht wirklich süß aus auf diesem Foto!«

Kälte fraß sich durch Hannas Körper. Eine Anzeige. Um Himmels willen! Nun wusste es also ganz Wien. Sie dachte an die glänzenden Augen ihrer Mutter. Es fiel ihr nicht schwer, den Schluss zu ziehen, wer für diese Anzeige verantwortlich war.

»Tut mir leid, ich kann gerade nicht telefonieren, ich muss in ein Meeting«, fertigte sie Katja knapp ab. »Ich melde mich später.«

Schadensbegrenzung, dachte sie, als sie das Handy beiseitelegte. Zunächst einmal musste sie die Anzeige mit eigenen Augen sehen. In der nächsten Trafik kaufte sie sich die PRESSE und breitete sie auf ihrem Schreibtisch aus. Sie fand die Anzeige recht schnell. Eine Viertelseite groß, mit einem Foto von ihr und Ronny, aufgenommen bei einem Charity-Event.

Wir, Architekt Georg Erlacher und Ehefrau Regina, geben freudig die Verlobung unserer Tochter Hanna Elisabeth und Ronald Siegfried Johannes Germeten-Gingen bekannt. Wir wünschen dem jungen Paar alles Gute!

*

»Das ist doch eine super Nachricht! Klar nimmst du an – was gibt's da zu überlegen?«

Clea strahlte Josefina über ihren Nudelteller hinweg fröhlich und erwartungsvoll zugleich an. Josefina konnte nachvollziehen, dass die Freundin ihre Bedenken bezüglich der angebotenen Beförderung nicht verstehen konnte. Clea kannte sie nicht gut genug, um zu wissen, dass ihr Herz bei dem bloßen Gedanken, künftig an der Rezeption Kunden zu empfangen und Anrufe entgegenzunehmen, nervös zu flattern begann.

In der Gastronomie war anfangs jeder Tag ein Spießrutenlauf gewesen. Irgendwann war eine gewisse Routine eingekehrt, aber erst ihre Tätigkeit im Archiv hatte sie wirklich zur Ruhe kommen lassen. Und jetzt sagte ihr Jörg Lindner, dass das Archiv ordentlich genug war und sie deshalb an die Rezeption wechseln solle! Er wolle sie als zuverlässige und sorgsame Mitarbeiterin nicht verlieren, waren seine Worte gewesen. Tanja, die bisherige Rezeptionistin, ginge ja demnächst in Mutterschutz.

»Ich weiß nicht, ob ich das schaffe.« Sie legte das Sandwich, von dem sie nur zweimal abgebissen hatte, zurück in die Plastikbox. Gewöhnlich war um die Mittagszeit in der Teeküche der Firma viel los. Doch aufgrund ihres Gesprächs mit Lindner war Josefina später dran als sonst, und so saß sie diesmal allein am Tisch mit Clea, die mit dem Essen auf sie gewartet hatte.

»Du meinst, ob du einen Vierzig-Stunden-Job schaffst? – Klar, ist halt Vollzeit und schon anstrengend. Aber du wolltest doch ohnehin mehr arbeiten.«

Josefina unterdrückte ein Seufzen. Sie wollte die liebgewonnene Unbeschwertheit zwischen ihnen nicht zerstören, indem sie ihre Startschwierigkeiten ins Leben thematisierte. Also sagte sie: »Ich muss trotzdem erst darüber nachdenken. Ich weiß eigentlich noch gar nicht, was ich vom Leben will. Langfristig, meine ich.

Steuern und Zahlen waren eigentlich nie mein Ding. – Willst du das denn bis zum Pensionsantritt machen?«

Clea zuckte mit den Schultern. »Für mich ist es einfach ein Job, der mich ernährt. Ich mag die Firma, aber ob ich Assistentin in einem Pharmakonzern, einer Bank oder einer Steuerkanzlei bin, ist mir ziemlich egal. Ich will keine Karriere machen. Ich will nur glücklich sein, verstehst du?«

Josefina verstand das sehr gut. Eigentlich war das auch ihr Ziel: glücklich zu sein. Einen Anker im Leben zu finden. Wissen, wohin sie gehörte. Im Gegensatz zu Clea glaubte sie jedoch, dass ein erfüllter Job Bestandteil von Lebensglück war.

»Ich glaube, ich muss einfach noch etwas darüber nachdenken«, sagte sie. »Lindner hat gesagt, wenn ich ihm nächste Woche Bescheid gebe, reicht das.«

»Irgendwie hast du ja quasi keine Wahl«, gab Clea zu bedenken. »Wenn du die Stelle nicht annimmst, musst du dir woanders etwas Neues suchen.«

Damit hatte sie zweifelsohne recht – was bedeutete, dass sie schon wieder bei Null anfangen musste. Josefina fühlte sich angesichts dieser Vorstellung ganz elend.

»Jetzt mach dir erst mal keinen Stress deshalb.« Clea schien ihr Stimmungstief zu bemerken. »Du hast ja noch Zeit, dir die Sache zu überlegen. – Was hältst du davon, wenn du heute Abend mit mir und Manuela ins Kino gehst? Es gibt da so einen Liebesklamauk mit Elyas M'Barek, den wir uns reinziehen wollen!«

Ja, hätte Josefina am liebsten gesagt. Die Idee, ihr ständig arbeitendes Hirn mit irgendeiner seichten Berieselung lahmzulegen, klang verlockend. Außerdem mochte sie Manuela, die sie auf Cleas Housewarming-Party zum ersten Mal getroffen hatte. Sie war ein ganz ähnlicher Typ wie Clea: lebhaft, unbefangen, humorvoll. Clea hatte Manuela vor Kurzem in einem Yoga-Kurs kennengelernt. Ihr Freundeskreis in Wien wuchs stetig, und Josefina beneidete sie um die Fähigkeit, so schnell neue Bekanntschaften zu schließen.

Sie schüttelte jedoch den Kopf. »Ich bin mit meiner Freundin verabredet.«

»Hach ja. Um deine Beziehung beneide ich dich wirklich. Es ist so schön, jemanden zu haben, auf den man sich verlassen kann. Einen Menschen, für den man das Wichtigste auf der Welt ist! – Ganz abgesehen vom Sex.« Clea grinste.

*

»Josy …!«

Hanna starrte sie aus glasigen Augen an, als Josefina einige Stunden später auf deren Türschwelle stand. Ihr Haar war zerzaust, ihr Make-up verwischt. Sie trug Leggins und einen Schlabberpulli, den Josefina noch nie an ihr gesehen hatte. Dass sie ihre Verabredung vollkommen vergessen hatte, lag auf der Hand.

»Tut mir leid …«, setzte Josefina an, ohne sich von der Stelle zu rühren, brach dann aber ab. Was tat ihr eigentlich leid? Dass sie pünktlich zum verabredeten Zeitpunkt am verabredeten Ort erschien?

Auf einmal hatte sie es satt, sich permanent zu entschuldigen – ein Automatismus, den sie sich in frühester Kindheit angewöhnt hatte, um ihre Mutter zu besänftigen. Gebracht hatte es damals wenig, und auch heute halfen ihre ständigen Entschuldigungen kaum weiter.

»Hast du etwa geschlafen?«, fragte sie, weil Hanna ganz danach aussah, als wäre sie gerade erst aus dem Bett gekrabbelt – an einem Werktag um halb acht Uhr abends im Grunde undenkbar.

»Ja … ich …« Hanna fuhr sich durchs Haar. »Ich hatte einen anstrengenden Tag. Ich kam heim, habe mich kurz aufs Sofa gelegt und … tja, weg war ich. Sorry, ich hätte dir absagen sollen!«

Das war nicht das, was Josefina hören wollte – nicht gerade heute, wo sie doch vorgehabt hatte, Hanna von der Rezeptions-

147

stelle zu berichten. Außerdem wollte sie sich gerade dann, wenn Hanna erschöpft war, um sie kümmern und für sie da sein – so wie Hanna für sie da war.

Noch immer füllte Hanna den Türrahmen.

»Darf ich … reinkommen?«, fragte Josefina zögerlich, was sie einerseits eine ganze Portion Mut kostete, ihr andererseits auch wieder lächerlich vorkam. Sie schliefen seit vier Monaten miteinander, um Himmels willen! Warum mussten manche Treffen zwischen ihnen so schrecklich formell ablaufen? – Selbst mit Clea, mit der sie nur befreundet war, herrschte ein lockerer Umgang!

»Oh … ja … sicher.«

Hanna ließ sie ihn die Wohnung.

»Darf ich dir was zu trinken anbieten? Wein, Wasser, Saft?«

»Nein, ich kann es mir auch selbst holen.«

Das Gefühl, in dieser Wohnung nur zu Gast zu sein, störte Josefina mehr denn je.

Hanna ließ sich im Wohnzimmer aufs Sofa fallen.

»Tut mir leid«, sagte sie. »Ich bin heute einfach schlapp.«

Josefina ließ sich neben ihr nieder. »Was ist denn passiert?«

»Ach, nichts Besonderes.« Hanna bedachte sie mit einem Lächeln, das die Augen nicht erreichten. »Viel Arbeit, Stress mit der Familie … das Übliche. Wie gesagt, ich hätte dir Bescheid geben sollen, dass ich heute für nichts zu gebrauchen bin.«

Damit meinte sie wohl Sex.

Hanna sah blass und wirklich müde aus, aber auch so, als bedrückte sie etwas.

»Hast du schon was gegessen?«, erkundigte Josefina sich vorsichtig.

»Nein, ich habe überhaupt keinen Hunger. Ich will diesen unseligen Tag einfach nur vergessen.«

Noch mal nachzufragen, was wirklich los war, wäre wohl zwecklos. Josefina wählte daher eine andere Strategie.

»Irgendetwas musst du essen, sonst wirst du dich auch morgen noch schlapp fühlen. – Ich mache uns etwas, okay?«

Der erwartete Widerspruch blieb aus. Also ging sie in Küche und bereitete aus dem, was sie im Kühlschrank fand, einen Salat zu. Als sie eine halbe Stunde später zurück ins Wohnzimmer kam, hatte Hanna ihr Handy am Ohr.

»Ich erkläre dir das demnächst in Ruhe, Judith«, hörte Josefina sie sagen. »Das ist alles kompliziert ... und ich habe gerade Besuch.« Sie verabschiedete sich und legte das Telefon zur Seite.

»Wahnsinn, das sieht ja toll aus!«, sagte Hanna mit einem Blick auf die bunte Salatschüssel. »Sind das Hühnerstreifen?«

Die Anerkennung tat Josefina gut. Erleichtert nahm sie zur Kenntnis, dass sich Hanna etwas frischer anhörte.

»Das ist der Tofu, der noch im Kühlschrank lag. Von einem Huhn habe ich nichts gesehen.«

»Eben. Ich auch nicht.« Hanna grinste. Dann bekam ihre Mimik einen ernsteren Zug. »Danke, Liebes«, sagte sie leise und drückte ihr einen sanften Kuss auf die Wange.

Liebes. Der ungewohnte Kosename erreichte Josefinas Herz, brachte es zum Schmelzen und machte sie gleichzeitig verlegen.

»Gerne.« Sie begann, den Salat in zwei Schüsseln zu verteilen. »Hoffentlich habe ich nicht zu viel Essig ins Dressing gekippt oder beim Waschen der Salatblätter irgendeine Schnecke übersehen.«

»Und wenn schon.« Hanna nahm ihr eine der Schüsseln ab. »Allein der Wille zählt.«

Während sie den Salat aßen, unterhielten sie sich über dies und das – wie es bei *Games of Thrones* wohl weiterginge, über den ständigen Ausfall einer U-Bahn-Linie und über Hannas Zimmerpalme, die immer mehr braune Blätter bekam.

»Ich glaube, sie steht zu nahe an der Heizung«, vermutete Josefina, während sie überlegte, ob und wie sie das Jobangebot ansprechen sollte. Sie brauchte Hannas Rat, wollte aber nicht riskieren, dass diese sie wieder zu einem Lehrgang oder einer Ausbildung als Alternative zum Vollzeitjob drängte.

»Ich heize noch nicht einmal; das kann also nicht sein.«

»Dann schneide sie ab. – Gertrud hatte das mal. Als sie die kaputten Blätter abgeschnitten hatte, trieb die Palme neu aus.«

»Du meinst, ich soll sie einen Kopf kürzer machen?«

Sie lachten. Dann erklang die Melodie von Hannas Handy – ein paar Takte aus einem Stück von Bach. Fuge, so nannte man die Tonfolgen, hatte Hanna mal erklärt.

Hanna sah auf das Display. Dann drückte sie den Anruf weg.

»Am liebsten würde ich nicht die Palme einen Kopf kürzer machen, sondern jemand anderen.«

»Wen denn?«, hakte Josefina nach.

»Unwichtig«, erwiderte Hanna mit einer wegwerfenden Handbewegung. »Es gibt einfach Leute, die Grenzen überschreiten, das ist alles.«

Eine Weile saßen sie schweigend nebeneinander.

Als Josefina gerade aufstehen wollte, um das Geschirr in die Küche zu tragen, sagte Hanna unvermittelt: »Ich soll einen Typen verteidigen, der eine Achtzehnjährige begrapscht hat, und ich will es nicht … will es nicht auf diese Weise, wie es sich einer meiner Chefs vorstellt. Er ist daher sauer auf mich, und ich frage mich nun, was ich tun soll.«

Es war das erste Mal, dass Hanna irgendetwas von ihrer Arbeit berichtete, und es kam so unerwartet, dass Josefina im ersten Moment die Worte fehlten. Erwartete Hanna etwa ihren Rat? Was sollte sie ihr empfehlen?

»Was genau hat er denn gemacht?«, fragte sie nach.

»Ihr an den Busen gefasst und versucht, sie gegen ihren Willen zu küssen.«

Josefina verzog das Gesicht. »Das ist widerlich.«

»Ja, ist es. Er ist ein widerlicher Typ – und ein Lügner.«

Und dann sprudelten die Sätze nur so aus Hanna heraus. Sie erzählte davon, dass sie den Mann schon einmal vertreten hatte, bezeichnete ihre eigene Rolle dabei schonungslos als *unrühmlich*, nannte sogar Vornamen der betroffenen Personen. Als sie geendet hatte, sah sie Josefina ernst an.

»Du weißt, dass das unter uns bleiben muss, richtig? – Kein Wort zu Clea oder irgendjemandem sonst!«

Josefina nickte benommen. Zu mehr war sie nicht in der Lage, denn die geschilderten Übergriffigkeiten ließen ihre Erinnerung an Kurt aufleben.

»Ich kann diesen Fall nur verlieren«, fuhr Hanna nun fort. »Entweder ich verliere vor Gericht oder ich schaffe es, ihn trotz seiner durchschaubaren Lügen freizubekommen, und muss damit leben, dass ich einem notorischen Triebtäter quasi zum zweiten Mal einen Freibrief ausgestellt habe. Beides behagt mir nicht!«

Josefina konnte das nachvollziehen. Gleichzeitig waren ihre Gedanken noch bei Kurt und seinem Arm verhaftet, der ihre Taille umfasste wie ein Schraubstock.

»Glaubst du, er wird irgendwann auch vor Vergewaltigung nicht zurückschrecken?«, fragte sie schließlich.

Hanna nickte.

»Inzwischen bin ich der Meinung, dass jeder Freispruch ihn dazu ermutigt, bei der nächsten Gelegenheit noch einen Schritt weiterzugehen.«

»Vielleicht hat er schon mal eine Frau vergewaltigt und die ist nur nicht zur Polizei gegangen«, warf Josefina ein. »Nicht jede hat den Mut dazu …«

»Das kann durchaus sein, ja.«

Sie konnte an Hannas starren Gesichtszügen sehen, wie sehr dieser Gedanke sie abstieß.

»Glaubst du, er vergreift sich auch an Kindern?«, sprach sie plötzlich aus, was ihr in den Sinn kam. Der Gedanke, dass Kurt vielleicht auch einmal freigesprochen worden war und das als Freibrief für sein Tun gesehen hatte, ließ sie schaudern.

»Ich denke, das ist eine andere Liga«, erwiderte Hanna. »Das sind Pädophile. Mein Mandant ist keiner.«

»Oder es sind Männer, die Gelegenheiten ergreifen«, warf Josefina ein. »Ein Kind wehrt sich in der Regel nicht. Anders als diese Frauen, um die es bei deinem Fall geht.«

Hanna nahm einen Schluck aus ihrem Wasserglas. Sie wirkte nachdenklich.

»Ich bin keine Expertin in Sexualdelikten«, sagte sie dann. »Aber ich glaube dennoch, dass Pädophile und diese Sorte Mann, zu der mein Mandant gehört, unterschiedliche Schubladen sind.«

»Übel sind beide.«

»In der Tat.«

»I...i...ich kannte mal einen«, begann Josefina leise, weil die Erinnerungen an Kurts heißen Atem auf ihrer Wange und sein lustvolles Stöhnen an ihrem Ohr übermächtig zu werden drohten. »Der hat sich einen runtergeholt, während ein kleines Mädchen auf seinem Schoss sitzen musste. Während er das tat, keuchte er immer: ›Du bist ein böses, böses Mädchen.‹ Als hätte das Mädchen Schuld an dem, was er da macht.«

Hanna sah sie an, und obwohl Josefina nun erwachsen war und sehr wohl wusste, dass nichts davon ihre Schuld gewesen war, fühlte sie die Hitze auf ihren Wangen. Verlegen senkte sie den Kopf.

»Wie alt warst du?« Hannas Stimme hörte sich fremd an.

»Sieben oder acht. Es ist lange her.«

»Warum hast du mir das nie zuvor erzählt?«

Josefina las in Hannas Augen blanke Bestürzung.

»Du hast gesagt, es interessiert dich nicht, was mir passiert ist.«

»Wann soll ich das gesagt haben, um Himmels willen?«

»In deinem Schlafzimmer. Bevor wir das erste Mal miteinander geschlafen haben.«

Hannas Gesichtszüge entglitten. Augenscheinlich kehrte die Erinnerung an jene Nacht zurück – und sie schämte sich jetzt dafür. Dennoch kam die innige Umarmung, in die Hanna sie nun zog, vollkommen unerwartet. Gewöhnlich gab es nur während des Sex körperliche Nähe. Diesmal war es anders. Das spürte sie sofort, als sich Hannas Arme um sie legten und sie deren Lippen sanft auf ihrer Wange spürte.

»Das tut mir so leid«, hörte sie Hanna mit heiserer Stimme sagen. »Natürlich interessiert es mich. – Hat er …?«

»Er hat sich nur einen runtergeholt.« Josefina hatte beinahe das Gefühl, Hanna trösten zu müssen. Sie schien völlig aufgelöst. »Es war eklig, aber es ist lange her.«

Hanna hielt sie immer noch fest, und sosehr Josefina das plötzliche Interesse auch schätzte, sosehr irritierte diese Umarmung sie. Sie hatte etwas Verzweifeltes an sich, fast so, als bräuchte Hanna in dieser Minute mehr denn je irgendjemanden zum Festhalten. Der Fall mit dem Mandanten schien sie wirklich völlig aus der Bahn zu werfen.

Oder steckte mehr dahinter?

Auf jeden Fall war dieser Tag gänzlich ungeeignet, um ihre Aussicht auf einen Vollzeitjob zu besprechen. Hanna hatte selbst zu viel um die Ohren.

Sie strich Hanna über ihr Haar, dann über die Schultern und die Wange. Als sie die Feuchtigkeit unter ihren Fingern spürte, hielt sie inne. Es dauerte ein paar Sekunden, bis sie begriff, dass Hanna leise weinte.

Oh nein! Was hatte sie ihr auch von dieser alten Geschichte mit Kurt erzählen müssen!

»Hanna, bitte … es ist längst vorbei«, flüsterte sie in stillem Entsetzen darüber, dass ausgerechnet Hanna – ihre Hanna, die immer alles im Griff hatte! – so verzweifelt war. »Alles ist gut.«

»Nichts ist gut.« Hanna gab sich jetzt keine Mühe mehr, ihre Tränen zu verbergen. »Und nichts ist vorbei. Es fängt gerade erst an, so richtig schrecklich zu werden.«

Josefina verstand gar nichts mehr. Wenn dieser Fall ihr derartig im Magen lag, dann sollte sie ihn doch einfach abgeben!

Der Schmerz, den Hanna gerade empfand, ließ ihr Herz bluten. Sie wollte nicht, dass Hanna so verzweifelt weinte! Worte, die längst in ihrer Kehle warteten, lösten sich aus ihren Ketten und drängten an die Oberfläche, ehe ihr Verstand sie daran hindern konnte.

»Ich liebe dich.«

Bruchteile von Sekunden verstrichen. Dann wurde Hanna ganz steif in ihren Armen, und ihre Tränen versiegten. Als sie die Umarmung langsam löste, war Josefina innerlich bereits kalt.

Sie hatte einen Fehler gemacht. Hanna wollte so etwas nicht hören. Das hatte sie doch gespürt!

Hanna erhob sich von der Couch.

»Ich brauche ein Taschentuch«, sagte sie – und verschwand im Badezimmer.

Eine Weile blieb Josefina auf dem Sofa sitzen. Der Schock steckte ihr in den Gliedern. Natürlich liebte sie Hanna. Aber sie hätte es niemals aussprechen dürfen.

Was jetzt? Sollte sie es zurücknehmen? Sich entschuldigen?

Nein, entschied sie. Es gab nichts zu entschuldigen.

Sie räumte das Geschirr in die Küche und auch gleich in die Spülmaschine. Sie war so angespannt, dass ihr eigener Herzschlag schon fast schmerzte. Wollte Hanna grundsätzlich nichts von Liebe hören, oder war es nach vier Monaten zu früh, um die drei Worte zu sagen?

Hanna musste doch gewusst haben, dass sie tiefe Gefühle für sie hatte – warum sonst würde sie sie noch immer treffen und mit ihr schlafen?

Als sie zurück ins Wohnzimmer kam, saß Hanna wieder auf dem Sofa, die Hände auf den Oberschenkeln. Ihr Lächeln wirkte seltsam verkrampft.

»Lust auf ein paar Folgen *Game of Thrones*?«, fragte sie. »Etwas Ablenkung tut uns beiden sicher ganz gut.«

Ablenkung wovon, ging es Josefina durch den Kopf. Dass ich dich liebe?

»Okay.« Sie wollte keinen weiteren Schlag einstecken müssen. Besser, sie überspielte den Gefühlssturm, der in ihrem Inneren tobte.

In einigem Abstand ließ sie sich wieder auf dem Sofa nieder, während Hanna nach der Fernbedienung griff.

Der Vorspann war bereits angelaufen, als Hanna die Serienfolge plötzlich einfrieren ließ.

»Josy.« Ihre Finger schlossen sich um Josefinas Hand. »Komm zu mir.«

Josefina rückte auf und schloss die Lücke zwischen ihnen. Hannas Körper war warm und weich. Ihre Anspannung ließ sofort nach, als sie Hannas Hand auf ihrem Bauch spürte.

Die Episode begann. Josefina versuchte, sich darauf zu konzentrieren, doch der verhängnisvolle Drei-Worte-Satz schien noch immer verloren im Raum zu kreisen. Hanna hatte sie noch enger zu sich gezogen. Ihre Hand streichelte nun über Josefinas Arm. Sie hatte den Blick zum Bildschirm gerichtet, aber ihre Augen wirkten so leer, dass Josefina intuitiv wusste: Hanna bekam von dieser Folge ebenfalls nichts mit.

Dann schrillte die Türglocke. Sie zuckten beide zusammen und schauten automatisch zur Türe, als würde der unerwartete Besucher gleich durch das Holz brechen.

»Erwartest du Besuch?« Josefina wusste selbst nicht, weshalb sie flüsterte.

»Nein.« Auch Hanna sprach leise. Sie machte keine Anstalten, sich zu erheben.

Dann schrillte die Türglocke nochmals. Einmal, zweimal.

»Wer es auch ist – er oder sie steht direkt vor der Tür«, flüstere Josefina. »Deine Haustür unten schließt derzeit nicht. Ich bin auch gleich reingekommen.«

Die Glocke schrillte ein drittes Mal. Diesmal durchdringend und lang. Kurz danach erklang eine Männerstimme.

»Hanna? – Mach auf. Ich weiß, dass du da bist.«

Josefina kannte die Stimme. Sie gehörte zu Ronny, Hannas bestem Freund, und klang nicht allzu freundlich.

Hanna war blass, als sie schließlich aufstand und durch den Flur zur Türe ging.

*

»Schön, dass du dich doch noch durchringen konntest, die Tür zu öffnen.«

Hanna hatte Ronny bisher nur wenige Male von seiner unfreundlichen Seite erlebt. Dass er ihr diesmal ohne charmantes Lächeln gegenübertreten würde, hatte sie geahnt.

»Hör zu. Ich kann es erklären –«

»Ja. Ich bitte darum. Allerdings nicht im Stiegenhaus, wo uns alle hören können.«

Sie dachte an die neugierige Lehrerin, die ein Stockwerk unter ihr wohnte, und den Stadtrat von gegenüber. Widerwillig ließ sie Ronny in den Flur treten, wobei sie vorsichtig in Richtung Wohnzimmer schielte. Josy hatte den Fernseher leiser gedreht; die Tür stand halb offen. Hanna hätte sie gern geschlossen, wollte jedoch nicht Ronnys Aufmerksamkeit darauf lenken.

»Ich dachte, du bist noch in Paris?«, platzte es aus ihr heraus, während Ronny seinen Mantel ablegte. Anscheinend hatte er nicht vor, so schnell wieder zu verschwinden.

»Ist das alles, was dir dazu einfällt?« Er sah sie unverwandt an. »Wenn du es genau wissen willst: Bis heute früh, sieben Uhr, war ich noch in Paris. Aber dann schlage ich die frisch gelieferte Presse auf und verschlucke mich beinahe am Frühstückskaffee! – Sag mal, tickst du noch richtig?«

»Das waren meine Eltern!«, verteidigte sie sich. »Genauer gesagt, meine Mutter! Sie hat da etwas missverstanden.«

»Was gibt es daran misszuverstehen? – Genau diese Verlobung wolltest du mir vor ein paar Wochen im *Gin & More* schmackhaft machen!«

»Das ist Monate her!«, hielt sie ihm entgegen, während in ihr die Verzweiflung wuchs. Sie hatte schon ein schreckliches Gespräch in dieser Causa hinter sich, und zwar als sie ihren Eltern gegenüber versucht hatte, zu erklären, dass sie übers Ziel hinausgeschossen waren. »Du hast Nein gesagt, und ich habe es akzeptiert.«

»Warum redest du mit deinen Eltern überhaupt darüber, dass du mit mir zusammen bist? – Das ist doch absurd!«

»Hey, hallo?!« Hanna schüttelte fassungslos den Kopf. »Es gehen eben alle davon aus! Es war für uns beide von Vorteil, überall als Paar aufzukreuzen. – Deine Eltern denken doch auch, dass wir ein Paar sind, oder etwa nicht?«

»Es war eine Zeit lang witzig und praktisch, ja. Aber falls es dir nicht aufgefallen ist: Ich habe mich unseren gemeinsamen Auftritten schon seit einiger Zeit entzogen. Und lass bitte meine Eltern aus dem Spiel. Sie sind noch auf Kreuzfahrt, und es widerstrebt mir, sie während ihres Urlaubs über diese Misere zu informieren. Aber mir bleibt wohl nichts anderes übrig.«

Sie verdrehte die Augen. Allmählich wurde er melodramatisch.

»Jetzt tu doch nicht so, als wäre unsere Verlobung ein Weltuntergang für deine Eltern! Bisher hatte ich den Eindruck, sie wären mit mir als Schwiegertochter mehr als nur einverstanden.«

»Hör auf. Hör bitte auf!« Ronny hatte seine Stimme erhoben. »Du willst es einfach nicht kapieren, oder? – Ich will und werde weder meine Eltern noch mein gesamtes Umfeld belügen, nur weil *dir* die Konsequenzen so einer Fake-Verlobung vollkommen egal sind!«

Nun musste sie doch lachen. Es hätte amüsiert klingen sollen, hörte sich aber bitter an.

»Entschuldige bitte. *Du* belügst deine Familie genauso wie ich. Oder willst du mir etwa erzählen, dass du dich geoutet hast?«

»Bitte, was?«

Ronny sah sie an, als hätte sie den Verstand verloren.

»Hast du deinen Eltern etwa gebeichtet, dass du auf Männer stehst?« Nun war es ausgesprochen. Er hatte keine Lust mehr auf Lügen? – Gut. Sie hatte keine Lust mehr auf dieses *Don't ask, don't tell*-Spielchen. Er war ihr bester Freund, und eigentlich sollten sie sich längst offen über ihre Affären und Liebschaften unterhalten können.

Dann begann Ronny zu lachen – so sehr, dass er sich dabei krümmte. Immer dann, wenn sein Lachen fast verebbte, sah er sie an, öffnete den Mund, als wollte er etwas sagen – und brach erneut in Gelächter aus.

»Hör auf!«, fuhr sie ihn irgendwann an. »Das ist kindisch!«

»Allerdings.« Er richtete sich auf, wischte sich über die Augen und sagte dann ernst: »Ich bin nicht schwul.«

»Natürlich nicht.« Ihre Stimme triefte vor Ironie. »Du hast nur seit Jahren keine Freundin, sondern einen Freund namens Flo in Paris. Aber nein, du bist nicht schwul. Überhaupt nicht.«

»Du bist so blöd.« Er schüttelte den Kopf. »Schon mal auf die Idee gekommen, dass Flo auch ein Frauenname sein könnte?«

Mit einem verächtlichen Schnauben ließ sie ihn wissen, was sie von seiner Ausrede hielt. »Könnte. Konjunktiv«, bemerkte sie spitz. »Wenn es denn eine Frau ist, verstehe ich das Problem nicht. Du hättest sie mir längst vorstellen können. Warum solltest du so ein Geheimnis um sie machen?«

»Ach, Hanna.« Auf einmal wirkte er müde. »Es gibt viele Gründe, weshalb ich diese Partnerschaft nicht an die große Glocke hänge. Aber keiner ist eine Fake-Verlobung wert.«

»Und welche Gründe zum Beispiel? Dass er, sie oder was auch immer nicht vorzeigbar ist?«

Solange sie diese angebliche Freundin nicht vor sich sah, konnte sie auf seine Behauptungen nicht eingehen.

»Sie heißt Florentine, und sie ist durchaus vorzeigbar«, erwiderte er, während er in den Taschen seines Mantels nach etwas suchte. »Mit dieser Anzeige stößt du also nicht nur mich, meine Eltern und unser Umfeld vor den Kopf, sondern auch sie.«

Sie schnaubte erneut. »Wie oft soll ich es dir noch sagen: Die Anzeige ist nicht auf meinem Mist gewachsen!«

Sie verstummte, weil er ihr sein Handy unter die Nase hielt.

Eine blonde, attraktive Frau war auf dem Display zu sehen – mit einem Gesicht, das nicht nur von Falten durchzogen war, sondern ihr auch vage bekannt vorkam.

»Das ist Flo.«

Es dauerte, bis sie ihre Sprache wiederfand. Die Frau war mindestens fünfzig!

»Sie ist …«, setzte sie an, verstummte dann aber. »Woher kennt ihr euch?« Es fiel ihr weiterhin schwer, seinen Worten Glauben zu schenken.

»Wir haben uns im Rahmen meiner Arbeit kennengelernt.« Er ließ das Handy in seiner Manteltasche verschwinden.

»Wie lange ist das her?«

»Wir sind seit drei Jahren zusammen.«

Wumms. Die Antwort saß.

Die Arme vor der Brust verschränkt, sagte sie: »Und in den drei Jahren bist du nicht auf die Idee gekommen, sie ein Mal zu erwähnen?«

»Ach, Hanna.« Er fuhr sich durch sein dunkles Haar. »Wie ich schon sagte, es gibt Gründe, weshalb wir diese Beziehung diskret führen. Es gibt nur sehr wenige Leute, die von uns wissen. Und mit dir ist es echt schwierig, vertrauliche Gespräche zu führen. Nicht, dass ich Angst hätte, dass du etwas öffentlich ausplauderst, aber die Unterhaltungen mit dir sind mittlerweile so oberflächlich, dass ich gar nicht in die Versuchung geraten bin, von ihr zu erzählen. Außer deiner Karriere und deinem gesellschaftlichen Standing gibt es nicht mehr viel, über das wir reden.«

Noch mal *wumms!* Diesmal trafen seine Worte sie wie ein Faustschlag in die Magengrube.

»Du versteckst sie also, weil sie alt ist«, holte sie zum Gegenschlag aus.

»Unsinn. Es gibt andere Gründe. Ich bin gern bereit, dir davon zu erzählen, aber da das ein längeres Gespräch wird, würde ich einen Wechsel auf deine Couch vorschlagen.«

Der versöhnliche Tonfall brachte sie aus dem Konzept. Dass er sich ihrem Wohnzimmer näherte, begriff sie erst, als er die Tür schon aufgestoßen hatte.

Wie angewurzelt blieb er auf der Türschwelle stehen. Auch Josy war anscheinend in eine Art Schockstarre verfallen. Die beiden starrten sich an.

»Ach«, sagte er. Langsam drehte er sich wieder zu Hanna um. »Du befriedigst deine Bedürfnisse und willst mir das als gute Tat verkaufen? Ernsthaft?«

Hannas spontanes Bedürfnis, ihm irgendeinen Gegenstand in sein höhnisch grinsendes Gesicht zu schleudern, scheiterte daran, dass sie nichts in greifbarer Nähe hatte.

»So ist das nicht«, sagte sie schließlich lahm. »Josy hat nichts mit unserem Deal zu tun.«

»Ja, sicher«, konterte er süffisant. »Und weil sie nichts damit zu tun hat, stehen alle Punkte auf deiner Gute-Taten-Liste, die du mir als Zwischenstand gegeben hast, mit ihr in Verbindung.« Er schnappte sich seinen Mantel. »Nichts für ungut, Hanna, aber du lügst dir in jedem Bereich deines Lebens selbst in die Tasche! Du drehst die Dinge so, wie sie für dich passen, und du siehst nur dich und deine Bedürfnisse. – Aber was diese Sache mit der Verlobung betrifft: Da geht es ausnahmsweise mal nicht nur um dich. Du verletzt damit andere. Mich. Florentine. Unsere Familien. Bring das in Ordnung!«

So sah er sie also: als herzlose Egoistin. Seit Jahren hielt sie ihn für ihren besten Freund. Nun stellte sich heraus, dass diese Zuneigung eine einseitige Angelegenheit gewesen war. Tapfer blinzelte sie die aufgekommenen Tränen weg. Vor ihm zu heulen war das Letzte, was sie wollte.

»Ich werde sagen, dass wir es uns anders überlegt haben, keine Sorge«, sagte sie mit belegter Stimme. »Dass wir uns getrennt haben.«

»Nein.« Er war schon bei der Tür. »Du wirst klarstellen, dass das ein Fake war. Dass wir nie zusammen waren. Mein Leben soll nicht auf *deinen* dummen Lügen aufgebaut werden – und ehrlich gesagt ist es höchste Zeit, dass du dein Leben aufräumst und dich aus deiner infantilen Abhängigkeit von deiner Familie löst!«

Die Tür fiel hinter ihm ins Schloss. Hanna starrte mit verschwommenem Blick auf das weiß lackierte Holz.

Oberflächlich. Schwierig, vertrauliche Gespräche zu führen. Du siehst nur deine Bedürfnisse. Dumme Lügen.

Die Stiche waren zahlreich. Sie blutete aus allen Wunden. Ihr Körper war ein einziger, brennender Schmerz.

»Hanna?« Josy berührte sie am Arm. »Was meint er mit all dem?«

Hanna fuhr sich mit der Hand über die Augen. Sie wollte nicht schon wieder vor ihr weinen.

»Es gab ein Missverständnis«, wiederholte sie ihre Worte von zuvor. »Meine Eltern dachten, er und ich seien verlobt. Ich werde das richtigstellen. Ende der Geschichte.«

Die Skepsis in Josys Augen blieb, was Hanna ärgerte. Sie hatte es so satt, sich rechtfertigen zu müssen: vor ihren Eltern, vor Ronny, und jetzt auch noch vor Josy, die dieses Gespräch gar nicht hätte mit anhören sollen!

»Du hast ihnen also nie gesagt, dass du lesbisch bist?«

Wie naiv konnte Josy eigentlich sein? – Hannas Ärger wuchs.

»Nein, natürlich nicht! Das würden sie niemals akzeptieren. Außerdem gibt es keinen Grund, meine Bettgeschichten auszuposaunen!«

Josy wich ein paar Schritte zurück.

»Und was ist das für eine Liste? Was habe ich mit einer guten Tat zu tun?«

Hanna fühlte sich in die Ecke gedrängt. Ärger, Wut und Verzweiflung schalteten alle anderen Gefühle und ihren Verstand aus.

»Ronny und ich haben … hatten eine Art Wette laufen«, erklärte sie barsch. »Wenn ich zwölf gute Taten innerhalb eines

Jahres vollbringe, darf ich zehn Jahre mietfrei in seiner Wohnung wohnen.«

»Und w…was hat das mit mir zu tun?«

Josys Stimme klang ganz dünn, was Hannas Gefühlsbrand zusätzlich Zündstoff gab. Sie hasste in diesem Moment diese devote Art, mit der sich Josy wieder und wieder bereitwillig in jede sich bietende Opferrolle fügte – als würde sie ihr absichtlich vor Augen führen wollen, was für ein verdorbener Mensch sie doch war! Josy war genau wie Ronny. Dachte wie er, dass sie egoistisch und selbstbezogen war!

Nun gut, dann sollte die Welt eben das Monster bekommen, für das alle sie hielten.

»Ich habe dich dafür benutzt, ein paar gute Taten auf diese Liste zu setzen: habe dir zu einem besseren Job verholfen, beispielsweise, und dir einen schönen Tag am See beschert, den du dir nicht hättest leisten können.«

»D…d…dann war … bin ich s…s…so eine Art Wohltätigkeitsprojekt für dich?«

Hanna hob die Schultern. »Wenn du es so sehen willst.«

Schwerter schlugen aneinander. Jemand schrie. Eine Frau schluchzte. Im Wohnzimmer lief noch immer der Fernseher.

»O…okay.« Josy ging auf sie zu, und Hanna hoffte einen vagen Moment lang, dass der Schmerz nun einfach enden würde. Dass Josy sie in die Arme nehmen und ihr sagen würde, dass Ronny mit allem, was er ihr an den Kopf geworfen hatte, völlig falschlag. Dass sie sie liebte, egal ob sie nun ein guter Mensch war oder nicht.

Doch Josy drängte sich an ihr vorbei und holte ihren Mantel vom Garderobenhaken. Dann schlüpfte sie in die Stiefel, schnappte sich ihren Rucksack und verschwand durch die Tür.

Der große Knall

Hannas Schädel brummte. Ihr war so übel, dass sie nicht einmal an einen morgendlichen Kaffee denken konnte. Aber nicht übel genug, um sich zu übergeben. Die geleerte Flasche Muskateller stand noch auf dem Couchtisch. Nachdem sie sich die Zähne geputzt und ihr angeschlagenes Ich im Spiegel betrachtet hatte, torkelte sie wieder zurück ins Bett. Sie sah nicht nur so aus, sondern fühlte sich auch, als hätte ein Vampir sämtliches Blut aus ihren Adern gesaugt. Energielos. Tot.

Müde griff sie nach ihrem Handy. Ihre Hoffnung, dass Josy ihr eine Nachricht geschrieben hatte, zerschlug sich. Was hätte sie denn auch schreiben sollen? Dass es ihr leidtat, kopflos aus Hannas Wohnung gestürzt zu sein? – Wohl kaum.

Wenn Hanna die Minuten vor ihrem Abgang Revue passieren ließ, wurde ihr klar, wie falsch ihre Worte gewesen waren. Sie hatte Josy genau so verletzt, wie Ronny zuvor sie verletzt hatte.

Verdammter Ronny. Verdammte Verlobungsanzeige!

Sie zog sich die Decke über den Kopf und schloss die Augen.

Als sie sie wieder öffnete, erklang die Bach-Fuge neben ihrem Ohr. Sonnenlicht fiel durch die zugezogenen Vorhänge.

Josy, dachte sie hoffnungsvoll, doch die Stimme an ihrem Ohr gehörte zu Kofraneks Sekretärin.

»Frau Doktor Erlacher, wo sind Sie denn? Es ist fast halb zehn. Wir warten seit einer halben Stunde auf Sie.«

Verdammt, die wöchentliche Sitzung, in der sich die Anwälte der Kanzlei über die aktuellen Fälle austauschten!

Hanna fuhr auf. Schmerz schoss durch ihren Kopf, etwas

schien zu zerspringen. Sofort ließ sie sich wieder ins Kissen sinken.

»Krank«, brachte sie hervor, und dann, als ihr klar wurde, wie rudimentär und fast schon frech dieser zusammenhanglose Wortfetzen war: »Entschuldigen Sie mich bitte. Ich bin krank. Ein grippaler Infekt ... oder die Grippe, keine Ahnung, ich muss zum Arzt, sobald ich dazu in der Lage bin.«

»Üblicherweise melden sich die Mitarbeiter bereits vor Arbeitsbeginn krank«, kam es beinahe schon bissig zurück. »Senden Sie mir Ihr Attest, sobald Sie es haben.«

Kein *Gute Besserung*. Kein *Erholen Sie sich gut*.

Hanna war seit Antritt ihrer Arbeitsstelle in der Kanzlei noch nie auch nur einen Tag krankgemeldet gewesen. Sogar mit Schnupfen und leichtem Fieber hatte sie sich ins Büro gequält. Als sie aufgelegt hatte, ärgerte sie sich über sich selbst. Statt einfach zuzustimmen, hätte sie die Frau darauf hinweisen sollen, dass sie laut ihrem Arbeitsvertrag gar nicht an fixe Zeiten gebunden war und von einem offiziellen Arbeitsbeginn gar nicht die Rede sein konnte. Andererseits lagen die Dinge wohl anders, wenn Lutz und Kofranek ihre zukünftige Juniorpartnerin zu einem Meeting erwarteten.

Zukünftige Juniorpartnerin.

Ihre eigenen Gedanken hallten in ihr wider. Sie wollte Werder noch immer nicht verteidigen – konnte es nicht. Schon gar nicht, nachdem Josy am Vorabend von diesem Kurt erzählt hatte. Werder war genauso wie dieser Kurt. Er nutzte Abhängigkeitsverhältnisse aus. Wenn sie Werder verteidigte und einen Freispruch erreichte, bestärkte sie damit indirekt alle, die sich an wehrlosen Kindern und Frauen vergriffen.

Sie würde nochmals mit Kofranek reden. Würde ihm sagen, dass sie es einfach nicht konnte, aus moralischen Gründen. Sie war eine exzellente Anwältin, eine, die der Kanzlei viel Geld und neue Klienten gebracht hatte. Auch wenn Kofranek brüskiert sein würde – er würde sie dennoch als Juniorpartnerin mit ins Boot holen. Hatte er nicht vor Kurzem gesagt, wie sehr er es schätzte, dass sie ihre Meinung vertrat?

Zumindest im beruflichen Umfeld gelang ihr das.

Es widerstrebte ihr zutiefst, ihren Eltern reinen Wein einzuschenken. Aber noch mehr missfiel ihr der Gedanke, dass Ronny sich endgültig von ihr abwenden würde. Die Freundschaft hatte einen tiefen Riss bekommen.

Sie würde die Freundschaft wieder kitten. Sie würde aufräumen in ihrem Leben, genau so, wie er es ihr geraten hatte.

Im Grunde hatte er ja recht – sie hatte sich von ihrer Familie in diese Verlobungsschiene hineindrängen lassen, wegen einer kindlichen Angst, nicht mehr geliebt zu werden. Aber Eltern liebten ihre Kinder doch bedingungslos, oder? Sie hatten Gustav ja auch nicht ihre Zuneigung entzogen, nur weil er im Studium nicht ganz so flott vorwärtskam, ständig mit einer anderen Frau aufkreuzte und in schönster Regelmäßigkeit kleinere Autounfälle provozierte.

Sie musste sich davon lösen, immer perfekt und unangreifbar sein zu wollen! Sie würde über ihren eigenen Schatten springen und die Tatsachen richtigstellen.

Nun ja. Nicht alle Tatsachen. Ihre sexuelle Orientierung war ihre eigene Angelegenheit und ging ihre Eltern wohl kaum etwas an.

*

»Ach je, wie siehst du denn heute aus?«

Der prüfende Blick ihrer Mutter glitt über ihre beige Jeans und den grünen Wollpulli, kaum dass sie ihr gegenüber in der schicken Rooftop-Bar mit Blick auf den Stephansdom Platz genommen hatte. Automatisch sah Hanna an sich hinab. Hatte sie irgendwo einen Fleck?

»Ich wundere mich wirklich, in welchem Aufzug du zur Arbeit gehst«, präzisierte ihre Mutter. »Und dann diese flachen Treter! Frauenfüße wirken in solchen Schuhen plump, egal wie klein und schmal sie sind.«

Hanna war froh, dass in diesem Moment der Kellner kam.

Als sie ein Glas Mineralwasser bestellte, orderte ihre Mutter zwei Bellini.

»Ich treffe mich doch nicht mitten am Tag mit meiner Tochter in einer Bar, um dann an einem Wasser zu nippen!«

Hanna atmete tief durch. Am liebsten hätte sie ihr erklärt, dass es nicht ihre Idee gewesen war, sich in der City zu treffen. Gerade für das folgende Gespräch hätte sie die geschlossenen vier Wände im Haus der Eltern bevorzugt. Und nach Alkohol war ihr wirklich nicht zumute. Inzwischen war es Nachmittag, aber sie hatte nur mit Mühe einen Kaffee heruntergebracht. Weder das flaue Gefühl im Magen noch die Kopfschmerzen hatten sich damit vertreiben lassen.

Sie schaute auf die Einkaufstaschen, die ihre Mutter links und rechts von ihrem Tisch aufgebaut hatte. Alle trugen sie die Namen und Logos bekannter Boutiquen und Designer, und sie wunderte sich wie so oft, dass ihre Mutter überhaupt noch Platz in ihrem Schrankzimmer für all diese Klamotten fand.

»Mama, wir müssen über die Verlobung sprechen«, begann sie tapfer, nachdem die Getränke serviert worden waren.

»Natürlich.« Ihre Mutter prostete Hanna kurz zu und setzte den Bellini an die Lippen. Hanna folgte ihrem Beispiel, tat aber nur so, als würde sie trinken. Allein der Geruch war beinahe mehr, als sie ertragen konnte. »Ich hoffe, du hast dich etwas beruhigt. Ich gebe zu, es war vielleicht voreilig von uns, deine bevorstehende Heirat öffentlich zu machen. Aber wisse: Es geschah mit den besten Vorsätzen. Du hast selbst gesagt, Ronny und du seid sehr beschäftigt, und wir wollten euch nur einen kleinen Anstoß geben und euch infolgedessen auch die Organisation der Verlobungsfeier abnehmen.«

Ehe Hanna etwas erwidern konnte, bückte sie sich nach ihrer überdimensionierten Handtasche und zog ein kleines Tablet daraus hervor.

»Ich war so frei und habe ein paar Angebote für die Locations eingeholt. Zwanzig Personen an einem Samstag im Oktober. Ein kleiner Rahmen – die Germeten-Gingens, unsere Familie, enge Freunde der Familie.«

Was genau hatte ihre Mutter am Vortag nicht verstanden? – Sie war ja nahezu besessen von der Idee, sie unter die Haube zu bringen.

»Mama, ich habe mich gestern unklar ausgedrückt.« Ihr Herz schlug hart in der Brust. Sie griff nach dem Wasserglas, setzte es aber gleich wieder ab, als sie das Zittern ihrer Hände bemerkte. »Es wird keine Verlobungsfeier geben. Ronny und ich sind kein Paar.«

Ihre Mutter starrte sie sekundenlang an. Blinzelte. Starrte wieder. Dann leerte sie ihren Bellini mit einem großen, schnellen Schluck.

»Ihr habt euch getrennt? – Was für ein Unsinn! Nur wegen einer kleinen Meinungsverschiedenheit geht man nicht auseinander.«

»Wir waren nie zusammen.«

Die Jazzmusik im Hintergrund kam Hanna übermäßig laut vor und dröhnte in ihrem Kopf.

»Wenn ihr angeblich nie zusammen wart, warum seid ihr dann immer aneinandergeklebt wie Pattex? – Vor zwei, drei Jahren hatte man euch ja kaum einzeln gesehen!«

Vor zwei, drei Jahren. Ihre Mutter war eine scharfsinnigere Beobachterin als sie selbst. Damals musste Ronnys Verhältnis mit der älteren Frau begonnen haben. Wenn sie zurückdachte, fiel auch ihr auf, dass Ronny ihr seitdem öfter ab- als zugesagt hatte.

»Er ist mein bester Freund«, erwiderte sie hilflos. »Ich mag ihn.«

Ihre Mutter lachte trocken und schnappte sich Hannas Bellini.

»Weißt du, Freundschaft ist die beste Grundlage für eine Ehe«, sagte sie dann. »Liebe und Leidenschaft vergehen. Dein Vater und ich sind ein Leben lang gut mit dem Konzept gefahren.«

Sensationell gut, dachte Hanna sarkastisch und dachte an die lauten Streitereien, die sie durch ihre Kindheit begleitet hatten.

»Also … es ist jetzt aber klar, dass es keine Verlobung geben wird?«, hakte Hanna nach, weil sie die jüngste Bemerkung verunsichert hatte. Die Botschaft musste endlich ankommen! »Du musst keine Locations suchen, und bitte hört auf, allen zu erzählen, dass eure Tochter einen Germeten-Gingen heiraten wird. Es wird nicht passieren.«

Ihre Mutter winkte den Kellner herbei.

»Einen Whiskey on the Rocks bitte. – Ach was, bringen Sie einen doppelten!«

Dann lehnte sie sich in dem Polstersessel zurück und schlug die Beine übereinander.

»Was stimmt eigentlich mit dir nicht?«

Hannas Herz stand still. Sie starrte ihre Mutter entsetzt an, während ihr der Schweiß den Rücken hinunterlief.

Es war zweifelsohne eine rhetorische Frage.

Sie wusste es.

Es war wohl offensichtlich.

Ihre Mutter hatte sie durchschaut. Also konnte sie es genauso gut aussprechen. Sie war zweiunddreißig, sie räumte ihr Leben auf.

»Mich interessieren Männer nun einmal nicht. Sie haben mich noch nie interessiert.« Sie atmete tief durch und setzte dann hinzu: »Ich bin lesbisch.«

Wieder blinzelte ihre Mutter sie über den Tisch hinweg an. Als der Kellner mit dem Whiskeyglas kam, nahm sie es ihm vom Tablett und leerte es in einem Zug. Dann lehnte sie sich wieder zurück und schlug ebenso lässig wie zuvor die Beine übereinander, während Hanna noch immer kaum zu atmen wagte.

»Und?« Ihre Mutter zuckte mit den Schultern. »Was ich eigentlich meinte, ist, weshalb du uns jahrelang ein Theater vorspielst. Du hast uns alle glauben lassen, dass es mit dir und Ronny ernst ist. Ich habe es all meinen Freundinnen erzählt! Ganz Wien spricht über die bevorstehende Hochzeit.«

Beinahe hätte Hanna gelacht. Ganz Wien! Als ob sie eine Prominente wäre. Wenn jemand darüber sprach, dann allenfalls der Bekanntenkreis ihrer Eltern.

Zugleich verwirrte die Reaktion ihrer Mutter sie zutiefst. Ein Schulterzucken. Mehr nicht. Und all die Jahre hatte sie angenommen, nach diesem Geständnis würde sie aus der Familie verbannt werden!

»Wegen dir erleiden wir gerade den größten Gesichtsverlust in der Familiengeschichte«, fuhr sie fort. »Ich meine, wie soll ich das unseren Freunden erklären? – Und dann diese Anzeige ... Ich hoffe, du weißt, was du mir und deinem Vater damit antust!«

»Die Anzeige war nicht meine Idee.«

»Wie sollen wir jemals wieder den Germeten-Gingens gegenübertreten? Die müssen ja denken, dass wir verrückt geworden sind!«

Das wiederum konnte sich Hanna durchaus vorstellen.

»Ich hoffe, du bist dir wirklich bewusst, was du uns damit antust. Es ist einfach eine Schande.«

»Tut mir leid, aber –«

»Du hast uns jahrelang belogen!«

»Ich wollte doch nur –«

»Dieser Gesichtsverlust! Ich weiß wirklich nicht, wie wir das unseren Bekannten erklären sollen!«

Hanna platzte der Kragen. Sie beugte sich leicht nach vorne, da sie nicht lauter sprechen wollte als notwendig. »Ich habe nie das Gefühl, dass ihr hinter mir steht und für mich da seid. Seit jeher komme ich mir wie ein Störfaktor in dieser Familie vor. Ich dachte, wenn ich mich anstrenge und euren Vorstellungen entspreche, wird das anders. Aber nun bin ich eine erfolgreiche

Anwältin, und nichts hat sich geändert! – Ich habe euch in dem Glauben gelassen, dass Ronny und ich ein Paar sind, weil ich eure Anerkennung nicht verlieren wollte!«

Ihre Mutter lachte kurz auf. »Das bildest du dir ein.«

Der Kellner ging vorbei. Sie stoppte ihn und bestellte noch einen Whiskey.

Hanna runzelte die Stirn. Was sollte das denn werden?

»Nein, das bilde ich mir nicht ein.« Jahrelang zurückgehaltene Worte drangen an die Oberfläche. »Alles, was Max sagt, ist das goldene Wort! Gustav kann anstellen, was auch immer er will – er hat grundsätzlich Papas Rückendeckung! Egal wie gut ich bin, für Papa zählen nur die beiden! Er finanziert ihnen Eigentumswohnungen, unterstützt sie mit Rat und Tat, lässt seinen gesellschaftlichen Einfluss für die beiden spielen. Ich bin Luft für ihn!«

»Das stimmt nicht«, widersprach ihre Mutter, und Hanna fiel auf, dass sie leicht lallte. »Georg erkennt deine Leistungen sehr wohl an. Und was deine finanziellen Erwartungen betrifft – das kannst du ihm angesichts der Umstände wirklich nicht vorwerfen!«

Hanna schüttelte den Kopf. Es ging doch gar nicht darum, dass sie finanzielle Unterstützung erwartete!

»Georg hat getan, was er konnte«, fuhr ihre Mutter unverdrossen fort. »Er hat sich sehr ehrenhaft verhalten, angesichts der Situation.«

Eiskalte Hände schienen Hannas Hals zu umgreifen.

»Welcher Umstände? Welcher Situation?«

»Na … weil er eben nicht dein leiblicher Vater ist.«

Die Hände an ihrer Kehle drückten zu, raubten ihr den Atem. Sie wollte etwas sagen, doch das Einzige, was aus ihr drang, war ein heiseres Röcheln.

Ihre Mutter nahm den neu servierten Whiskey entgegen, und nippte seelenruhig daran.

»W…was?«, brach es aus Hanna hervor.

Ihre Mutter schickte einen mitleidigen Blick über den Tisch.

»Warum schockiert dich das so? – Ich dachte, du wüsstest das schon längst!«

»Das … ist nicht dein Ernst!« Ihre Gedanken wirbelten kreuz und quer durch ihren Kopf und ließen sich kaum fassen. »Du hast mir das nie gesagt!«

»Ich bitte dich.« Ihre Mutter winkte ab. »Offensichtliches muss nicht ausgesprochen werden. Allein optisch bist du das Ebenbild deines Erzeugers.«

Erneut rang Hanna nach Atem. Um sie herum begann sich der Raum zu drehen.

»Erzeuger«, wiederholte sie mit brüchiger Stimme dieses schreckliche Wort. »Du hast doch immer gesagt, ich gehe ganz in die Linie von Oma Erlacher!«

Ihre Mutter hob die Schultern. »Das war eine Lüge«, erklärte sie leichthin. »Aber gerade sind wir ja ehrlich zueinander, nicht wahr?«

»Wie … warum … du hast Papa … also Georg … betrogen?«

»Wir hatten damals eine Krise. Er hatte eine andere und ich sah daher keinen Grund, ein Kind von Traurigkeit zu sein. Aber wir haben uns wieder versöhnt und beschlossen, zusammenzubleiben. Gustav war nicht geplant, aber ja, wenn du es genau wissen willst: Er ist Georgs leiblicher Sohn. – Mach nicht so ein Gesicht, als würdest du gleich heulen. Dir ging es schließlich gut.«

Hannas Leben löste sich gerade auf. Alles, woran sie geglaubt hatte, wurde zu giftigem Staub, der sie zu ersticken drohte.

»Die Rechnung, bitte.« Ihre Mutter hatte den Kellner erneut aufgehalten. Sie musste Hannas schockierten Blick bemerkt haben, denn sie ergänzte: »Ich bin noch mit Priska in der Albertina verabredet. Wir wollen einen Sprung in die Picasso-Ausstellung machen. – Es ist ja ohnehin alles gesagt.«

Wie in Trance sah Hanna ihrer Mutter dabei zu, wie sie die Rechnung beglich.

»Nun gut. Man sieht sich.« Leicht schwankend erhob sich ihre Mutter und begann, die Einkaufstaschen einzusammeln. Als sie damit fertig war, wandte sie sich nochmals Hanna zu.

»Und noch etwas: Nur weil du nicht in der Lage bist, einen Mann für dich zu begeistern, bist du nicht gleich lesbisch. Also behaupte nicht so einen Unfug.«

*

Hanna irrte ziellos durch die Innenstadt. In ihrem Gedächtnis brannten die Worte ihrer Mutter wie frisch entfachte Feuer.

Gleichzeitig zischten die Geschehnisse der vergangenen Tage durch ihren Kopf. Ronny, der verlangt hatte, sie solle in ihrem Leben aufräumen. Kofranek, der sie dazu drängte, einen Sexualstraftäter zu verteidigen.

Und immer wieder: Georg, der nicht ihr Vater war.

Ihre Verzweiflung wurde mit jedem Schritt größer. Ihre Verwirrung ebenso. Sie musste mit jemandem reden. Mit einem Menschen, dem sie vertraute und der sie so mochte, wie sie war. Der sie nicht permanent infrage stellte. Der nicht auf sie herabsah. Um dessen Aufmerksamkeit und Zuneigung sie nicht ständig kämpfen musste.

Sie wollte niemand anderen als Josy an ihrer Seite. Josy würde sie in den Arm nehmen, sie küssen und vergessen lassen, was in den vergangenen Stunden passiert war.

In einer Hausnische zog sie ihr Handy aus der Tasche.

Ich muss mit dir reden, tippte sie. *Hast du in ca. 1 Stunde Zeit? Kommst du zu mir?*

Sie wusste, dass Josy spätestens um 15.30 Uhr von der Arbeit kam, weshalb die Frage mehr oder weniger rhetorischen Charakter hatte.

Nach kurzem Überlegen fügte sie noch ein *Kuss, Hanna* hinzu. Als sie daran dachte, wie sie am Vortag auseinandergegangen waren, packte sie noch ein Herz-Emoji obendrauf. Josy sollte wissen, dass es ihr nicht darum ging, die Beziehung zu beenden.

Sie erhielt sofort eine Lesebestätigung, aber keine Antwort. Nach zehn Minuten des Wartens schob sie das Handy in ihre Handtasche zurück.

Es war kühl geworden. Dunkle Wolken hingen am Himmel. Gleich würde es zu regnen beginnen.

Das Leben musste weitergehen. Irgendwie, und auch wenn nichts mehr so sein würde wie früher.

Aber sie war immerhin nicht allein. Sie hatte Josy.

Hanna schlug den Weg in Richtung Schottentor ein, um die Straßenbahn nach Hause zu nehmen. Sie hastete nicht mehr, doch in ihrem Kopf war es noch immer laut. Mit wem hatte ihre Mutter eine Affäre gehabt? Wer war ihr leiblicher Vater? – Sie bereute, dass sie nicht gleich gefragt hatte. Nun würde sie wieder den Kontakt suchen müssen, obwohl sie am liebsten ein ganzes Weltmeer zwischen sich und ihre verlogene Familie geschoben hätte.

Sie war nun am Ring angelangt, jener vierspurigen Straße, die sie von ihrer Straßenbahnhaltestelle trennte. Wegen des Verkehrslärms hätte sie das Piepen ihres Smartphones beinahe überhört.

Die Nachricht war von Josy.

Ich bin heute mit Clea und ein paar Freunden unterwegs.

Verdammt!

Ich muss mit dir reden, wiederholte sie. *Bitte. Es ist wichtig.*

Diesmal kam Josefinas Antwort zügig.

Ich brauche ein paar Tage für mich. Ich muss nachdenken.

Hanna starrte auf das Display.

Worüber denn, fragte sie.

Ob ich das noch will mit uns, kam es prompt zurück.

Hanna starrte auf die Wörter, die sich da aneinanderreihten. Was sollte das heißen? Machte Josy etwa mit ihr Schluss?

Das flaue Gefühl im Magen verstärkte sich. Wieder dachte sie an den vergangenen Abend. Wieder sah sie Josys getroffenes Gesicht, als sie ihr von der Liste der zwölf guten Taten berichtet hatte.

Wieso hatte sie sich jemals auf dieses blöde Spiel eingelassen? Ronny hatte ihr gestern vorgeworfen, sich kindisch zu verhalten. Doch diese Wette war allein auf seinem Mist gewachsen, und nichts daran war erwachsen und reif!

Es war unfair gewesen, Josy überhaupt mit dieser Wette in Verbindung zu bringen. Sie selbst sah es glasklar: Von Anfang an hatte sie Josy unterstützen wollen, unabhängig von irgendwelchen Listen. Josy war ihr schon im *Gin & More* aufgefallen, noch ehe sie ein Wort miteinander gewechselt hatten. Sie war nicht nur hübsch, sondern berührte Hannas Herz auf nie gekannte Weise. Ihre Verletzlichkeit und Sanftheit im Umgang mit anderen Menschen hob sie von allen Frauen ab, die ihr bisher begegnet waren. In den vergangenen Monaten hatte sie in ihr noch nie dagewesene Bedürfnisse geweckt – Beschützerinstinkte einerseits, aber auch das Verlangen, in ihrer Nähe zu sein. Auch ohne Sex war die Zeit mit ihr angenehm und erfüllend. Sie konnte mit ihr entspannen, fühlte sich frei und unbeschwert.

Noch nie hatte sie etwas so bereut wie all das, was sie Josy am Vorabend ins Gesicht geschleudert hatte. Dass sie zu diesem Zeitpunkt vollkommen aufgewühlt wegen des Gesprächs mit Ronny gewesen war, konnte als Erklärung dienen, aber keineswegs als Entschuldigung.

Sie wollte Josy unter keinen Umständen verlieren. Ganz im Gegenteil: Jetzt, wo sie es ihrer Mutter gegenüber ausgesprochen hatte, gab es keinen Grund mehr, die Beziehung weiterhin geheim zu halten. Sie musste ja nicht gleich in der Öffentlichkeit Händchen halten oder herumknutschen, aber sie würde Josefina nicht mehr verschweigen.

Sie musste mit Josy reden, sich entschuldigen. Sie würde ihr Blumen kaufen, von ihr aus diese kitschigen roten Rosen, die alle

Frauen außer ihr selbst so mochten, und sie zum Essen ausführen.

Ihr Handy piepte erneut.

Ich bin keine Bettgeschichte und auch kein Wohltätigkeitsprojekt.

Nein. Nein! Natürlich nicht.

Das bist du nicht, schrieb Hanna, löschte die Worte aber sogleich. Josy würde ihr das nicht abnehmen.

Ich liebe dich.

Hanna starrte sekundenlang schockiert auf ihr Display. Hatte sie das wirklich gerade geschrieben und abgeschickt? Sie, die niemals solche Worte in den Mund nahm?

Den Satz jemals auszusprechen, schien ihr unmöglich. Aber je länger sie die schwarzen Buchstaben in der grünen Sprechblase anschaute, desto mehr verlor deren Bedeutung an Schrecken. Denn die Erkenntnis, dass dem wirklich so war, begann bei ihr zu sickern. Sie war in Josy verliebt. Sie wollte nicht mehr ohne sie sein.

Ich fahre jetzt zu dir. Lass uns reden. Bitte.

Eine Windböe fegte über die Straße und wirbelte die braunen Blätter der Bäume, Staub und den Müll auf, den Leute achtlos auf die Straße geworfen hatten. Im selben Moment begann es zu regnen.

Auf der gegenüberliegenden Straßenseite fuhr die Linie 43 in die Haltestelle ein – jene Linie, die sie zur U-Bahn und zu Josy bringen würde.

Hanna zog sich ihren Seidenschal über den Kopf und lief dann auf die Straße, während sie einen letzten Blick auf ihre drei Worte auf dem Smartphone warf.

Knock-out

Josefina stieg aus dem Lift. Der Zettel, auf den sie mit schwarzem Filzstift *Bitte melde dich bei mir* geschrieben hatte, klebte noch immer an Hannas Haustür – offensichtlich war sie nicht hier gewesen.

Vor acht Tagen hatte Hanna angekündigt, zu ihr zu fahren. Nicht, dass Josefina zu diesem Zeitpunkt offen für ein Gespräch gewesen wäre – sie war viel zu traurig und verletzt, um sich Hannas Ausreden und Beschwichtigungen anzuhören. Trotzdem wartete sie in ihrer Wohnung stundenlang auf sie und sagte sogar das Treffen mit Clea ab. Doch Hanna erschien nicht.

An diesem Abend hatte Josefina entschieden, dass sie die Beziehung – oder das, was auch immer sie da gehabt hatten – nicht weiterführen würde, selbst wenn Hanna vor ihr auf dem Boden kriechen und sie anflehen würde. Was natürlich sowieso nie passieren würde. Denn Hanna, das erkannte Josefina jetzt in aller Klarheit, hatte sie nie als ihre Partnerin betrachtet, sondern einfach nur als nette Unterhaltung. Sie würden nie einen Alltag haben wie andere Paare, nie Zukunftspläne schmieden, nie in eine gemeinsame Wohnung ziehen oder gemeinsame Freunde treffen. Hanna lebte offenbar ein Doppelleben, und sie war der schmutzige, verheimlichte Teil davon.

Die Erkenntnis schmerzte. Sie hatte zwei ganze Tage lang ständig geweint. Unerwiderte Liebe fühlte sich an, als wäre ihr ein Dolch in den Bauch gerammt worden. Und wenn sie glaubte, der Schmerz würde nachlassen, drehte eine unsichtbare Gestalt den Dolch noch mal um und die Wunde blutete erneut.

Hinzu kam die Einsamkeit. Sie kämpfte tapfer dagegen an. Clea war eine echte Hilfe. In den vergangenen Tagen hatte sie Josefina mehr in ihr Leben eingebunden als je zuvor – sie mit zum Yoga genommen, einen Filmabend auf der Couch gemacht, mit ihr und zwei anderen Freunden einen spontanen Spieleabend initiiert. Die Ablenkung tat gut, vertrieb aber die Gedanken an Hanna nie völlig.

Je mehr Zeit verstrich, desto unruhiger wurde sie. Sie hatte ihren letzten WhatsApp-Wechsel inzwischen so oft durchgelesen, dass sie ihn auswendig wusste. Hannas *Ich liebe dich* konnte sie nicht ernst nehmen, doch es war nicht Hannas Art, einfach nicht aufzukreuzen.

Unzählige Male landete Josefina direkt auf Hannas Mobilbox. Zweimal hatte sie bereits den Weg zu ihrer Wohnung angetreten – weil sie beunruhigt war, aber auch, um einen finalen Schlussstrich zu ziehen. Sie wollte ihr den Rock und die Schuhe zurückgeben und ihr sagen, dass es aus war. Dieses Gespräch hatte sie inzwischen gedanklich so oft durchgespielt, dass sie glaubte, es ohne Tränenausbruch führen zu können.

Ihr unangetasteter Zettel sorgte sie nun mehr denn je. Sie läutete, klopfte, legte ihr Ohr an die Tür. Nichts.

Zum ersten Mal kam ihr der Gedanke, dass Hanna etwas zugestoßen sein könnte. Was, wenn Hanna unter der Dusche ausgerutscht und ungünstig am Boden aufgeschlagen war? – Hannas Wohnungsschlüssel hatte sie nie bekommen und konnte deshalb nicht nachsehen.

Allerdings musste Hanna ja vermisst werden. Am Arbeitsplatz, von ihrer Familie, ihren Freunden … oder war sie spontan auf Dienstreise geschickt worden? Letzteres erklärte jedoch nicht, warum ihr Handy permanent ausgeschaltet war.

Unschlüssig stand Josefina vor der Wohnung und hoffte, dass vielleicht der Nachbar von gegenüber auftauchen würde. Falls er Hanna vor Kurzem gesehen hatte, wäre klar, dass sie einfach nur einem Gespräch mit ihr aus dem Weg ging. Dann würde sie die

Tasche mit dem Rock und den Schuhen an die Türklinke hängen – und es akzeptieren.

Josefina gab auf. Sie fand keine Erklärung für diese Funkstille. Sie würde wiederkommen, vielleicht in drei oder vier Tagen. Irgendwann musste Hanna doch auftauchen!

Sie drückte auf den Knopf, um den Lift wieder nach oben zu holen. Es dauerte eine Ewigkeit, bis sie hörte, wie er sich langsam in Bewegung setzte. Als sie schon kurz davor war, die Treppe zu nehmen, glitten die Lifttüren auf, und eine rundliche Frau um die fünfzig mit kurzem, braunen Haar trat in den Flur. Zielstrebig steuerte sie Hannas Wohnung an, einen Schlüssel in der Hand. Sie stutzte, als sie den Zettel entdeckte.

Josefinas Herz schlug bis zum Hals. Noch immer sprach sie äußerst ungern fremde Menschen an. War das Hannas Mutter? – Wohl eher nicht, der Figur nach zu urteilen. Hanna hatte ja erwähnt, dass ihre Mutter Model gewesen war.

»E...e...entschuldigen Sie.«

Die Frau drehte sich zu ihr um.

»I...ich bin eine F...Freundin von Hanna. Wissen Sie vielleicht, wo sie ist? Ich habe versucht, sie anzurufen, aber ...«

Der Satz hing in der Luft, während die Frau sie kurz musterte – nicht abschätzig oder unfreundlich, sondern eher überrascht.

»Sie kann nicht telefonieren«, erwiderte sie mit ungarischem Akzent. »So viel ich weiß, ist sie erst seit vorgestern wieder ansprechbar. Aber telefonieren – nein, nein.«

»Was ...« Josefina hatte das Gefühl, dass ihr der Boden unter den Füßen wegbrach. »Ist ihr etwas passiert?«

»Sie hatte einen Unfall«, erwiderte die Frau. »Sie ist ... *Istenem!* Sie sind ja ganz blass. Kommen Sie kurz mit hinein, ich gebe Ihnen ein Glas Wasser ...«

*

»… und die Germeten-Gingens sind natürlich geschockt über die Entwicklungen. Cristina wirkt, als wäre sie über Nacht mindestens zehn Jahre gealtert, kannst du dir das vorstellen! Ich meine, wie kann der eigene Sohn ihr das nur antun? Eine Liaison mit einer zwanzig Jahre älteren Frau ist unpassend genug. Aber dass es sich dabei obendrein um die österreichische Botschafterin in Frankreich handeln muss! Bis vor Kurzem war sie sogar noch verheiratet. Da hätte dieses Foto, das in diesem Schmierblatt abgedruckt worden ist, sie ihr Amt gekostet!«

Regina Erlachers Stimme war satt vor Empörung. Ihre Nasenflügel bebten, während sie zum wiederholten Male das zerknitterte Exemplar des sogenannten *Schmierblatts* aus der Tasche holte und es Hanna mit drei Zentimeter Abstand vor das Gesicht hielt.

»Sieh dir das an! Sieh dir das bitte an! – Ich verstehe einfach nicht, dass Ronald seiner Familie so etwas antut!«

Hanna schloss die Augen. Sie wollte nicht schon wieder das Foto betrachten, das Ronny und Florentine im Foyer der Pariser Oper zeigte – Arm in Arm und mit glücklichen Gesichtern. Hanna war überzeugt davon, dass dieses Foto nicht zufällig von einem Paparazzo geschossen wurde. Ronny wollte die Wahrheit einfach auf den Tisch legen. Sie hatte keinen Zweifel, dass er dies mit seiner Geliebten abgesprochen hatte.

»Die Frau könnte beinahe seine Mutter sein!«, empörte sich ihre Mutter erneut, und ihre Stimme klang so schrill, dass Hanna am liebsten fluchtartig das Zimmer verlassen hätte. Der Kopfschmerz nahm trotz des Schmerzmittels, das aus einem Tropf in ihre Venen floss, wieder zu.

Doch mit ihrem eingegipsten Arm, der kaputten Schulter und dem angeknacksten Knöchel war sie nicht in der Lage, irgendetwas anderes zu tun, als in diesem Krankenhausbett zu verharren und auf das Ende der Besuchszeit zu hoffen. Beinahe bedauerte sie, dass sie durch ihren Zusammenstoß mit der Straßenbahn nur eine heftige Gehirnerschütterung davongetragen hatte. Läge sie im Koma, wäre ihr zumindest dieses Gelaber erspart geblieben!

Obwohl sie selbst diejenige mit der Kopfverletzung war, schien ihre Mutter die zu sein, die unter Amnesie litt. Seit sie wieder bei Bewusstsein war, kam ihre Mutter regelmäßig und quasselte sie in die stumme Verzweiflung. Das Einzige, worüber sie nicht redete, war das schreckliche Gespräch, das sie in der Rooftop-Bar geführt hatten. Als wäre alles, was sie besprochen hatten, aus dem Gedächtnis ihrer Mutter herausgelöscht.

Hanna dagegen erinnerte sich an jedes Detail dieses unheilvollen Tages, der für sie im OP eines Krankenhauses endete. Seit sie nach der Narkose aufgewacht war, kreisten ihre Gedanken nur noch darum, dass der Mann, den sie Zeit ihres Lebens für ihren Vater gehalten hatte, nicht ihr Erzeuger war – und dass es irgendwo da draußen jemanden geben musste, der diese Rolle für sich beanspruchen konnte.

Abschalten konnte sie nur dann, wenn die Schwestern das Schmerzmittel so hoch dosierten, dass sie in den Schlaf glitt. Heute lag sie schon viel zu lange wach und spürte das Pochen in ihrem eingegipsten Arm, der Schulter und auch in ihrem Kopf überdeutlich.

»Jedenfalls …«, setzte ihre Mutter nun von Neuem an, doch da betrat Georg Erlacher das Zimmer und kam gleich zur Sache.

»Ich habe gerade mit deinem behandelnden Arzt gesprochen, Hanna. Professor Siller ist ein Bekannter von mir. Du bist bei ihm in den besten Händen. Er wird natürlich auch noch persönlich mit dir sprechen, doch ein paar Informationen vorab können nicht schaden, jetzt, wo es dir allmählich besser geht. Du hattest sicher nichts dagegen, dass er mir deine Krankenakte offenlegt.«

Sie nickte. Ihre Kehle war so trocken, dass sie ihrer Stimme nicht traute, und das Glas Wasser auf dem Nachtkästchen schien unerreichbar. Welcher Sadist hatte das Nachtkästchen eigentlich auf ihrer rechten Bettseite platziert, jener Seite, die komplett geschädigt war?

»Du hast etwas, was sich Humeruskopffraktur nennt, und –«, begann er.

Regina erhob sich vom Besucherstuhl.

»Von diesen medizinischen Details brauche ich nichts zu wissen, davon verstehe ich nichts! Ich warte in der Cafeteria, Georg. – Und wir sehen uns morgen wieder, Hanna.«

In Hannas Ohren klang es wie eine Drohung. Wenn sie wieder bei Kräften war, würde sie ihre Mutter nach ihrem biologischen Vater fragen.

Georg setzte sich an ihr Bett und begann, ihr im sachlichen Tonfall dazulegen, was alles bei ihrem Zusammenstoß mit der Straßenbahn kaputtgegangen war. Die Rede war von Schrauben und Platten in ihrem Arm, die irgendwann wieder entfernt werden müssten, von einer Schulter, die noch lange Probleme machen würde, und von möglichen Nervenschädigungen, die zu Taubheitsgefühlen und partiellen Lähmungen führen konnten. Ob und in welchem Ausmaß sie davon betroffen sei, werde sich noch herausstellen.

Hanna schossen Tränen in die Augen. Sie wollte nicht weinen – nicht vor dem Mann, der jahrelang die größte Lüge aller Zeiten mitgetragen hatte –, tat es aber dann doch.

»Lass nicht gleich den Kopf hängen! Das wird schon wieder!« Er drückte ihr ein Taschentuch in die linke Hand. »Du hattest Glück im Unglück. Wenn die Straßenbahn nicht gerade erst losgefahren wäre, hättest du schlimmere Verletzungen davongetragen. Laut Zeugenaussagen bist du bei Rot losgelaufen und hast auf dein Handy geguckt!«

Zum ersten Mal seit ihrer Einlieferung ins Krankenhaus wurde ihr bewusst, dass sie ihr Handy nicht mehr bei sich hatte.

»Dein Arm wird ungefähr sechs Wochen im Gips sein. Deine Schulter wird ohne Operation ausheilen. Sicher ist, dass du einige Wochen Physiotherapie machen musst.«

Hanna schluckte. Wann sollte sie das neben der Arbeit noch unterbringen?

»Erst mal musst du dich ruhig verhalten, meint Siller.« Er lächelte schief. »Na ja, momentan kannst du ja eh nicht anders.«

»Wie lange …« Sie musste sich räuspern, ehe sie die Frage stellen konnte. »Wie lange … muss ich hierbleiben?«

»Theoretisch kannst du morgen schon gehen. Praktisch wirst du in diesem Zustand kaum deinen Alltag bestreiten können.« Er stand auf und schob den Stuhl zur Seite. »Gib dir noch ein bisschen Zeit. Sei froh, dass du privat versichert bist und länger hierbleiben darfst. Bestimmt kann dir Siller in vier oder fünf Tagen etwas Konkreteres dazu sagen.«

Hanna sehnte sich nach ihrem eigenen Bett, ihrem Fernseher und nach einer guten Tasse Kaffee. Allerdings konnte sie sich noch nicht vorstellen, den Tag ohne Schmerzinfusion zu überstehen.

»Weißt du zufällig, wo mein Handy ist?«

Zumindest das musste sie sich sichern. Die Langeweile würde sie sonst irgendwann umbringen. Obgleich sie im Einzelzimmer eines Privatspitals lag, war aktuell kein Fernseher verfügbar.

»So viel ich weiß, ist es bei deinem Unfall kaputtgegangen. Aber wenn du willst, besorge ich dir ein neues.«

»Bitte.«

Er nickte.

»Wir haben Zita übrigens heute schon in die Wohnung geschickt, um dein Tablet, deinen Morgenmantel und ein paar andere persönliche Sachen zu holen. Wir bringen die Sachen morgen vorbei.«

»Danke.«

»Ja … gut … dann bis morgen.« Er war schon fast an der Tür, dann hielt er plötzlich inne und trat unschlüssig von einem Bein auf das andere. »Ich … Regina hat mir erzählt, was ihr vor deinem Unfall besprochen habt. Du sollst wissen, dass sich für mich nichts ändert. Du bist nach wie vor meine Tochter.«

Dann verschwand er.

*

Mit der linken Hand Suppe zu löffeln, war schwierig. Die Tee-
tasse zum Mund zu führen, war ungewohnt. Ein Handy neu einzurichten, erwies sich als unmöglich. Zum ersten Mal nach sehr
langer Zeit war Hanna daher froh, ihren Bruder Max zu sehen,
der an diesem Abend vermutlich mehr aus familiärer Verpflich-
tung als aus rührender Besorgnis bei ihr vorbeischaute. Während
er ihr das neue Handy startete und Basiseinstellungen vornahm,
fragte sie: »Hast du es eigentlich gewusst?«

Er blickte kurz von dem Gerät auf. »Dass du nicht weißt, wie
eine Ampel funktioniert? – Rot heißt Stopp.«

Eine Antwort, die typisch für ihn war und auf die sie gerne
schnippisch geantwortet hätte. Doch ihr Kopf arbeitete noch viel
zu langsam für schlagfertige Erwiderungen.

»Dass dein Vater nicht mein Vater ist.«

Er hob die Schultern. »Ich dachte, dir wäre das auch klar«,
sagte er, ohne ihre Frage wirklich zu beantworten. »Schon mal in
den Spiegel geschaut? – Du siehst keinem von uns ähnlich.«

Wie scharfsinnig auf den Punkt gebracht.

»Und ... was denkst du darüber?«

»Nichts.« Er reichte ihr das Handy. »Was gehen mich die da-
maligen Eheprobleme unserer Eltern an? – Es ist, wie es ist.«

»Du weißt nicht zufällig, wen Mama zu dieser Zeit getroffen
hat?«

»Ich bitte dich. Ich war noch ein Kind!« Er klang unwillig.
»Ich habe als Sperrcode dein Geburtsdatum genommen. Schau
mal, ob es funktioniert.«

Warum gab es in ihrer Familie eigentlich niemanden, der sich
ehrlich die Mühe machte, sie zu verstehen?

»Können wir nicht diese Touchfunktion aktivieren?«, fragte
sie, da das Eintippen schmerzte. »Mit einem Finger meiner linken
Hand?«

»Können wir, aber nicht heute.« Max sah demonstrativ auf
seine Rolex. »Ich halte heute einen Vortrag vor der Architektenin-
nung und bin ohnehin schon etwas knapp dran.«

Auch das war typisch für ihn. Er nahm sich ja kaum Zeit für seine Frau und seinen Sohn, weshalb also für sie?

Als sie wieder allein war, versuchte sie sich zu erinnern, wie Josys Handynummer lautete. Sie kam gerade einmal auf die ersten vier Ziffern. Sie nahm das Tablet zur Hand, das ihre Eltern am Nachmittag vorbeigebracht hatten, und rief ihre Mailadresse auf. Zumindest hier waren die Mailadressen ihrer Freunde gespeichert. Sie ließ Ronny, Katja und Judith kurz wissen, dass sie einen Unfall gehabt hatte, und bat sie um ihre Nummern. Dann informierte sie den Alumni Club ihrer ehemaligen Fakultät darüber, dass sie sich bis auf Weiteres nicht um die Zeitschrift kümmern konnte.

Das Schwierigste hob sie sich bis zum Schluss auf: Josy. Sie wusste nicht wirklich, was sie schreiben sollte. Sosehr sie sich am Tag des Unfalls auch danach gesehnt hatte, mit ihr zu reden und ihr nahe zu sein, so absurd kam ihr der Gedanke im Moment vor.

Im Grunde hatte sich ja nichts geändert. Trotz ihres Outings gegenüber ihrer Mutter war sie weit entfernt von *Out & Proud*. Hanna, die Lesbe. – Nein, das passte nicht zu ihr! Sie war Hanna, die Anwältin.

Außerdem wollte Josy mit Sicherheit nichts mehr mit ihr zu tun haben, nachdem sie von der Wette erfahren hatte.

Sie ließ sich in ihr Kissen zurücksinken. Der Schmerz beschränkte sich nicht nur auf Kopf, Schulter und Arm, sondern füllte ihren ganzen Körper. Als sie nach zwanzig Minuten das Gefühl hatte, ihn nicht mehr ertragen zu können, läutete sie nach der Schwester und bat um ein Schmerzmittel.

*

Eine Woche später saß Hanna auf dem Beifahrersitz eines Mercedes SUV und starrte hinaus in die vorbeiziehende herbstliche

Stadt. Die Leute trugen dicke Mäntel, manche sogar eine Mütze und einen Wollschal. Die Bäume waren bis auf wenige Ausnahmen kahl.

»Hättest du nicht abbiegen müssen?« Sie wandte sich an ihre Mutter, die den Wagen steuerte und sich an diesem Tag vergleichsweise wortkarg gab. Der vermeintliche Skandal um Ronald Germeten-Gingen und die Frau Botschafterin bot mittlerweile keinen Gesprächsstoff mehr und ein neues Sensationsthema schien sich nicht aufgetan zu haben.

»Wieso abbiegen?« Irritation lag auf dem wie üblich perfekt geschminkten Gesicht ihrer Mutter. Dann schien ihr ein Licht aufzugehen. Sie lachte trocken. »Du glaubst doch nicht im Ernst, dass du allein in deiner Wohnung zurechtkommst? – Wir haben das Bett in deinem ehemaligen Kinderzimmer beziehen lassen. Zita wird sich um dich kümmern.«

*

Hanna wusste schon bald nicht mehr, was sie auf Netflix ansehen sollte. Vieles kannte sie bereits, anderes interessierte sie nicht. Alles klang ähnlich: in den Krimis starb jemand, im Thriller gab einer den Psycho, und in den Liebesfilmen fanden die Liebenden immer zusammen.

Sie hatte versucht, ihre sozialen Kontakte zu pflegen. Ronny war wieder in Paris. Sie hatte ihm zu dem veröffentlichten Foto und zu Florentine gratuliert – und es auch so gemeint. Er hatte knapp und unpersönlich darauf geantwortet und ihr per WhatsApp gute Besserung gewünscht.

Judith war mit ihrem Baby beschäftigt, und auch wenn sich Hanna wirklich Mühe gegeben hatte – die Schlafenszeiten der kleinen Stephanie interessierten sie genauso wenig wie deren Verdauungsprobleme.

Mit Katja hatte sie länger telefoniert, wobei diese hauptsächlich von sich selbst erzählte: von Partys, auf denen sie war, von der Eigentumswohnung, die sie sich anschaffen wollten, von Urlauben, die sie und ihr Mann planten.

Also gab Hanna das Telefonieren und Nachrichtenschicken auf. Mit aller Härte wurde ihr klar, dass niemand sich sonderlich für sie interessierte.

Kofranek hatte sie wissen lassen, dass sie sich alle Zeit der Welt nehmen solle, um zu genesen. Die Kanzlei werde ohne sie sicherlich nicht untergehen. Hanna versuchte sich damit zu beruhigen, dass er diesen Satz nur nett gemeint hatte. Trotzdem ließ das Gefühl sie nicht los, dass er noch immer nicht gut auf sie zu sprechen war. Der einzige Vorteil, den ihr Unfall hatte, war, dass sie Werder nicht vor Gericht vertreten konnte. Ihr Hausarzt hatte sie erst in fünf Wochen wiederbestellt.

Was sollen Sie denn im Büro tun, hatte er verwundert gefragt, als sie protestiert hatte. Sie können nicht mal einen PC bedienen!

Sie sah rasch ein, dass er recht hatte. Ihr Gips und ihre schmerzende Schulter machten alltägliche Dinge unmöglich. Beim Ankleiden tat sie sich schwer, konnte nicht einmal ohne Hilfe einen BH anziehen. Die Mahlzeiten musste Zita ihr kindgerecht aufbereiten und das Fleisch in Stücke schneiden. Sie brauchte Unterstützung beim Duschen und Haarewaschen, was der beschämendste Part von allem war. Es überraschte Hanna nicht, dass ihre Mutter Zita für alle Hilfsdienste abgestellt hatte. Ihre Mutter hatte sich noch nie gern um jemanden gekümmert. Als sie Kinder waren, hatte es Nannys gegeben – junge Au-pairs aus den USA, England und Frankreich, weshalb sie diese Sprachen beinahe fließend beherrschte, aber auch ein paar ältere Damen aus Polen, Rumänien und Tschechien.

Von Tag zu Tag fühlte Hanna sich mehr in ihre Kindheit zurückversetzt. Sie saß allein in ihrem Zimmer, während ihre Mutter im Erdgeschoss Freundinnen empfing oder telefonierte und Georg seiner eigenen Wege ging. Einsamkeit und Verzweiflung legten sich über sie wie eine schwere Decke. Sie verlor den Appetit, aß nur noch das Nötigste, lag die meiste Zeit in ihrem Bett und starrte an die Decke. Dass sie in eine Depression abzugleiten drohte, war ihr rational bewusst, sie konnte aber nichts dagegen unternehmen.

Anfang November begann sie mit der Physiotherapie. Ihr Arm steckte noch im Gips, aber die Schulter musste mobilisiert werden. Sonja, die Physiotherapeutin, kam ins Haus. Sie war in Hannas Alter und ein sehr netter, positiver Mensch. Gleichzeitig waren die Übungen, die sie unter ihrer Anleitung machte, so schmerzvoll, dass ihr regelmäßig die Tränen über das Gesicht liefen.

Gewöhnlich reichte ihr Sonja dann ein Taschentuch und sprach ein paar tröstende Worte. Bei dieser vierten Sitzung war die Packung leer, und sie sah sich suchend nach Nachschub um.

»In der Tasche beim Schreibtisch«, quetschte Hanna hervor.

»In diesem Stoffsack?«

Hanna hob den Kopf – und erstarrte, als sie den weißen Stoffsack mit dem Aufdruck sah, den die Physiotherapeutin in die Höhe hielt. EUREA. Josys Firma. Wie kam der in ihr Zimmer?

»Ach nein ... da sind nur Klamotten drinnen.«

Sonja wollte den Sack zur Seite legen, doch Hanna fragte alarmiert: »Welche Klamotten?«

Es waren der schwarze Rock und die Schuhe, die sie Josy überlassen hatte. Wie kam beides in dieses Haus? – Hatte sie doch nicht mit ihr abgeschlossen, sie nicht vergessen? Warum aber war sie nicht zu ihr gekommen?

Als Sonja gegangen war, machte sie sich auf die Suche nach Antworten. Ihre Mutter telefonierte im Salon mit einer Bekannten. Ungeduldig wartete sie, bis das Gespräch beendet war.

»Was kann ich für dich tun?«

Ihre Mutter sah sie an wie einen Gast, der ohne Termin um Audienz ersuchte. Hanna brachte das auf die Palme. Sie war in

187

diesem Haus aufgewachsen, die Frau auf dem Designersofa war ihre Mutter! Warum lief hier alles immer so unpersönlich und steif ab?

»Wie kommt diese Tasche hierher?«

Sie hatte sich den EUREA-Sack über die gesunde Schulter gehängt.

»So viel ich mich erinnere, hat Zita sie von einer jungen Frau bekommen, die dich unbedingt sehen wollte ... Aber das ist schon Wochen her und kein Grund, jetzt ein Gesicht zu machen, als hätte jemand ein Kapitalverbrechen begangen!«

»Hat Zita ihr nicht gesagt, was passiert ist? Dass ich im Krankenhaus bin?«

»Natürlich hat sie es ihr gesagt.« Ihre Mutter griff nach dem aufgeschlagenen Hochglanz-Modemagazin. »Sie war ja auch dort und wollte dich sehen.«

Hannas Herz setzte für einige Schläge aus. Josy hatte sie sehen wollen?

»Aber warum –«

»Du warst viel zu schwach, also habe ich ihr gesagt, sie solle sich wieder melden, wenn es dir besser geht. Ein Krankenzimmer ist kein Empfangssalon für jede x-beliebige Bekanntschaft!«

Von plötzlichem Schwindel ergriffen, ließ sich Hanna in den nächsten Sessel fallen.

»Du hast sie ... weggeschickt?«, wiederholte sie ungläubig. »Auf die Idee, dass ich sie sehen wollte, bist du gar nicht gekommen?«

»Ich bitte dich.« Ihre Mutter zog die fein gezupften Augenbrauen nach oben. »Das war eine junge Frau, die ich nicht kannte. Ich habe nicht ahnen können, dass dir diese Besucherin wichtig ist!«

Ausdrucksweise und Tonfall ließen Hannas Ärger hochkochen.

»Josy ist meine Freundin«, platzte es aus ihr heraus. »Freundin im Sinne von Partnerin. Du erinnerst dich an unser Gespräch?«

»Bitte.« Regina legte das Magazin auf ihren Schoß. »Nicht in diesem Ton!«

Hanna hatte genug. Sie richtete sich kerzengerade auf, durchbohrte ihre Mutter mit stechendem Blick.

»Wer ist mein Vater?«

Reginas Lippen verzogen sich zu einem schmalen Strich.

Neustart mit Tiefschlägen

Wie üblich war Manuela spät dran. Josefina wusste inzwischen, wie es um deren Pünktlichkeit bestellt war, trotzdem störte sie sich an dieser Eigenschaft. Eigentlich wollten Clea, Manuela und sie zusammen kochen, doch Clea lag mit Fieber im Bett, und so würden sie den Abend wohl nur zu zweit verbringen.

Josefina sah dem mit gemischten Gefühlen entgegen. Sie mochte Manuela, die bei Unternehmungen mit Clea mittlerweile fast immer mit von der Partie war. Allerdings wurde sie den Eindruck nicht los, dass sich Manuela mehr erhoffte als Freundschaft. Sie war offen lesbisch, trug Buttons in Regenbogenfarben auf ihrer Umhängetasche spazieren und hatte sich zwei ineinander verschlungene Female-Symbole auf den Unterarm tätowieren lassen. Bisher war es ihr gelungen, Manuelas Flirtversuche abzublocken, ohne eine unangenehme Situation heraufzubeschwören. Sie war einfach nicht bereit, sich wieder auf jemanden einzulassen – nicht jetzt, wo sie endlich wieder Boden unter den Füßen gewann.

Josefina hatte gerade einen Topf mit Wasser aufgestellt, als die Haustürglocke ertönte. Sie drückte auf den Knopf und ließ ihren Gast ins Haus, dann holte sie die Packung Spaghetti aus dem Küchenkasten.

Minuten verstrichen. Josefina öffnete die Tür einen Spalt breit. Im Stiegenhaus erklangen schleppende Schritte.

Du lieber Himmel, Manuela tat ja fast so, als bestiege sie den Kilimandscharo!

Josefina beschloss, die Zeit zu nutzen, und schnitt Knoblauch und Zwiebel in kleine Stücke. Als sie hörte, wie sich Manuela der halb offenen Tür näherte, rief sie: »Komm einfach rein!«

Die Tür quietschte leicht. Jemand atmete laut, viel zu laut. Josefina, die sich gerade die Tomaten vorgenommen hatte, spürte, dass der Mensch, der nur zwei oder drei Schritte hinter ihr stand, nicht Manuela war. Sie fuhr herum, das Messer hoch erhoben in der Hand.

Abrupt ließ sie es sinken.

Hanna stand vor ihr, eingehüllt in einen weit geschnittenen Mantel und einen voluminösen Wollschal. Sie war weiß wie die Wand. Schweiß lief ihr über die Stirn. Ihr Gesicht glänzte eigenartig fiebrig, und ihre Augen lagen in tiefen Höhlen. Alles, was sie zuvor ausgemacht hatte – ihre Lebendigkeit, ihr Charisma, ihre aufrechte Körperhaltung –, war verschwunden.

Josefina schluckte trocken.

Etwas glitt an Hannas Schulter ab und fiel zu Boden. Josefina erkannte den Stoffsack mit dem Rock und den Schuhen, den sie damals der Ungarin übergeben hatte.

»Das war … ein Geschenk.«

Hanna war so außer Atem, dass ihr das Sprechen schwerfiel. Tatsächlich sah sie aus, als könnte sie jeden Augenblick umkippen.

Josefina zog einen der Klappstühle heran. Sichtlich erleichtert ließ sich Hanna darauf nieder. Ihr lauter, schneller Atem erfüllte den Raum.

Josefina wusste nicht, was sie sagen oder tun sollte. Hannas unerwartetes Auftauchen überforderte sie völlig.

Eine Weile schauten sie sich stumm an. Dann versuchte Hanna, ihren Mantel abzulegen, was nicht zu gelingen schien. Josefina half ihr schließlich heraus und entdeckte den eingegipsten Arm und die Schlinge.

Wieder musste sie schlucken.

»In zwei Wochen bin ich ihn los.« Hanna hatte ihre Bestürzung bemerkt. »Einstweilen ist es noch … schwierig.«

Josefina wusste noch immer nicht, was sie sagen oder tun sollte.

»Ich habe heute erst erfahren, dass du mich im Krankenhaus besuchen wolltest.«

Hannas Stimme klang brüchig.

»Diese Frau ... deine Mutter ... Sie hat gesagt, dass du keinen Besuch wünschst und dich melden wirst, wenn es dir wieder besser geht. Du hast dich nicht gemeldet. Also dachte ich ... dachte ich, dass du mich nicht sehen willst.«

Im selben Moment klingelte es erneut.

Hanna warf einen kurzen Blick auf die Küchentheke mit den geschnittenen Zutaten und dem Kochtopf.

»Du erwartest jemanden, oder?«

»Ja.«

Josefina betätigte den Türöffner und konnte hören, wie Manuela – unverkennbar laut und voller Dynamik – ins Haus polterte.

»Clea?«

»Nein. Sie heißt Manuela.«

Hanna lachte bitter auf. »So schnell geht das also.«

Und dann begann sie zu Josefinas Bestürzung zu weinen. Sie barg ihr Gesicht in der linken Hand und schluchzte, während ihr ganzer Körper zitterte und bebte. Schockstarr verharrte Josefina in ihrer Position, noch überforderter als zuvor.

»Hi, sorry, ich bin –«

Manuela hatte die angelehnte Wohnungstür aufgerissen. Sie blieb wie angewurzelt auf der Schwelle stehen.

»Äh ...« Sie schaute von Hanna zu Josefina und von Josefina zu Hanna.

Josefina begriff, dass sie etwas tun oder sagen musste. Sie machte ein paar Schritte auf Manuela zu.

»Tut mir leid ... Das war so nicht geplant«, sagte sie hilflos. »Können wir das mit dem Essen verschieben?«

»Hmm.« Manuela wirkte nicht sehr begeistert, was Josefina nachvollziehen konnte. »Okay«, sagte sie dann unschlüssig. »Meldest du dich, wenn das hier …« Sie wies mit dem Kinn auf die weinende Hanna, die kaum Notiz von ihr zu nehmen schien. »… geregelt ist?«

»Ja. Ja, klar«, antwortete sie und fragte sich gleichzeitig, ob das zwischen Hanna und ihr jemals geregelt sein würde, denn mit einem Mal kamen sämtliche Gefühle mit einer Wucht zurück, die sie ganz schwindelig werden ließ: Verzweiflung. Ärger. Wut. Trauer und Enttäuschung.

Sie schloss die Tür hinter Manuela.

»Hast du … hast du was mit ihr?« Hanna sah sie aus wässrigen roten Augen an.

»Nein.«

»Willst du was mit ihr haben?«

Josefina atmete tief durch. »Ich glaube nicht.«

Hanna fuhr sich mit dem Handrücken über die Augen und zog die Nase hoch.

»Ich habe es vermasselt, oder? Du hasst mich.«

»Nein.«

Josefina griff sich an die Schläfen. Hanna mit ihren Tränen, ihren bohrenden Fragen und Unterstellungen machte sie komplett verrückt.

»Ich wollte dich nicht verletzen«, sagte Hanna. »Diese Wette mit Ronny … Ich habe in dir nie ein Wohltätigkeitsprojekt gesehen. Bitte glaub mir das.«

Das Wasser kochte. Josefina drehte die Platte ab. Der Appetit war ihr mittlerweile vergangen.

»Es geht nicht nur darum«, sagte sie schließlich und war selbst überrascht, dass sie angesichts des Aufruhrs in ihrem Inneren nicht stottern musste. Sie hatte sich verändert, eindeutig. »Ich will das so einfach nicht mehr. Ich will mit jemandem zusammen sein, der mich wertschätzt. Ich will jemanden an meiner Seite haben, der mit mir gemeinsam Freunde trifft und auch mich um Rat fragt … eine Beziehung auf Augenhöhe. So war das bei uns nie.« Sie fuhr sich durchs Haar. »Und so kann es wahrscheinlich auch nie werden. Wir sind zu unterschiedlich. Du wirst in mir immer jemanden sehen, der dir unterlegen ist. Du bist die mit dem Studium, dem Geld, der tollen Familie.«

Hanna lachte bitter.

»Ich dachte, du hättest inzwischen begriffen, dass das alles nicht so toll ist? – Du hast mein Gespräch mit Ronny gehört. Du hast meine Mutter kennengelernt.«

»Kennengelernt ist übertrieben. Aber ja, vielleicht ist nicht alles perfekt ... aber zumindest hast du eine Familie, die sich um dich kümmert.«

Hanna nickte, wirkte trotzdem wenig überzeugt.

»Ich habe ... gehofft, dass du mir noch eine Chance gibst«, sagte sie dann leise. »Dass du mir glaubst, wenn ich dir sage, wie leid mir alles tut. Du bist mir wichtig. Ich vermisse dich ... und ich brauche dich.«

»Wofür?«

So schmeichelhaft Hannas kleine Rede auch klang – Josefina konnte ihre Skepsis nicht ablegen. Sie sah Hanna nun mit anderen Augen. Sie war nicht mehr diese edle Lichtgestalt, die nur das Beste für sie wollte; kein Engel, der sie aus der Tristesse ihres Alltags in ein schillerndes Paradies an Möglichkeiten entführte.

»Ich brauche Abstand zu meiner Familie. Ich will zurück in meine Wohnung. Aber ich kann mich nicht einmal allein an- und ausziehen. Ich hatte ... hatte gehofft, dass wir uns versöhnen. Dass du einstweilen zu mir ziehst, um mich ...«

Hanna verstummte. Anscheinend schien ihr die Ungeheuerlichkeit ihrer Bitte selbst aufzugehen.

Um dich zu pflegen, vollendete Josefina den Satz in Gedanken. Zumindest war Hanna ehrlich.

»Ich würde dir auch etwas zahlen.«

Sie brauchte sie also als Pflegerin. Für eine Dienstleistung.

Payday, schoss es Josefina durch den Kopf. Die meisten Menschen taten eben nichts umsonst, sondern forderten irgendwann eine Gegenleistung ein. Es war bei Gertruds Familie so gewesen, und so war es nun bei Hanna. Nun, sie verstand dieses Prinzip. Sie würde niemandem etwas schuldig bleiben.

»Du hast mir damals geholfen«, sprach sie es aus. »Ich schulde dir was. Also ja, okay, ich helfe dir. Ich will kein Geld. Sag mir einfach, wie du es dir vorstellst.«

Hanna zuckte zusammen, als hätte sie ihr eine Ohrfeige gegeben. Nach kurzem Schweigen sagte sie: »Ich kann mich nicht an- und auskleiden, nicht einkaufen gehen, nicht kochen. Kannst du das übernehmen?«

»Okay. Gut. – Aber ich kann nur früh morgens und abends kommen. Ich arbeite jetzt Vollzeit. EUREA hat mich als Rezeptionistin angestellt.«

»Wirklich?« Hannas Gesicht hellte sich auf. »Gratuliere. Seit wann?«

»Seit dem ersten November.«

»Wie gefällt es dir?«

»Es ist okay.« Josefina hatte keine Lust, Hanna mit Details zu bestücken. Es ging sie nichts mehr an. »Wenn ich morgens um sieben Uhr bei dir bin, müsste sich alles ausgehen. Nachmittags komme ich gegen halb fünf Uhr von der Firma weg, könnte also um fünf Uhr bei dir sein. Passt das?«

»Um sieben Uhr schon?« Hanna klang leicht entsetzt, fügte dann aber rasch hinzu: »In Ordnung. Wie es für dich am besten ist.«

»Gut. Dann ... morgen um sieben Uhr.«

Hanna rührte sich nicht. Sie sah Josefina fragend an, blinzelte verwirrt. Dann schien zu begreifen. »Oh«, sagte sie. »D...du willst, das ich gehe?«

Josefina wünschte sich in diesem Moment Klarheit. Einerseits war da ihre Angst, dass wieder alles freigelegt wurde, was sie mehr oder weniger erfolgreich mit einer Schicht Erde bedeckt hatte – die Gefühle, die Hanna immer noch in ihr hervorrief. Das Bedürfnis, sie zu umarmen. Die Hoffnung, von ihr geliebt zu werden. Andererseits war da aber auch die ernüchternde Erkenntnis, dass die Person, die hier so angeschlagen vor ihr saß, dieselbe war, die sie schon einmal für ihre Zwecke benutzt hatte.

Hanna erhob sich schwerfällig und griff nach ihrem Mantel. Prompt rutschte er ihr aus der Hand und fiel zu Boden. Sie wollte sich bücken, doch Josefina war schneller. Sie hängte ihn zurück über die Stuhllehne.

»Hast du schon was gegessen?«

Hanna schüttelte den Kopf.

»Dann iss mit mir. Und danach bringe ich dich nach Hause und ins Bett – sofern du mir ein Taxi zahlst, das mich zurückbringt.«

»Natürlich. Danke.«

Sie nahm wieder Platz. Josefina drehte die Herdplatte an und stellte eine Pfanne mit Öl auf. Sie spürte Hannas Blick in ihrem Rücken und wusste, dass es all ihre Disziplin abverlangen würde, sich nicht wieder einlullen zu lassen.

»Darf ich dir trotzdem was erzählen?«, fragte Hanna prompt. »Etwas aus meinem Leben?«

»Aus deinem Leben?« Das war neu. Josefina drehte sich langsam zu ihr um. »Was denn? Dass du einen Fall gewonnen hast? Dass du befördert worden bist?«

Das Lachen, das Hanna von sich gab, klang unechter denn je.

»In diesem Zustand ist wohl weder das eine noch das andere möglich. – Du hast mir doch erzählt, du weißt nicht, wer dein Vater ist?«

Josefina nickte.

»Nun«, sagte Hanna. »Dann sind wir jetzt schon zwei, die in einer solchen Situation stecken.«

*

Hanna sah Josy dabei zu, wie diese die Einkäufe in ihrem Kühlschrank verstaute.

»Ich wusste jetzt nicht, ob du Bio-Joghurt willst oder ob der normale okay ist«, sagte Josy, die ihr in dem weinroten Kostüm und mit aufgestecktem Haar erwachsener vorkam als je zuvor. »Ich habe jedenfalls beide gekauft, und kann einen wieder mitnehmen.«

»Mir ist das völlig egal.« Hauptsache, ich bin wieder in meiner eigenen Wohnung und kriege dich täglich zu Gesicht. »Du kannst beide hierlassen oder einen davon mit zu dir nehmen, wie du willst.«

Josy holte einen Joghurtbecher wieder aus dem Kühlschrank und legte den abgezählten Cent-Betrag auf den Küchentresen. Hanna unterdrückte ein Seufzen. Mussten sie dieses kindische Spiel wirklich spielen? Sie wollte sagen, dass Josy nicht für den Joghurt bezahlen musste, besann sich aber in letzter Sekunde. Sie war nicht in der Position, Josys unausgesprochene Regeln zu sprengen.

»Wie war es in der Arbeit?«, versuchte sie es mit einem anderen Thema.

»Okay.«

»Nur okay oder auch gut?«

Josy stellte einen Topf auf den Herd und öffnete eine der mitgebrachten Tupperwareboxen.

»Das ist Chili con Carne. Während es aufwärmt, kann ich dir in deinen Schlafanzug helfen.«

Sie musste Hannas Irritation bemerkt haben, denn sie fügte hinzu: »Ich weiß, du würdest dich lieber nach dem Essen umziehen. Aber ich kann heute nicht warten.«

»Du isst nicht mit mir?«

»Ich habe noch etwas vor.«

Josy rührte den Topfinhalt um, ohne Hanna dabei anzusehen. Frag nicht. Es geht dich nichts an, und du wirst die Antwort sicher nicht mögen.

Hanna ignorierte die mahnende Stimme in ihrem Inneren.

»Was machst du denn?«

»Kino.«

»Mit Clea?«

»Mit Manuela.«

Hanna schluckte, doch der Kloß in ihrer Kehle steckte fest.

»Du hast also was mit ihr.«

Ihre Stimme klang vorwurfsvoller als beabsichtigt. Ein gequälter Ausdruck trat auf Josys Gesicht.

»Hanna … bitte …«, begann sie. Nach einer kleinen Pause fügte sie hinzu: »Selbst wenn es so wäre, ginge es dich nichts an.«

Hanna kämpfte gegen die Tränen. Sie fühlte sich unglaublich hilflos, und sie vermisste Josy so sehr, dass es körperlich schmerzte. »Bitte gib mir noch eine Chance!«, brach es aus ihr hinaus.

»Hanna.« In Josys Stimme lag ein warnender Unterton. »Wir haben das besprochen.«

Hatten sie das? – Für Hanna waren längst nicht alle Fragen beantwortet. Sie dachte daran, wie sie *Ich liebe dich* in ihr Smartphone getippt und es aus tiefstem Herzen so gemeint hatte. Wie konnte Josefina diese Tatsache einfach derart verdrängen?

»Du bist so anders«, stellte sie bitter in den Raum. »Als wir uns kennenlernten, warst du sanft und einfühlsam.«

»Du wolltest doch immer, dass ich tougher werde.« Das Chili con Carne begann zu brodeln, und Josy drehte die Temperatur niedriger. »Jetzt bin ich es. Das ist dein Verdienst. Du kannst also stolz auf dich sein.«

*

Drei Tage noch, dann würde Hanna den Gips los sein.

Josefina wusste nicht, ob sie darüber erleichtert oder traurig sein sollte. Einerseits freute sie sich für Hanna, der die Unselbstständigkeit sichtlich zusetzte, und den Umweg über Hannas Wohnung würde sie nicht vermissen. Andererseits war genau das der Punkt, der ihr Unbehagen verursachte. Sosehr sie sich auch dagegen wehrte: Ihre tiefen Gefühle für Hanna waren nun einmal da. Gefühle, die bei jedem Treffen schwieriger zu verbergen waren. Es kostete Kraft, Hanna abzuwehren. Doch was würde es schon bringen, gäbe sie nach? Statt einer gemeinsamen Zukunft nur weiteren Schmerz.

Als Josefina an diesem Abend bei Hanna läutete, dauerte es länger als sonst, bis geöffnet wurde. Ein Blick in Hannas verheultes Gesicht genügte, um zu erkennen, dass irgendeine Katastrophe eingetreten war.

»Was ist los?«

Hanna überreichte ihr wortlos einen formell aussehenden Brief. Am Briefkopf stand der Name der Kanzlei, für die sie arbeitete. Josefina las den knapp gefassten Text.

»Was?«, fragte sie dann ungläubig. »Die haben dich gekündigt? Dürfen die das im Krankenstand?«

»Sie dürfen es, und selbst wenn sie es nicht dürften, würde mir das nichts bringen.« Hanna ließ sich auf ihr Sofa sinken und starrte ins Leere. »Wenn ich dagegen protestiere, würden sie mich halt einen Monat später kündigen.«

»Ich versteh das nicht.« Josefina nahm neben ihr Platz. »Vor einiger Zeit noch wollten sie dich doch als Partnerin, oder nicht?«

»Du erinnerst dich vielleicht noch daran, dass ich dir von diesem übergriffigen Typen berichtet habe, den ich verteidigen sollte? – Nun, er ist der Patensohn von einem meiner Chefs. Vermutlich ist das einer der Gründe.«

»Es gibt noch andere?«

Hanna hob die Schultern. Sie ließ sich mit der Antwort Zeit.

»Vielleicht sind sie mittlerweile auch darauf gekommen, dass ich doch nicht so perfekt in ihr konservatives Weltbild passe. Und der lange Krankenstand tut sein Übriges.«

»Ich bin … finde es stark von dir, dass du diesen Typen nicht davonkommen lassen wolltest. Wenn die dich nicht mehr wollen, sind sie selbst schuld. Du bekommst doch jederzeit irgendwo anders einen Job, oder?«

Zu Josefinas Bestürzung begann Hanna prompt zu weinen – ein Anblick, der zwar nicht mehr unvertraut war, sie aber nach wie vor nicht unberührt ließ. Manchmal war der Grund weniger offensichtlich als in diesem Fall.

Tröstend streichelte sie über Hannas linken Arm. Es war die erste zärtliche Berührung seit Langem, was auch Hanna bewusst zu werden schien, denn sie blickte überrascht auf.

»Ich war so kurz davor, Partnerin zu werden«, brach es aus ihr heraus. »Wenn ich irgendwo neu anfange, beginne ich wieder bei Null. Ich falle in meiner Karriereplanung um Jahre zurück!«

Josefina wusste nicht, was sie darauf erwidern sollte. Diese extreme Fixierung auf beruflichen Erfolg war ihr fremd. Gab es nicht noch andere Aspekte im Leben, die wichtiger waren?

»Vielleicht solltest du das als Chance sehen«, wandte sie zaghaft ein. »Offensichtlich haben deine ehemaligen Chefs zu einigen Dingen eine andere Einstellung als du. Du hättest dich doch nur pausenlos geärgert, wenn du mit ihnen über Jahre hättest zusammenarbeiten müssen. Jetzt kannst du dir eine Kanzlei suchen, die zu dir passt – oder auch etwas ganz anderes machen. Als Juristin stehen dir viele Möglichkeiten offen.«

»Ich wollte immer Anwältin sein«, murmelte Hanna. »Wenn ich keine Anwältin bin, wer bin ich denn dann? Ich meine: Was bleibt übrig, wenn alles wegbricht? – Im Moment fühle ich mich wie ein arbeitsloses Wrack mit fettigen Haaren, das keiner will. Du auch nicht.«

»Hanna. Jetzt reicht es!« Ihre Schmerzensgrenze war eindeutig erreicht. »Seit wir wieder Kontakt haben, suhlst du dich im Selbstmitleid. Ja, du hattest einen Unfall, und das ist schlimm. Aber du bist nicht daran gestorben oder zu einem schweren Pflegefall geworden. Du wurdest von einem Spezialisten operiert, durftest dich in einem Einzelzimmer im Privatspital erholen, wurdest von deiner Familie betreut und besucht.«

Hanna öffnete den Mund, doch Josefina ließ sie nicht zu Wort kommen.

»Gut, deine Familie ist nicht perfekt, aber immerhin waren sie für dich da. Wenn ich ins Spital gekommen wäre, wäre niemand dagewesen, verstehst du? – Und okay, du kennst deinen leiblichen Vater nicht, aber es besteht zumindest die Chance, dass du ihn irgendwann einmal treffen wirst. Meine Mutter ist tot, und wahrscheinlich hat sie nicht mal gewusst, wie der Typ hieß, mit dem sie in die Kiste sprang. Ob ich dich will oder nicht, hat nichts mit fettigen Haaren oder einem verlorenen Job zu tun, und das weißt du auch sehr genau. Also reiß dich zusammen, hör auf zu jammern und tu etwas dafür, dass er dir besser geht!«

Hanna starrte sie sekundenlang an. Dann trat ein neuer, nicht zu deutender Ausdruck auf ihr Gesicht. Sie schlang den Arm um Josefinas Nacken, zog sie an sich und küsste sie.

Noch bevor ihr Verstand realisierte, was gerade geschah, reagierte ihr Körper. Ihre Lippen öffneten sich automatisch. Ihre Muskeln wurden ganz weich, und sie schmiegte sich an Hanna, als hätte es nie ein Zerwürfnis gegeben. Erst als Hannas Zunge auf die ihre traf, wich sie zurück.

»Hmm …«, sagte sie unschlüssig, während sich ihr Körper, der Verräter, zurück in Hannas Arme sehnte.

»Hmm«, ahmte Hanna sie nach. »Bevor du ausflippst: Ich habe nur deinen Rat befolgt und etwas getan, damit es mir besser geht!«

Josefina lächelte schief.

»Ich dachte eher daran, dass du Bewerbungen schreibst oder Haare wäscht. Und dass du dich weniger über einen Job definierst.«

»Meine Haare sind wirklich fettig, oder?«

»Wenn du die brutale Wahrheit hören willst: Ja, sind sie. Und du riechst nicht gut.«

Hanna lächelte.

»Und trotzdem sitzt du so dicht bei mir, dass kaum ein Blatt Papier zwischen uns passt.«

»Bilde dir nichts darauf ein. Ich wurde dazu genötigt.«

»Von einer Einarmigen mit Gips?«

Josefina knuffte Hanna mit dem Ellbogen in die Rippen. Obwohl sie nicht viel Kraft verwendet hatte, quiekte Hanna auf.

»Das tut weh! – Jetzt wirst du auch noch gewalttätig.«

»Soweit ich mich erinnere, stehst du auf eine Prise Schmerz. – ›Mach's mir fester‹, ›Beiß mich‹ und all das.«

Obwohl sie nur Hannas Regieanweisungen beim Sex wiedergegeben hatte, wurde Josefina nun doch rot. Hanna lachte, und es war das erste Lachen seit Langem.

»Das scheint dich noch sehr zu beschäftigen, Miss Ich-mag-nur-Blümchen-Sex«, bemerkte sie amüsiert. »Außerdem: Deinem Stöhnen nach zu urteilen, kann es so schlimm nicht gewesen sein.«

»Es war nicht schlimm. Aber ich hätte es auch mal gern anders …« Josefina bemerkte Hannas hoffnungsvollen Blick und fügte hastig hinzu: »… gehabt.«

»Gib mir eine Chance, und ich beweise dir, wie sanft ich sein kann.«

»Sagt die Frau, die sich nicht mal selbstständig die Haare waschen kann.« Josefina stand auf, weil sie bemerkte, wie ihre Abwehr schwächer wurde. Das Geplänkel rief Erinnerungen an die Abende in ihr wach, in denen sie mit Hanna auf diesem Sofa gesessen und geglaubt – oder gehofft – hatte, dass diese ihre Freundin war.

»Ich mache uns jetzt besser mal Abendessen«, sagte sie.

»Das heißt, du isst heute mit mir gemeinsam?«

»Nur, wenn du dich benimmst und dich nicht mehr selbst bedauerst.«

»Das krieg ich für den Rest des Abends hin.«

Josefina bedachte sie mit einem skeptischen Blick, dann ging sie in die Küche. Sie hatte gerade begonnen, den Tofu in kleine Stücke zu schneiden, als sie erst Hannas Atem, dann ihre Lippen auf ihrem Nacken spürte. Ihre Haut kribbelte. Sie stoppte in der Bewegung und schloss die Augen. Hannas sanfte Küsse jagten kleine Hitzewellen durch ihren Körper.

»Ich muss noch zwei Sachen loswerden«, flüsterte Hanna in ihr Ohr. »Erstens: Wenn du im Krankenhaus gelandet wärst, hätte ich dich natürlich besucht. Du wärst nie allein gewesen. Zweitens: Nicht nur deine Mutter war dem Alkohol zu sehr zugetan. Meine säuft auch.«

»Tatsächlich?«

Josefina drehte sich um. Dass die elegante Frau im Designerkleid eine verkappte Alkoholikerin sein sollte, fiel schwer zu glauben.

»Zwei Whiskey hier, drei Prosecco da ...«

»Das hört sich anders an als zwei leere Wodkaflaschen neben einer vollgekotzten Couch.«

»Sie verbirgt ihren Konsum besser. Aber im Grunde läuft es auf dieselbe Sucht hinaus.« Hanna hatte nun wieder von ihr abgelassen. »Als ich mich neulich bei ihr geoutet habe, habe ich endgültig kapiert, dass sie alkoholkrank ist.«

»Du hast dich geoutet?« Sie konnte kaum glauben, was Hanna da eben gesagt hatte, und ihr Herz machte einen kleinen Satz.

Auf gesellschaftlichem Parkett

Hanna liefen Tränen über das blasse Gesicht, während die Physiotherapeutin vorsichtig Arm und Schulter zu mobilisieren versuchte. Dass sie Schmerzen hatte, war offensichtlich.

Josefina presste die Lippen aufeinander und wusste nicht recht, was sie tun sollte. Sie so leiden zu sehen, trieb ihr fast selbst die Tränen in die Augen. Am liebsten hätte sie ihre Hand genommen oder den Arm um sie gelegt, doch erstens war da Sonja, die Physiotherapeutin, an ihr dran, und zweitens war sie sich nicht sicher, ob Hanna in diesem schwachen Moment ihre Aufmerksamkeit wollte. Gerade schien sie ihre Anwesenheit gar nicht wahrzunehmen.

Als die Waschmaschine im Bad nebenan mit einem hellen Piepen das Ende des Waschgangs verkündete, sprang Josefina erleichtert auf und flüchtete aus dem Schlafzimmer, um Hannas Wäsche aufzuhängen.

Es war merkwürdig, all die neckischen Seidenhöschen, Tangas und BHs in den Händen zu halten, die sie bereits von Hannas Körper gestreift hatte. In ihrer Erinnerung fühlte sie sanfte, warme Haut und schmeckte Schweiß und Lust.

Zum ersten Mal seit ihrer Trennung – vielleicht sogar zum ersten Mal in ihrem ganzen Leben – spürte sie heißes, unerfülltes Verlangen in sich aufsteigen. Gleichzeitig schämte sie sich dafür. Hanna litt nebenan Höllenqualen, und sie dachte an Sex.

»So, fertig für heute.«

Sonja stand im Gang. Die Schlafzimmertür hatte sie hinter sich zugezogen.

»Vielleicht schaust du mal nach ihr?«, fügte sie mit gedämpfter Stimme hinzu. »Sie hat heute einen schlimmen Tag.«

Damit erzählte sie Josefina nichts Neues. Auch vor der Physiotherapie hatte Hanna bereits depressiv auf dem Sofa gelegen und ins Leere gestarrt.

»Ich habe erwartet, dass es jetzt besser wird, wo der Gips endlich ab ist«, erwiderte Josefina ratlos. »Aber mir kommt es vor, als hätte sie noch mehr Schmerzen als vorher.«

»Das Problem ist, dass alles erst wieder beweglich werden muss, und natürlich wurden auch Nerven beschädigt. Es wird dauern, bis ihr Arm wieder so funktioniert wie früher.«

»Wird er das denn?«

Sonja seufzte. »Wenn sie Disziplin und Geduld aufbringt, dann schon.«

Bisher hatte es nie Zweifel an Hannas Disziplin und Ehrgeiz gegeben. Immerhin hatte sie im Rekordtempo ein schweres Studium durchgezogen und auch noch promoviert.

»Sie will alles gleich und sofort«, sagte Sonja, als hätte sie Josefinas Gedanken erraten. »Wenn etwas nicht so klappt, wie sie es sich vorstellt, wirft sie hin und bockt.«

Das klang schon eher nach Hanna.

»Achte einfach darauf, dass sie ihre Übungen macht«, fuhr Sonja fort und schlüpfte in ihren Anorak. »Und muntere sie ein bisschen auf. Ich glaube, das braucht sie jetzt am meisten.«

Josefina wurde schlagartig klar, dass die Physiotherapeutin davon ausging, dass sie ein Paar waren.

Besser, Hanna weiß nichts davon, dachte sie, während sie den letzten Tanga am Wäschegestell befestigte. Sie würde ausflippen!

Trotz der Geschichte vom misslungenen Coming-out-Versuch in der Rooftop-Bar, nahm Josefina ihr den Willen, künftig offen mit ihrer sexuellen Orientierung umzugehen, nicht so recht ab. Wer eine Fake-Verlobung mit dem besten Freund als Lösung aller Probleme sah, änderte sich doch nicht so einfach – oder? Sobald Hanna wieder hergestellt war, würde sie ihr Gesellschaftsleben wieder aufnehmen, ohne Regenbogenschal und Frau an ihrer Seite.

Zusammengerollt wie ein Embryo lag Hanna auf dem Bett, als Josefina wieder zurück ins Schlafzimmer kam. Sie setzte sich zu ihr auf die Bettkante und berührte sanft ihre Schulter.

»Brauchst du irgendwas? Ein Glas Wasser vielleicht?«

Hanna drehte den Kopf in ihre Richtung.

»Nein. Ich bin einfach nur müde.«

»Okay.« Josefina stand auf. »Dann lass ich dich schlafen. Es steht eine Portion Hühnergeschnetzeltes auf dem –«

Hanna fuhr auf, als stünde das Bett plötzlich unter Strom.

»Du gehst?«

Die Panik in ihren grünen Augen brachte Josefina komplett aus dem Konzept. Während sie noch nach Worten suchte, ergänzte Hanna verwirrt: »Es ist doch Samstag. Du musst nicht in die Arbeit, oder?«

»Nein … ich …« Sie gab sich einen Ruck. Das war albern; sie hatten keine Beziehung! Außerdem wollte sie genau das ja nicht mehr: jederzeit zur Verfügung stehen, wenn Hanna es gerade wünschte. »Ich treffe mich heute Abend mit Clea und ein paar Freundinnen. Wir backen Lebkuchen und Weihnachtskekse.«

»Wieso das denn?«

Was war das für eine Frage?

»Weil es Spaß macht?«

Die Antwort schien Hanna zu beschäftigen. Nachdenklich kaute sie auf ihrer Unterlippe.

»Wenn du später Hilfe beim Ausziehen und Duschen brauchst, kann ich danach noch mal vorbeikommen«, bot Josefina an. Hannas merkwürdiges Verhalten verunsicherte sie.

»Nein. Das kriege ich schon wieder allein hin, solange ich nicht Haare waschen muss.« Hannas Stimme klang dumpf. »Ich habe nur gehofft … habe gedacht, dass wir das Wochenende gemeinsam verbringen.«

So wie früher. Der Zusatz hing unausgesprochen in der Luft.

Josefina dachte an gemütliche Serienmarathons, Wein und Küsse. Und die Aussicht, in der Dämmerung hinaus in die Dezemberkälte zu gehen und den Abend mit einer Runde von Leuten zu verbringen, die sie noch nicht alle kannte, verlor an Reiz. Trotzdem sagte sie: »Ich habe das Treffen schon ausgemacht. Die anderen rechnen mit mir.«

Hanna fixierte einen Punkt an der kahlen Wand. Ihre starre Miene verriet nicht, was in ihr vorging.

Wenn etwas nicht so klappt, wie sie sich vorstellt, wirft sie hin und bockt. Josefina dachte an Sonjas schonungslose Analyse.

»Also ... ich geh dann mal«, startete sie einen neuerlichen Anlauf. »Du kannst mich gerne anrufen, wenn du morgen oder übermorgen doch Hilfe brauchst.«

»Warte!« Wieder klang Hanna panisch. Sie atmete tief durch, stand auf und fuhr sich mit den Fingern durch ihr zerzaustes Haar.

»Warte. Bitte«, sagte sie dann mit heiserer Stimme. »Darf ich mitkommen?«

*

Der Glühwein war viel zu süß, der Plastikklappstuhl hart und die Küche eng. Doch das Einzige, was zählte, war: Sie konnte diesen Samstag mit Josy verbringen.

Die Weihnachtsbäckerei war im vollen Gange. Josy knetete Teig, Clea stach Sterne und Herzen aus, Niko, die mit dem blonden Pferdeschwanz, kontrollierte die Backzeit und Chrissy – das war die, die ihr kurzes Haar giftgrün gefärbt hatte – bepinselte die erste abgekühlte Keksladung mit Zuckerglasur.

Hanna selbst hatte keine Aufgabe. Ihr rechter Arm schränkte ihre Möglichkeiten ein. Also hörte sie den Plaudereien der Frauen zu, die allesamt einige Jahre jünger waren als sie selbst, steuerte ab und zu einen belanglosen Kommentar zum Gespräch bei, und beobachtete Josy. Es war eine neue Erfahrung, sie im Kreise ihrer Freundinnen zu erleben. Oder besser gesagt: mit ihrer Freundin Clea und deren Bekanntschaften. Mit Clea ging Josy um wie mit ihr. Sie sprach offen und bewies Humor. Mit den anderen war sie zurückhaltend und erinnerte an die schüchterne Frau aus dem *Gin & More*. Sie gab wenig von sich preis und wich allzu persönlichen Fragen aus. Als Chrissy fragte, wie lange sie und Hanna sich schon kannten, antwortete sie mit ›Eine Weile‹; auf die Frage, was sie arbeitete, sagte sie ›Bei derselben Firma wie Clea‹. Ohne Zweifel blieb Josy ein vorsichtiger Mensch, der anderen nicht gleich volles Vertrauen schenkte. Das Wissen, dass sie sich ihr gegenüber doch recht schnell geöffnet hatte, gab ihr ein Gefühl von Exklusivität. Sie war für Josy etwas Besonderes … zumindest gewesen. Josy hatte ihr vertraut. Bis sie dieses Vertrauen auf mieseste Weise missbraucht hatte.

»Hanna, schmeckt dir der Glühwein nicht?« Clea riss sie aus ihren Gedanken. »Du machst ein Gesicht, als sei dir übel!«

Hanna fing Josys Blick ein – ein besorgter Blick. Josy wusste sofort, dass es nicht am Glühwein lag. Vermutlich machte sie sich Sorgen, dass die Depression überhandnahm.

»Erwischt.« Hanna gab ein Lächeln vor. »Er ist wirklich sehr süß.«

»Hm, ja, ich kannte diese Marke nicht, ich nehme normalerweise immer eine andere. Welche würdest du denn empfehlen?«

»Ich mache bei mir zu Hause so gut wie nie Glühwein, aber wenn ich einen machen würde, dann frisch. Ich würde eine Flasche Rotwein bei einem lokalen Winzer kaufen und ihn mit Zimtstangen, Nelken, Ingwer und Sternanis würzen, etwas Zucker hinzugeben, ihn aufkochen – fertig.«

»Bei einem lokalen Winzer?«, kam es von Chrissy. »Der Wein ist doch schweineteuer!«

Hanna lag bereits eine flapsige Bemerkung auf der Zunge, als sie sich daran erinnerte, worüber die Frauen anfangs gesprochen hatten: Chrissy hatte als angehende Journalistin mit abgeschlossenem Studium mit Mühe und Not eine Reihe von Praktikantenjobs ergattert, aber noch keine Festanstellung. Die Verlagshäuser fuhren einen rigiden Sparkurs.

»Nächstes Mal macht Hanna den Glühwein.« Clea nahm dem Gespräch sofort jedes Konfliktpotenzial. »Ich bin schon sehr gespannt, wie der schmeckt!«

Falls Josy mich wieder mitnimmt, gerne, ging es Hanna durch den Kopf. Laut sagte sie: »Das können wir gerne so machen.«

»Silvester zum Beispiel«, schaltete sich Niko prompt ein. »Du wolltest doch eine Party machen, Clea. Steht das noch?«

Silvester.

Hanna schüttelte sich bei dem Gedanken an die Feiertage und den Jahreswechsel. Zum ersten Mal in ihrem Leben würde sie wohl allein daheim herumsitzen. Sie wollte ihre Familie nicht sehen, und ihre Freunde wollten vermutlich sie nicht sehen.

»Ja, schon …« Clea zögerte. »Ich weiß nur nicht, wie sich die Sache mit der Wohnung entwickelt. Wenn es blöd läuft, muss ich vor dem Jahreswechsel raus.«

»Dein Vermieter hat noch immer nicht eingelenkt?«, erkundigte sich Chrissy.

»Nein. Der besteht darauf, dass ich eine neue Therme zahle.«

»Hanna hat gesagt, größere Reparaturen oder ein Austausch des Geräts müssen vom Vermieter übernommen werden«, schaltete sich Josy ein. »Ich hatte auch ein Problem dieser Art.«

Alle Blicke richteten sich auf Hanna.

»Ja … das ist richtig«, sagte sie, entschied dann aber, genauer nachzufragen. Wer wusste schon, was für ein Sonderfall hier zutage trat! »Du bist doch erst vor Kurzem hier eingezogen, Clea? Wie kann da schon etwas mit der Therme sein?«

Clea verzog das Gesicht.

»Das Ding ist dreiundzwanzig Jahre alt. So lange hält nicht mal ein Kleinwagen, oder? – Nun. Drei Wochen nach meinem Einzug fiel diese Abgassonderuntersuchung an. Der Rauchfangkehrer hat festgestellt, dass der Wert nicht passt. Jedenfalls wurde mir eine Deadline für den Austausch gesetzt, danach wird das Gas abgedreht und ich kann nicht mehr heizen. Und mein Vermieter tut so, als ginge ihn das alles nichts an. Er sagte, dann müsse ich halt ausziehen.«

»Hat er mehrere Wohnungen hier im Haus?«

»Ja.« Clea sah sie überrascht an. »Wie kommst du darauf?«

»Mir ist aufgefallen, dass ein paar Wohnungen und das Stiegenhaus offenbar gerade renoviert werden. Umgekehrt gibt es noch einige Wohnungen, bei denen nichts dergleichen unternommen wird – so wie deine. Also gehe ich davon aus, dass dein Vermieter ein Interesse daran hat, die Wohnungen nach der Sanierung teurer weiterzuvermieten.«

Clea schien vollkommen überwältigt von ihrer Analyse. »Dieser Herr Grumbeck hat das Haus kurz nach meinem Einzug von seinem Onkel geerbt, und seither ziehen die Leute reihenweise aus. Sobald eine Wohnung leer ist, fängt er an, diese zu sanieren ...«

»Wahrscheinlich versucht er, Alt-Mieter rauszuekeln und die top-sanierten Wohnungen für ein Vielfaches neu zu vermieten.«

Clea schnappte nach Luft. »Ist das legal?«

»Im Prinzip ja, im Detail aber nicht. Was die Therme betrifft, hat er keine Chance. Er muss ein neues Gerät zahlen. – Warst du schon beim Anwalt?«

»Beim Anwalt?« Clea riss die Augen auf. »Nein! Das kann ich mir nicht leisten! Ich habe keine Rechtschutzversicherung ...«

Hanna unterdrückte ein Seufzen. Wie naiv war das denn? – Selbst sie hatte eine, obwohl sie sich meist selbst helfen oder mit Kollegen austauschen konnte.

»Die sind nur teuer und zahlen im Zweifelsfall eh nicht«, wusste Chrissy zu sagen. »Außerdem kriegt man den Anwalt meist von denen gestellt, und das ist oft jemand, der nicht so gut ist.«

»Das stimmt so nicht!«, widersprach Hanna, und ihre Stimme

klang schärfer als beabsichtigt. Clea zuckte erschrocken zusammen, weshalb sie milder hinzufügte: »Es kommt auf die Versicherungskonditionen an. Oftmals darfst du dir den Anwalt selbst suchen. Ich habe auch schon mehrere Mandanten vertreten, die –«

»Was? Du bist Anwältin?«, fragte Niko prompt. »Du stehst mit so einem schwarzen Umhang vor Gericht, wie im Fernsehen?«

Hanna schmunzelte.

»Wenn es zu einer Gerichtsverhandlung kommt, dann schon. In vielen Fällen einigt man sich aber ohne Prozess.«

»Meinst du, ich kann Schmerzensgeld verlangen, auch wenn mein Vermieter die neue Therme zahlt?«, wollte Clea nun wissen. »Immerhin hätte ich unter Umständen eine Zeit lang eine kalte Wohnung, wenn das Ding bis Jahreswechsel nicht ausgetauscht ist! Vorausgesetzt natürlich, ich bleibe hier wohnen, um mich gegen die Machenschaften dieses Immo-Hais zu wehren!«

Cleas Gedankengang wirkte mehr als nur konfus. Hanna erinnerte sich daran, dass Josy die Freundin einmal als *leicht chaotisch* beschrieben hatte.

»Als Erstes musst du ihn schriftlich über das Ergebnis der Abgassonderuntersuchung in Kenntnis setzen und ihn auffordern, für ein neues Gerät zu sorgen.«

»Aber das weiß er doch schon! Ich hab es ihm gesagt, und dann –«

»Schriftlich!«, wiederholte Hanna mit Nachdruck, und Clea verstummte kleinlaut. Die gute Stimmung war verflogen. Niedergeschlagenheit legte sich auf die Gemüter der Anwesenden. Es war offensichtlich, dass sie mit Clea mitlitten. Seltsamerweise empfand auch Hanna Mitgefühl. Wie schlimm musste es sein, gerade erst eine neue Wohnung eingerichtet zu haben, um dann von einem skrupellosen Vermieter auf perfide Weise hinausgeekelt zu werden?

Sie traf ihre Entscheidung spontan.

»Wenn du willst, kann ich das Schreiben aufsetzen und unter

meinem Namen absenden. Manche Leute kriegen schon kalte Füße, sobald sie nur sehen, dass eine Anwältin eingeschaltet worden ist.«

»Ehrlich? Das würdest du tun?«

Ein Hoffnungsschimmer blitzte in Cleas Augen auf, und Josy starrte Hanna mit halb offenem Mund an. Hanna schickte ihr ein flüchtiges Lächeln über den Tisch, ehe sie sich wieder Clea zuwandte.

»Kein Problem. Aber ich muss dich warnen: Er wird vermutlich immer wieder versuchen, dich aus der Wohnung zu kriegen.«

»Verstehe, aber jeder Monat ist ein Gewinn«, murmelte Clea. »Ich kann nicht gleich schon wieder einen Umzug und Provision zahlen!«

»Okay, dann gib mir deine Mailadresse, damit wir uns wegen der Unterlagen austauschen können.«

Sie speicherte Cleas Kontaktdaten gerade in ihr Handy ein, als Niko zaghaft fragte: »Ich habe vor zwei Wochen den Job gewechselt und vor ein paar Tagen mein Arbeitszeugnis zugeschickt bekommen. Aber das liest sich so negativ, dass ich es für künftige Bewerbungen nicht verwenden kann. Glaubst du, da kann man rechtlich was machen?«

»Schick es mir gerne und ich schau's mir an«, bot sie an und fügte gedanklich hinzu: Ich habe im Moment sowieso nichts anderes zu tun. »Aber nur, um auf dem Boden der Tatsachen zu bleiben: Ich bin keine Expertin im Wohn- und Arbeitsrecht.«

»Wir vertrauen dir trotzdem«, versicherte Clea, und Niko fragte: »Was ist denn dann dein Spezialgebiet?«

»Strafrecht.«

»Das heißt, wenn wir jemanden umbringen, bist du die Top-Anwältin?«, erkundigte sich Chrissy.

Hanna lachte amüsiert.

»Ich hatte noch keinen Mord. Mit Banküberfällen, Diebstählen und Einbrüchen habe ich Erfahrung.«

»Oh, cool. Gut zu wissen. Welche Bank würdest du empfehlen? – Ich bin grundsätzlich knapp bei Kasse. Es soll leicht gehen. Ich hätte gern eine Bankgestelle, die sich von einer Spielzeug-pistole einschüchtern lässt und die Million ohne Widerstand über den Tresen schiebt.«

»Die Million.« Hanna lachte erneut. »So viel Bargeld hat die Filiale ums Eck nie flüssig.«

»Und bereiten sich die Bankräuber in der Regel gut vor, oder sind das Spontantäter?«

»Musst du deine Klienten … äh, oder Mandaten, auch im Gefängnis besuchen?«

»Sagen die dir immer ganz ehrlich, was sie getan haben, und du legst ihnen dann einen Text zurecht, der die Sache verharm-lost?«

Die Fragen prasselten auf sie ein. Hanna tat ihr Bestes, um sie auf unterhaltsame Weise zu beantworten. Die gute Stimmung kehrte zurück. Auf einmal machten ihr weder der schlechte Glühwein noch die kitschigen Weihnachtslieder etwas aus. Zum ersten Mal nach einer gefühlten Ewigkeit hatte sie Spaß.

Trotz ihrer anfänglichen Skepsis genoss sie die Zeit mit diesen Frauen. Sie waren anders als Judith, Katja und alle anderen, die sie kannte. Statt gediegenen Schmuck trugen sie Piercings und Tattoos, experimentierten mit Haarfarben und hatten bunte Baumwolltücher statt Hermès-Schals um den Hals geschlungen. Sie redeten über Klimaschutz, als läge es allein an ihnen, die Welt zu retten, solidarisierten sich mit allen, die Diskriminierung erfuhren und machten mehr als einmal darauf aufmerksam, wie rassistisch sich manche Österreicher gegenüber Ausländern verhielten. Sie waren sich einig darüber, dass der Kapitalismus die Wurzel allen Übels war, träumten von besseren Jobs, mehr Einkommen und betonten die Wichtigkeit einer guten Work-Life-Balance.

Im Kern musste sie den Frauen recht geben. Die Gesellschaft war von haarsträubender Ungleichheit geprägt, und auch wenn anderes behauptet wurde: Nicht alle besaßen die gleichen Chancen. Gleichzeitig widerstrebte ihr grundsätzlich jede einseitige Betrachtung. Jede Medaille hatte zwei Seiten. Dass ihre Familie Geld hatte, änderte nichts daran, dass Niko und Chrissy keine guten Jobs bekamen. Ganz im Gegenteil – hätte das Architekturbüro nicht regelmäßig Werbung in Wiener Tageszeitungen geschaltet, hätte der ein oder andere Redakteur seinen Job gewiss ein paar Monate früher verloren.

Um kurz vor Mitternacht verabschiedeten sie sich voneinander. Hanna wunderte sich, wie viele Menschen an einem Tag Anfang Dezember um diese Uhrzeit noch unterwegs waren, und es wurde ihr bewusst, wie lange es her war, dass sie abends ausgegangen war und irgendjemanden getroffen hatte. Auch vor ihrem Unfall hatte sie wie in einem Elfenbeinturm gelebt.

»Danke, dass ich mitkommen durfte«, sagte sie daher. »In Clea hast du wirklich eine tolle Freundin, und die anderen finde ich auch nett.«

»Ich auch«, erwiderte Josy. »Gib's zu: Du wolltest mit, weil du Angst hattest, dass Manuela dort ist und mich anbaggert.«

Hanna fühlte, wie ihr das Blut in den Kopf stieg.

»Irgendwer muss dich ja vor ihr retten«, erwiderte sie betont gelassen.

»Ach?« Ein amüsiertes Lächeln trat auf Josys Lippen. »Du glaubst also, ich kann mich nicht gegen sie wehren?«

»Nein, sicher nicht. Sie wird dich bezirzen, dir Komplimente machen, dich zum Essen und ins Kino einladen und so weiter und so weiter … und irgendwann will sie mit dir ins Bett. Glaub mir, ich weiß, wie das läuft!«

»Ach, wirklich?« Josys Stimme triefte vor Sarkasmus. »Hast du vielleicht auch schon mal jemanden auf ähnliche Weise verführt?«

Hanna ahnte, dass ihr Kopf inzwischen die Farbe einer überreifen Tomate angenommen haben musste.

»So plump würde ich nie vorgehen.«

Josy lachte trocken.

»Nein? – Ich habe von einer Anwältin gehört, die junge Frauen auf ein Boot verschleppt, ungeheuerliche Dinge mit ihnen anstellt, ihnen völlig den Kopf verdreht und das Ganze für ein Charity-Projekt hält.«

»Hast du? – Das klingt entsetzlich.« Hanna stieg auf den Scherz ein, auch wenn ihr die Erinnerung einen Stich versetzte. Wenn sie jetzt daran dachte, wie sie über Josy hergefallen war – ohne Flirt, ohne Küsse – fühlte sie sich schrecklich. Im Grunde hatte sie sich einfach an ihr bedient.

Eine Lautsprecherstimme kündigte die U-Bahn-Station Gumpendorfer Straße an. Josy stand auf.

»Also«, sagte sie. »Gute Nacht dann.«

»Was?« Hanna sprang von ihrem Sitz auf. »Kommst du nicht mit zu mir? – Ich dachte, dass wir morgen zusammen frühstücken könnten.«

»Vielleicht, aber ich übernachte in meinem Bett.«

»Ja, aber …« Die U-Bahn bremste. Einige der Mitfahrenden drängten in Richtung Ausgang. Josy schloss sich ihnen an.

Hanna biss sich auf die Lippen. Es spielte keine Rolle, wie sehr sie sich bemühte. Josy hatte mit ihr abgeschlossen.

Die U-Bahn-Türen gingen auf. Josy drehte sich nochmals zu ihr um. »Oder brauchst du etwa doch Hilfe beim Ausziehen …?«

Ja, verdammt! Natürlich brauchte sie Hilfe – ganz besonders beim Ausziehen! Sie wollte, dass Josy den Reißverschluss ihrer Jeans aufzog, ihr die Bluse aufknöpfte, den BH öffnete und den Slip abstreifte. Was sie jedoch nicht wollte, war, dass Josy dabei das gleichgültige Gesicht einer überarbeiteten Krankenpflegerin aufsetzte.

»Danke. Ich schaffe das schon«, sagte sie daher.

Als Josy ausstieg, stieg sie ohne lange darüber nachzudenken mit aus. Josy blieb stehen und sah sie irritiert an. Hanna verkleinerte den Abstand zwischen ihnen auf eine Armlänge.

»Was ich damals auf dem Boot gemacht habe, tut mir leid. Das war nicht richtig.«

Josy runzelte die Stirn. »Ach, Hanna. Darum geht es doch gar nicht. Darum ist es nie gegangen.«

Dann zog Josy sie plötzlich an sich und in einen Kuss – mitten auf den Mund und mitten am Bahnsteig, vor den Augen aller Nachtschwärmer –, und Hanna ließ sich bereitwillig auf diesen Kuss ein. Zeit ihres bisherigen Lebens hatte sie nicht zugelassen, dass eine Frau sie in der Öffentlichkeit küsste, und jetzt, da es geschah, fühlte sie sich wie im Siebten Himmel. Sie ignorierte die Gruppe Jugendlicher, die ein paar obszöne Bemerkungen abgab, als sie an ihnen vorbeiging, ließ den Typen, der zu irgendjemanden sagte »He, geil, Lesben!« unkommentiert und störte sich nicht an der älteren Dame, die etwas Unverständliches vor sich hin schimpfte, als sie an ihnen vorbeihumpelte.

In diesem Moment gab es nur Josy und sie.

*

Die Spätzle brodelten auf kleiner Flamme. Die Bohnen, bissfest gekocht und kunstvoll in Speck eingewickelt, standen auf einer Warmhalteplatte. Der Burgunderbraten ruhte im heißen Backrohr. Sein Duft erfüllte Hannas gesamte Wohnung.

Josy drapierte den dreiarmigen Kerzenständer auf dem festlich gedeckten Tisch und fragte sich, ob dieses ganze Spektakel nicht heillos übertrieben war für ein Abendessen mit Freunden. Sie standen seit Stunden in der Küche. Froh darüber, dass Hanna sich gegen ihre Lethargie und Depressionen wehrte, hatte sie sich gerne dazu bereiterklärt, bei den Vorbereitungen zu helfen. Dass Hanna Freunde einlud, fand sie prinzipiell gut. Freunde bedeuteten Ablenkungen. Angesichts des Spektakels, das Hanna abzog, überkamen sie mittlerweile jedoch Zweifel.

Hanna war nervös, auch wenn sie es zu kaschieren versuchte. Schon beim Kochen hatte sie einen unglaublichen Perfektionseifer an den Tag gelegt und das Tischdecken zur Kunstform stilisiert. Fast eine halbe Stunde lang hatte sie nach passender Hintergrundmusik gesucht und sich schließlich für ein Album mit klassischen Klavierstücken entschieden.

Nun zog sie zum dritten Mal innerhalb einer Viertelstunde ihren Lippenstift nach und strich ihr schwarzes Cocktailkleid glatt. Josy war nichtsahnend in Jeans gekommen, trug aber mittlerweile den schwarzen Rock und eine von Hannas Blusen, auch wenn sie noch immer nicht ganz verstand, was dieser Aufwand sollte.

Ein kleines Abendessen mit Freunden, so hatte es Hanna genannt. Von einem Staatsempfang in den eigenen vier Wänden war nicht die Rede gewesen.

Wenn schon, dachte Josy und kämpfte tapfer gegen ihr eigenes mulmiges Gefühl an. Du bist nur hier, um Hanna zu helfen. Letztendlich wird kaum jemand Notiz von dir nehmen.

Als die Haustürglocke schellte, zuckte sie dennoch zusammen. Vor ihr lagen mindestens drei Stunden steifer Small Talk.

Es dauerte ewig, bis die Gäste in Hannas Wohnung eintrafen. Sie hörte den Lift nach unten fahren, Stimmen, die über etwas diskutierten, Geräusche, die sie nicht zuordnen konnte und schließlich Schritte im Stiegenhaus. Der kleine Tumult klärte sich auf, als sich die Türen des Aufzugs öffneten und eine hochgewachsene Frau mit dunklen Locken ausstieg. Sie trug ein Baby auf dem Arm. Wenig später erschien ein Mann auf dem Treppenabsatz. Er hatte einen zusammengeklappten Kinderwagen nach oben geschleppt.

»Tut mir leid, der Babysitter ist krank«, war das Erste, das die Frau sagte. »Wir wollten nicht kurzfristig absagen. Außerdem soll unser Kind lernen, überall zu schlafen.«

Er ergänzte: »Der Kinderwagen war zu sperrig für den Lift.«

Bildete sie sich das ein oder wirkte Hannas Lächeln noch verkrampfter?

»Das ist Josy«, stellte sie sie Augenblicke später einander vor. »Josy, das sind Judith, Rolf und die kleine Stephanie.«

Sie reichten sich formell die Hände. Der Kinderwagen war gerade aufgeklappt, als Katja und ihr Mann Niklas eintrafen. Während Judith eher klassisch-gediegen wirkte, trug Katja ihr blondes Haar kurz und war sportlich-schick gekleidet.

»Alles Gute zum Geburtstag«, sagte Katja nun und umarmte Hanna. Josy gefror innerlich. Wie bitte? – Den ganzen Tag über hatte Hanna kein Wort darüber verloren! Das konnte doch nur ein Missverständnis sein, oder?

Zu ihrem Entsetzen nahm Hanna dankend den Blumenstrauß entgegen. Der nächste Satz, den sie sagte, zog an Josefina aufgrund ihres schockierten Zustands beinahe vorbei.

»Das ist Josy, meine Freundin.«

»Hallo, Josy.«

Auch hier freundliches Händeschütteln. Mit einem Aperitif in den Händen standen sie kurze Zeit später in Hannas Wohnzimmer. Das Baby krähte fröhlich im Kinderwagen.

Sie fragten, wie es Hanna nach dem Unfall gehe, und Hanna antwortete, sie sei auf dem Weg der Besserung, wobei sie kein Wort darüber verlor, dass sie noch immer mit der Feinmotorik und Schulterschmerzen kämpfte. Ansonsten verbuchte Josy die Gespräche unter Small Talk. Sie selbst war nicht gut darin, weshalb sie sich unauffällig abseilte und mit dem Baby beschäftigte. Es lachte, schnitt lustige Gesichter und gluckste, und Josy fragte sich automatisch, ob es in dreißig Jahren auch in einem Kleid irgendwo im Wohnzimmer einer Freundin herumstehen und über die Weihnachtsdekoration der Stadt Wien plaudern würde, anstatt zu fragen, was sie denn nun den ganzen Tag mache, was ihre Pläne seien und wie sie sich wirklich fühlte.

»Hier ist unser Geburtstagsgeschenk«, sagte Judith nun. »Das ist von uns allen zusammen.«

Sie überreichte Hanna ein Kuvert, das diese sichtlich neugierig öffnete.

»Oh … ein Thermenwochenende in der Steiermark. Danke schön!«

Hanna lächelte und umarmte die Schenkenden, doch Josefina hatte nicht das Gefühl, dass ihre Freude echt war. Sie warf einen Blick auf den Gutschein: zwei Übernachtungen im Einzelzimmer inklusive Wellnesspackage mit Fünf-Gänge-Menü, Massage und Gesichtsbehandlung. Hannas Freunde hatten sich dieses Geschenk ja ganz schön was kosten lassen ...

Irgendwann saßen sie endlich am Tisch. Josefina half Hanna dabei, die Teller zu befüllen und den Rotwein auszuschenken.

»Köstlich«, lobte Judith, und Katja bemerkte schmunzelnd: »*Immer wieder* köstlich, hast du vergessen zu sagen!« Sie wandte sich an ihren Mann. »Der Burgunderbraten ist Hannas Standardgericht. Ich habe bei ihr noch nie etwas anderes serviert bekommen.«

»Schmeckt aber hervorragend«, erwiderte Niklas, ein schlanker Mann mit Halbglatze und Nickelbrille. »Kompliment an die Köchin!«

Hanna lächelte, und wirkte dabei so angespannt, dass es fast wie eine Grimasse aussah.

»Wie oft hast du denn schon den Burgunderbraten serviert bekommen?« Katja lächelte Josefina über den Tisch hinweg an, wobei diese den wahren Hintergrund der Frage sofort erfasste: Sie wollte wissen, wie lange sie sich schon kannten.

»Noch nie«, antwortete sie ehrlich. »Hanna hat bisher immer andere Sachen gekocht.«

»Hanna kann andere Gerichte kochen? Ehrlich?«

Alle schienen sich zu amüsieren. Hannas Lächeln wirkte noch verkrampfter, und Josefina fragte sich besorgt, ob sie etwas Falsches gesagt hatte.

»Woher kennt ihr euch denn?« Nun wurde Katja direkter, und Josefina brach der Schweiß aus. Sie warf einen schnellen Seitenblick auf Hanna, die ihr prompt die Antwort abnahm.

»Aus dem *Gin & More*.«

»Was, den Laden gibt es noch?«, fragte Rolf. »Judith und ich hatten dort unser erstes Date. Eine Art Blinddate. Mein Schatz hatte ja auf ihrem Parship-Profil nur Fotos, die sie von hinten zeigten. Erkennungszeichen war ein dunkles Jackett. Also komme ich dahin, lasse meine Augen durch das Lokal schweifen – und sehe nur Frauen in dunklen Jacketts! Es war beinahe gruselig.«

»Sie hat dir also verschwiegen, dass es ein Juristentreffpunkt ist?« Katja schmunzelte. »Wie habt ihr euch dann erkannt?«

»Wahre Liebe findet sich«, erwiderte Judith kokett, beugte sich zu ihrem Mann und drückte ihm einen Kuss auf die Wange. »Nein, im Ernst, es war wirklich ein sehr kurioses Treffen. Denn als wir gerade so beim ersten Glas Wein sitzen und uns vorsichtig beschnuppern, kommt plötzlich Ronny ins Lokal, sieht mich, läuft freudestrahlend auf mich zu und lässt sich an unserem Tisch nieder! Der hat überhaupt nicht bemerkt, dass er mitten in ein Date platzt!«

»Das ist klassisch Ronny«, sagte Katja. »Er tritt ja immer auf wie der Eins-a-Gentleman aus dem Bilderbuch, von wegen *Adel verpflichtet* und so, und dann landet er ständig solch einen Schnitzer! Als ich einmal am Flughafen –«

Sie unterbrach sich, sah zu Hanna, die ausgiebig auf einem Stück Burgunderbraten kaute.

»Tut mir leid«, sagte sie betreten. »Wechseln wir das Thema. Nach dem, was Ronny sich mit dir geleistet hat ... Was er dir angetan hat ... sollten wir nicht einmal seinen Namen erwähnen.«

Josefina versuchte, sich ihre Verwunderung nicht anmerken zu lassen. Irgendetwas hatte sie anscheinend verpasst. Was hatte Ronny Hanna denn angetan, außer dass er berechtigterweise seinen Unmut über die Verlobungsanzeige kundgetan hatte?

Hanna ließ ihr Besteck sinken.

»Ronny hat nichts getan«, stellte sie klar. »Ich bin diejenige, die euch belogen hat. Die Anzeige war ein Fake. Ronny und ich waren nie ein Paar, und es war nie die Rede davon, dass wir heiraten.«

Wow, dachte Josefina, während nun alle Blicke auf Hanna gerichtet waren. Alle hatten das Essen eingestellt. Die Hintergrundmusik war für einige Augenblicke das einzige Geräusch im Raum.

»Aber …«, setzte Katja dann perplex an. »Ronny hat dich doch betrogen? – Ich meine, wir kennen doch alle dieses Foto … Er mit dieser alten Frau … was schon irgendwie, hmm, sonderbar ist, nicht wahr?«

»Sie heißt Florentine, sie ist eine hochrangige Diplomatin und er ist schon seit ein paar Jahren mit ihr zusammen. Und wenn euch jemand betrogen hat, dann war ich es.«

»Aber warum …?«, fragte Judith mit großen Augen. »Wie meinst du das?«

Und dann sprach Hanna es aus: »Ronny war über Jahre nur meine Tarnung. Josy ist meine Freundin.«

Josefina wurde abwechselnd heiß und kalt. Sie starrte auf die Tischplatte und wagte kaum aufzusehen.

Wieso tat Hanna das? – In Anbetracht dessen, welchen Horror Hanna offensichtlich Zeit ihres Lebens mit sich herumgeschleppt hatte, wenn es um ihre sexuelle Orientierung ging, kam Josefina diese plötzliche Offenbarung komplett fehl am Platz vor. Zudem war ihr Beziehungsstatus mehr oder weniger ungeklärt.

»Ja … aber Tarnung wofür?« Katja hatte nichts begriffen. Die anderen offensichtlich ebenso wenig. »Und was hat Josy damit zu tun?«

»Josy und ich sind zusammen«, erklärte Hanna mit fester Stimme und griff nach Josefinas Hand. »Wir sind ein Paar. Wie ich schon sagte: Josy ist meine Freundin.«

Wieder war die Stille ohrenbetäubend. Wieder wünschte sich Josefina, dass sie einfach nur im Erdboden versinken würde. Warum war das alles so ein Staatsakt? – Niko und Chrissy waren sofort davon ausgegangen, dass Hanna ihre Freundin war.

»Ähm«, sagte Niklas dann. »Willst du uns damit sagen, dass du und … äh … Josy … dass ihr …« Er machte eine seltsame, unbeholfene Geste. »Äh, ein intimes Verhältnis habt?«

»Ja, wir schlafen miteinander, wenn du das meinst«, erwiderte Hanna sachlich. Sie nahm ihr Besteck wieder in die Hände und aß demonstrativ weiter – als Einzige am Tisch. Judith, Katja, Rolf und Niklas schauten sie einfach nur ratlos an. Josefinas Magen war wie zugeschnürt.

»Aber du bist doch nicht lesbisch«, sagte Katja dann mit tiefer Verwirrung in der Stimme. »Du hattest doch was mit Männern ... kurzzeitige Affären, aus denen dann nie etwas wurde!«

»Ich habe euch belogen. Es waren immer Frauen.« Hanna griff nach ihrem Weinglas, und Josefina fragte sich, ob nur ihr das leichte Zittern ihrer Hand auffiel. »Und ja, ich bin lesbisch. So nennt man das.«

»Und ... das sagst du uns jetzt einfach so?«, fragte Katja. Sie klang weiterhin fassungslos. »Ich meine: jetzt erst. Ich verstehe das alles nicht.«

»Was gibt es da nicht zu verstehen?« Judith wandte sich stirnrunzelnd an Katja. »Hanna outet sich. Ich kann mir vorstellen, dass es sie große Überwindung kostet. Mein Bruder ist schwul, für ihn war und ist es nicht einfach, anderen davon zu erzählen.«

»Schon ... aber es kommt sehr überraschend.«

Katja wand sich nahezu auf ihrem Stuhl.

»Danke, Hanna, für dein Vertrauen«, sagte Judith nun. »Jetzt müssen wir künftig nicht mehr überlegen, welchen Junggesellen wir bei diversen Anlässen neben dir platzieren. Das war anstrengend genug. Ich freue mich, dass du jemanden ... Josy an deiner Seite hast. Und nun gibt es sicher auch wieder andere Themen, über die wir uns unterhalten können, oder?«

»Klar«, stieg Niklas darauf ein. »Zum Beispiel die Frage, wann unsere Weingläser wieder gefüllt werden. Nach all diesen interessanten Offenbarungen haben wir uns doch etwas Alkohol verdient, finde ich.«

Hanna wollte aufstehen, doch Josefina war schneller.

»Ich mach das«, sagte sie, dankbar, der Tischgesellschaft kurz zu entkommen. Während sie in der Küche die zweite Flasche vom Blaufränkischen entkorkte, wurde ihr bewusst, dass Hanna das alles von Vornherein geplant haben musste. Sie hatte reinen Tisch machen wollen. Deshalb auch ihre Nervosität.

Warum ausgerechnet jetzt, fragte sich Josefina. Wieso ausgerechnet dann, wenn ich dabeisitze?

Dann fiel es ihr wie Schuppen von den Augen: Hanna hatte es nicht nur für sich selbst, sondern auch wegen ihr getan. Sie wollte ihr beweisen, dass sie sich geändert hatte. Dass sie zu ihr und dieser Beziehung stand. Dass die Zeit der Lügen vorbei war.

Der Lügen und der Selbstverleugnung, ging es Josefina durch den Kopf, und sie meinte damit sich selbst. Wie lange wollte sie sich selbst noch weismachen, dass sie Hanna nur half, um irgendeine Schuld zu tilgen?

Tatsächlich hatte sie seit dem Kuss in der U-Bahn-Station an nichts anderes mehr denken können als daran, sie erneut zu küssen und zu berühren. Nur ihr Vorsatz, sich nicht wieder in dieselbe schwache Position zu begeben wie zuvor, hatte sie daran gehindert. Aber jetzt war alles anders. Hanna hatte deutlich bewiesen, dass sie mehr war als die Bettgeschichte, die je nach Bedarf in den Kalender eingepasst wurde.

Als sie an den Esstisch zurückkam, war eine Diskussion über Elektroautos im Gange. Später begann das Baby zu schreien, und Josefina half Judith dabei, das mitgebrachte Milchfläschchen aufzuwärmen. Während diese später das Dessert löffelte, übernahm sie die kleine Steffi nur allzu gerne und trug sie in der Wohnung herum. Mit Kindern konnte sie mehr anfangen als mit der potenziellen Reichweite eines Tesla.

*

Hanna schloss hinter ihren Gästen die Tür und fühlte Erleichterung. Es war vollbracht. Sie hatte es getan. Langsam drehte sie sich um.

Josy lehnte am Garderobenkasten, die Hände vor der Brust verschränkt. Ihre Miene war unergründlich.

»Danke für deine Hilfe«, sagte Hanna, weil ihr im Augenblick nichts Besseres einfiel.

»Wobei? Beim Kochen oder beim Gästeschockieren?«

Jetzt lag ein Lächeln auf Josys Lippen.

»Bei beidem.« Auch Hanna lächelte zaghaft. »Tut mir leid, falls ich dich damit brüskiert habe. Ich hätte es dir vorher sagen sollen.«

»Allerdings.« Josy trat zu ihr und legte ihr beide Hände auf die Schultern. »So macht man das doch in einer Beziehung: Man spricht Dinge ab. Und wo du doch so sicher bist, dass ich deine Freundin bin …«

Sie ließ den Satz unvollendet und sah Hanna abwartend an.

»Ich weiß nicht, wie man das macht in einer Beziehung«, sagte Hanna dann leise. »Du bist meine erste.«

»Du bist auch meine erste, aber ich lese viel. In allen Liebesromanen ist das so.«

»Vielleicht sollte ich auch mal was anderes lesen als juristische Fachbücher.«

»Definitiv.« Josy suchte ihren Blick. »Es ist doch gut gelaufen, oder? Niemand hat dich beschimpft und gesagt, dass er nichts mehr mit dir zu tun haben will.«

»Nein.« Hanna fuhr sich durchs offene Haar. »So was würden sie auch niemals sagen. Sie lächeln dich an, lassen ein paar höfliche Phrasen vom Stapel und laden dich künftig einfach nicht mehr ein. Wenn du ihnen nach zwei Jahren zufällig über den Weg läufst, sind sie überfreundlich und bedauern scheinheilig, dass es doch so schade sei, dass man sich schon ewig nicht mehr getroffen hätte. So funktionieren Ausgrenzung und soziale Ächtung in meinen Kreisen.«

»Ich werde nie verstehen, warum es diesen Leuten nicht egal sein kann, mit wem du dein Leben teilst. In meinen Kreisen …« Hanna musste unwillkürlich schmunzeln, als Josy todernst ihre

Formulierung aufgriff. »… sagen sie dir gleich, was sie von gewissen Dingen halten. Aber diese ganze LGBTQ-Thematik, die ist Leuten wie Clea und Co total egal. Für die wäre es schlimmer, wenn du, hmm, sagen wir mal, die ÖVP mit Geldspenden unterstützt, als wenn du polyamorös lebst.«

»Glaube mir, ich will weder das eine noch das andere.« Hanna warf einen Blick zur Küche. »Wir … also, ich … sollte noch abspülen. Die Töpfe haben nicht mehr in den Geschirrspüler gepasst.«

»Abspülen«, wiederholte Josy nachdenklich, als hörte sie das Wort zum ersten Mal. Sie folgte ihr in die Küche.

Hanna hatte den Wasserhahn gerade aufgedreht, als sie Josys Brüste an ihrem Rücken und den warmen Atem in ihrem Nacken spürte. Überrascht und hoffnungsvoll zugleich drehte sie das Wasser wieder zu. Zwischen ihren Beinen begann es leicht zu kribbeln. Sie wollte sich umdrehen, doch Josy presste sie an den Küchenkasten.

»Eigentlich dachte ich, du willst dein Geburtstagsgeschenk entgegennehmen«, hörte sie Josy an ihrem Ohr flüstern. »Schließlich hast du außer einem Thermengutschein für ein Einzelzimmer noch nichts wirklich Aufregendes bekommen, oder?«

»Das … stimmt.«

Ein kühler Luftzug streifte sie, als Josy den Saum ihres Kleides hochhob. Schon fühlte sie die Hand auf ihrer Mitte. Sie atmete tief ein, während ihr Herz schneller und schneller schlug.

Schon seit Tagen hatte sie sich so danach gesehnt, von Josy berührt zu werden und auch sie zu berühren, dass sie zeitweise geglaubt hatte, verrückt zu werden. Da die Feinmotorik ihres rechten Arms noch immer zu wünschen übrig ließ, hatte sie sich nicht einmal selbst Erleichterung verschaffen können, wenn sie sich ihren Tagträumen hingab.

Obwohl Slip und Strumpfhose dazwischen lagen, erregte Josys streichelnde Hand sie mehr als je zuvor. Sie zitterte erwartungsvoll, als Josy nun ihre Strumpfhose nach unten zerrte.

»Bitte«, flüsterte sie erregt. »Bitte …«

»Bitte, was?« Josys Stimme klang heiser.

»Bitte fass mich an.«

Zu ihrer Frustration ließ Josy prompt von ihr ab. Zum Beschweren blieb jedoch keine Zeit, denn schon öffnete Josy den Reißverschluss ihres Kleides und zog es ihr über den Kopf. In Unterwäsche und Absatzschuhen stand sie nun da, mit dem Bauch an den Küchentresen gepresst, während Josy sanft ihren Rücken entlangstreichelte.

Wieder wollte sie sich zu ihr drehen, um sie endlich zu küssen, doch Josy ließ es nicht zu. Stattdessen schob sie jetzt ihre Finger unter Hannas Slip, während die andere Hand auf der Brust umherwanderte. Hanna stöhnte auf, als die Finger abermals über ihre feuchte, empfindliche Klitoris fuhren. Sobald Josy über ihren steifen Nippel strich, hatte sie das Gefühl, zu zerbersten.

»Ich will dich«, sagte Josy bestimmt. »Ich will in dir sein und fühlen, wie du kommst.«

Es war das erste Mal, dass Josy beim Sex etwas sagte, was über *Gut* oder *Schön* hinaus ging. Die Worte jagten eine neue Welle der Erregung durch Hannas Körper. Sie spreizte die Beine, gewährte ihr besseren Zugang – und keuchte auf, als sie Josys Finger in sich hineingleiten fühlte. Josys Daumen auf ihrer Klitoris und die leicht stoßenden, rotierenden Bewegungen trieben ihre Lust in die Höhe. Sie lehnte sich nach vorne, kippte das Becken und öffnete ihre Beine noch weiter, wollte sie noch tiefer in sich fühlen.

»Mehr«, stieß sie hervor, als ihr klar wurde, dass Josy ihr stummes Signal nicht verstand. »Mehr. Bitte. Ich brauch mehr von dir … in mir.«

Hanna spürte einen zweiten Finger in sich, dann einen dritten. Genau so. So sollte es sich anfühlen. Sie ausfüllen. Josy bewegte ihre Hand, schneller diesmal und rhythmischer als zuvor, und das verheißungsvolle, heiße Prickeln schoss durch ihre Adern, strömte durch ihre Muskeln und trieb sie dem Höhepunkt entgegen.

Ihr entfloh ein lustvolles Wimmern, als sich ihr Unterleib kommend zusammenzog. Prompt drehte sie sich um – die Finger glitten aus ihr hinaus – und griff in Josys Haar. Jede Zelle pulsierte. Dann zog sie Josy an sich und hielt sie umklammert, bis ihr Atem und Körper zur Ruhe gekommen waren.

Schließlich sah sie an sich hinunter. Slip und Strumpfhose hingen zwischen ihren Knien, was sie unwillkürlich schmunzeln ließ. Wie sich die Akteurinnen in Filmen bei Sexszenen so elegant ihrer Kleidung entledigten, war ein Rätsel. Eine ihrer Brüste war aus dem Gefängnis ihres Büstenhalters entkommen.

Josy dagegen war noch immer vollständig angezogen. Allein der Glanz in ihren dunklen Augen verriet, dass ihr Tun sie ebenfalls nicht unberührt gelassen hatte.

Hanna küsste sie, und Josy öffnete bereitwillig ihre Lippen.

»Ich hatte tatsächlich noch nie zuvor Sex in der Küche«, sagte Hanna schließlich. »War das mein Geburtstagsgeschenk?«

»Das war erst der Aperitif.«

»Das heißt, du bleibst über Nacht?« Ja. Bitte sag ja. Lass es nichts Einmaliges sein.

»Falls du heute alles auspacken willst, dann ja.«

Das Funkeln in Josys Augen zeigte, dass sie nie vorgehabt hatte, nach Hause zu fahren.

»Vor allem will ich dich auspacken. Du hast noch viel zu viel an.« Sie hob ihr Kleid und die Strumpfhose vom Boden auf. »Und ich will ins Schlafzimmer wechseln«, sagte sie, als sie die Töpfe in der Spüle sah. »So köstlich dieser Aperitif auch war – Vorspeise und Hauptgang würde ich lieber im Bett genießen.«

»Was darf ich denn servieren?«

Josy stieg auf ihr Geplänkel ein, was Hanna erneut überraschte. Oft hatte sie befürchtet, Josy mit ihren sexuellen Wünschen zu überfordern. Sie hatte manchmal gehemmt gewirkt, zeitweise fast überfahren, und sie hatte das Gefühl, dass sie sie erst mit Finesse verführen und überzeugen musste, nie ganz verloren. Dass Josy von sich aus nach ihren Wünschen fragte, war neu. Hanna zögerte dennoch. Sie wollte nicht mehr diejenige sein, die forderte und vorgab.

»Es ist dein Geburtstag«, sagte Josy, als hätte sie ihre Gedanken gelesen. »Komm schon. Heute ist die einmalige Gelegenheit, dass ich dir all deine Wünsche erfülle.«

Hanna schluckte. Dann griff sie nach Josys Hand und zog sie erneut zu sich. »Du kannst auch ablehnen. Ich möchte nichts verlangen, dass du nicht –«

»Bitte!« Josy verdrehte die Augen. »Sag schon, was du dir am meisten wünschst.«

Hanna rang sich ein Lächeln ab. Sie, die sonst keine Mühe hatte, ihre sexuellen Wünsche in Worte zu fassen, fühlte sich in diesem Moment seltsam unsicher. Froh darüber, dass Josy ihr nicht länger die kalte Schulter zeigte, wollte sie sie nicht gleich vor den Kopf stoßen oder überfordern.

Heute ist die einmalige Gelegenheit.

Sie gab sich einen Ruck, und sprach es doch aus: «I…ich hätte gerne, dass du mich fickst. Mit einem Umschnalldildo.«

*

Josefina saß auf Hannas Bett und betrachtete den Strap-on-Gurt, den sie gerade aus der Originalverpackung genommen hatte, und den kobaltblauen Silikondildo. Ein Teil von ihr bereute ihr kühnes Angebot, Hanna jeden Wunsch zu erfüllen, während ein anderer allein bei dem Anblick des Sexspielzeugs auf seltsame Weise erregt war.

»Warum in dieser Farbe?«

Hanna lag vor ihr auf dem Bett, inzwischen komplett nackt.

»Weil ich sie toll fand. Außerdem gab es ihn sonst nur in rosa, das ist nicht so mein Fall.«

Der Silikondildo fühlte sich weicher an als erwartet.

»Und du hast den schon mal verwendet?«

»Ja. Bei mir selbst, nicht bei jemand anderem.«

»Aber du hast das schon mal gemacht?« Josefina warf einen fragenden Blick in Richtung der Verpackung.

»Vor einigen Jahren, aber nicht damit.« Offenbar hatte sie das Gefühl, sich noch näher erklären zu müssen, denn sie schob nach: »Ich mache so etwas nur mit Frauen, zu denen ich eine gewisse Vertrauensbasis habe.«

Josefina drehte den Gurt hin und her und überlegte, wie das Teil befestigt gehörte. Hanna setzte sich auf.

»Zieh dich erst einmal aus«, schlug sie vor. »Dann bin ich gerne behilflich.«

»Gerne«, wiederholte Josefina in neckendem Tonfall, während sie sich ihrer Kleidung entledigte.

Hanna half ihr, den Gurt anzulegen. Josefina blieb keine Zeit, sich mit dem leicht wippenden Silikondildo befremdlich zu fühlen, denn Hanna zog sie wieder zu sich aufs Bett und in eine Umarmung. Allein die Tatsache, dass sie Hannas nackte Haut spürte und deren Duft in sich einsog, ließ Josefina den ungewohnten Gurt beinahe vergessen. Hannas Küsse waren erst zärtlich, dann leidenschaftlicher, und Josefina erwiderte sie in derselben Intensität. Schließlich küsste sie sich Hannas Kehle entlang nach unten und umschloss mit ihren Lippen die Brustwarze. Sie fühlte, wie diese hart wurde. Hanna stöhnte und wand sich unter ihr.

Sie nahm sich die andere Brustwarze vor, leckte über den Nippel, der sich ihr entgegenstreckte, knabberte sanft und dachte gerade, dass sie damit ewig weitermachen könnte, als Hanna sich leicht zur Seite drehte. Aus der Nachttischschublade zog sie ein Fläschchen Gleitgel.

»Nimm das ... ehe du ...«

Hanna spreizte ihre Beine, und Josefina fragte sich, ob dieses Hilfsmittel überhaupt notwendig war. Hannas Mitte glänzte feucht. Sie küsste sie direkt auf Klitoris, was Hanna aufkeuchen ließ, dann verteilte sie das Gel.

Vorsichtig ließ sie sich auf Hanna sinken und spürte, wie sich der Dildo zwischen ihren Schenkeln verhakte. Kurzzeitig kehrte ihre Unsicherheit zurück. Das Silikonteil war genauso befremdlich wie die Vorstellung, dass Hanna es tatsächlich in sich haben wollte.

Hanna schien ihr Zögern zu bemerken. Sie griff zwischen ihre eigenen Schenkel und führte den Dildo in sich ein.

Eine ganze Weile wagte sich Josefina kaum zu bewegen. Zu groß waren ihre Bedenken, etwas falsch zu machen oder Hanna gar weh zu tun. Dann aber bat Hanna leise: »Beweg dich.« Und Josefina tat es.

Ihre Unsicherheit verflog, als sie merkte, wie sehr Hanna das Hinein- und Hinausgleiten genoss. Hannas leises Stöhnen ging in erregtes Keuchen über. Josefina bewegte sich schneller, kontrollierte den Dildo. Obwohl sie objektiv nichts wahrnahm als einen leichten Druck, erregte es auch sie. Sie stützte sich mit den Ellbogen auf der Matratze ab, küsste Hannas Brüste, bewegte sich und dachte zum ersten Mal in ihrem Leben, dass auch sie ohne Sex nicht mehr auskommen würde. Es war einfach unbeschreiblich, die nackte Haut eines anderen Menschen zu spüren, zu küssen und geküsst zu werden und das Gefühl zu haben, mit ihm zu verschmelzen.

»Ja … ja … ja …«

Hannas Stöhnen füllte nun den ganzen Raum. Dann warf sie den Kopf in den Nacken, drückte den Rücken durch und schrie voller Ekstase auf. Ihre Hände krallten sich in Josefinas Rücken. Schmerz spürte sie nicht, es war, als befände sie sich in einem Rausch. Sie fühlte sich machtvoll und unbesiegbar. Dass sie Hannas Körper so zum Beben brachte, dass sie solche Reaktionen hervorrufen konnte, gab ihrem Selbstbewusstsein einen Kick, der sie meilenweit fliegen ließ. Egal was sie im Alltag trennen mochte – in diesem Moment waren sie eins. Im Bett hatte sie genauso die Kontrolle wie Hanna, ihre Entscheidungen wogen dasselbe.

Als Hanna schließlich zitternd in sich zusammenfiel, rutschte

Josefina neben sie. Sie kuschelte sich an ihre Seite und bettete ihren Kopf an Hannas Busen. Hannas Brustkorb hob und senkte sich. Es dauerte, bis ihr Atem ruhiger wurde.

»Das war wundervoll«, sagte sie dann und drehte sich zur Seite. Ihre Augen glänzten. Zärtlich streichelte sie über Josefinas Wange.

»Ein gutes Geburtstagsgeschenk?«

»Das beste.«

»Ich kann nur hoffen, dass deine Nachbarn in Urlaub sind.«

»Ich habe mir zwei Jahre lang deren Gestöhne angehört, bis sie sich scheiden haben lassen. Jetzt bin ich mal dran.« Nach einer kleinen Pause setzte sie hinzu. »Und das hoffentlich für die nächsten fünfzig Jahre.«

»Du willst nach dreiundachtzig keinen Sex mehr?«

Hanna lachte verhalten.

»Ich will vor allem, dass du mich nie wieder verlässt.«

Ihr Tonfall klang ernst, doch ihre Augen verrieten sie: in ihnen standen Unsicherheit.

Richtig, rief sie sich in Erinnerung, ihr Beziehungsstatus war weiterhin ungeklärt.

»Ich habe dich nie wirklich verlassen«, stellte sie klar. »Ich war immer für dich da … irgendwie. Ich habe dir damals erzählt, dass ich Menschen nicht einfach fallen lasse, nur weil es kompliziert wird. Um Gertrud habe ich mich bis zum Schluss gekümmert.«

»Ich weiß.« Hanna atmete tief durch. »Aber du weißt, was ich meine. Ich will nicht, dass du *irgendwie* für mich da bist. Ich will mit dir zusammen sein. Eine Beziehung haben. Ich will mich schon in der Arbeit darauf freuen, mit dir den Abend zu verbringen und Pläne fürs Wochenende zu schmieden. Ich stelle dich all meinen Freunden vor, wenn du das willst.«

Als Josefina nicht sofort etwas darauf erwiderte, fügte sie hinzu: »Allerdings ist mir bewusst geworden, dass ich nicht allzu viele Freunde habe.«

Ihre Bemerkung ließ Josefina unwillkürlich schmunzeln. Sie dachte daran zurück, mit welcher Selbstverständlichkeit sie davon ausgegangen war, dass diese attraktive, selbstbewusst wirkende Frau, die mit ihrem Freund regelmäßig im *Gin & More* gewesen war, einfach *alles* im Leben hatte: eine stabile, liebevolle Partnerschaft, unzählige Freunde, einen tollen Job … das perfekte Leben. Und nun lag ausgerechnet sie hier mit ihr im Bett und wusste, dass nichts so war, wie es nach außen schien.

»Ich liebe dich, Josy. Bitte glaube mir das. Es tut mir sehr leid, wie ich mich verhalten habe.«

Wie viele Male wollte Hanna, die ihr einst gesagt hatte, sie solle sich nicht ständig entschuldigen, dies noch wiederholen?

Josefina begriff, dass es an ihr lag, dem ein Ende zu setzen. Sie küsste Hanna auf die Lippen und nahm ihre Hand.

»Ich liebe dich auch. Und ich will natürlich mit dir zusammen sein.«

Hanna zog sie in ihre Arme und hielt sie so fest, dass Josefina irgendwann glaubte, keine Luft mehr zu bekommen. Mit sanfter Gewalt schälte sie sich aus der Umklammerung.

»Sag's noch mal«, forderte sie.

»Was?« Hanna runzelte irritiert die Stirn.

»Die magischen Worte.«

Hannas Mimik wurde ganz weich.

»Ich liebe dich. Ich liebe dich unglaublich und habe nie gedacht, dass ich das für jemanden empfinden kann.«

Weihnachten

»Es geht bergauf, würde ich sagen.«

Sonja klang zwar euphorischer als sich Hanna fühlte, dennoch spürte auch sie einen Fortschritt in der Genesung. Die Schulter tat nur noch während der Übungen weh und ihr rechter Arm gehorchte mittlerweile besser.

»Du glaubst also, ich kann mich bald wieder ins Fitnessstudio wagen?« Seit ihrem Unfall hatte Hanna pausiert, und sie kam sich mit jedem Tag träger und unsportlicher vor.

»Ja – wenn du versprichst, nur aufs Laufband oder Fahrrad zu gehen.« Sonja schlüpfte in ihren Anorak. »Alles andere überlässt du besser noch mir als jemandem, der sein Fitnesstrainerdiplom in einem Abendkurs an der VHS gemacht hat.«

Hanna grinste. Als Sonja gegangen war, setzte sie sich aufs Sofa und starrte in den Raum. Drei Stunden galt es noch zu überbrücken, ehe Josy kam – drei elend lange Stunden, in denen sie nichts mit sich anzufangen wusste. Wenn sie zu lange vor dem Fernseher saß, bekam sie Kopfschmerzen; eine Leseratte war sie noch nie gewesen. Spaziergänge hatten bei dem tristen Wetter wenig Reiz.

Jetzt, da es ihr besser ging, vermisste sie die Arbeit. Ihre Motivation, sich zu bewerben, war jedoch nicht allzu groß. Trotz ihrer Fortschritte hatte sie Probleme, einen Text zu tippen. Für einen kleinen Absatz brauchte sie fast doppelt so lange wie früher. Außerdem war sie sich weiterhin nicht im Klaren, was sie wirklich wollte.

Die ersten Jahre bei RIEDHERR, LUTZ & KOFRANEK, waren

hart gewesen. Die drei Partner luden schonungslos alles, was für sie selbst zu mühsam oder nicht attraktiv genug war, auf den Schreibtischen ihrer angestellten Juristen ab. Sechzigstundenwochen waren keine Seltenheit. Es hatte gedauert, bis sie sich eine gewisse Position innerhalb der Kanzlei erarbeitet hatte und nicht mehr eines der kleineren Rädchen im Getriebe war, die sich extra schnell drehen mussten, um das System am Laufen zu halten. Die Aussicht, in einer anderen Kanzlei wieder von vorne beginnen zu müssen, behagte ihr nicht recht.

Was aber war die Alternative? – Sie konnte sich selbstständig machen, aber damit wäre ein hohes finanzielles Risiko verbunden. Auch fachlich bewegten sich Alleinkämpfende stets auf dünnerem Eis als mit Partnern oder einem Team an ihrer Seite. Oder sie kehrte der Justiz den Rücken und wechselte in irgendeinen Konzern, der jemanden für HR-Agenden oder eine Hausjuristin suchte. Das jeweils nötige Fachwissen würde sie sich schnell aneignen können.

Nur: Wollte sie das? – Anwältin zu sein und Leute vor Gericht zu verteidigen war doch immer ihr Traum gewesen – ein Traum, der allerdings Risse bekommen hatte. Jeder Straftäter verdiente einen fairen Prozess, aber Werder war einfach ein Schwein! Sie fühlte sich unwohl, wenn sie an ihre Rolle bei dem Prozess mit Frau Marić dachte, der Regalschichterin. Und sie ärgerte sich über Kofranek, der eine irrsinnige Verteidigungsstrategie für seinen Patensohn verlangt hatte.

Bis Ende März war sie offiziell noch Mitarbeiterin von Ried-herr, Lutz & Kofranek. So lange dauerte ihre Kündigungsfrist, in der sie freigestellt wurde. Daheimsitzen bei laufenden Bezügen – für manche klang das vermutlich wie ein Traum.

Während sie über ihre Zukunft grübelte, klingelte ihr Handy. Sie stutzte, als sie Katjas Namen auf dem Display sah. Ihr Magen verkrampfte sich leicht. Drei Tage waren seit dem Abendessen vergangen – drei Tage, in denen sie ihr Coming-out zwar nicht bereut hatte, aber zunehmend überzeugt war, dass es das Ende ihrer Freundschaft bedeutete. Zwar hatte Judith am Tag darauf eine kurze Nachricht geschickt, in der sie sich für das gute Essen und den netten Abend bedankte, aber ... nun, das tat man eben, um höflich zu bleiben.

Katja war viel direkter als Judith. Wahrscheinlich würde sie ihr gleich mitteilen, wie befremdlich sie Hannas Beziehung zu einer Frau fand.

Hanna wappnete sich innerlich gegen einen Angriff, als sie den Anruf annahm.

»Wie geht's?« Katja klang heiter und entspannt.

»Ganz gut«, sagte Hanna vorsichtig.

»Niklas und ich wollten uns noch für die Einladung bedanken. Allerdings haben wir da noch ein Thema, was wir mit dir besprechen wollten. Etwas, das uns wirklich ein Dorn im Auge ist.«

Hanna schluckte. Das Handy zitterte leicht in ihrer Hand. Gleichzeitig stieg Ärger in ihr hoch. Sie war mit Josefina glücklich. Warum war es so bedeutsam, dass Josefina kein Josef war?

»Ich hätte mir von euch mehr Toleranz erhofft«, herrschte sie Katja an, um ihre Enttäuschung zu überspielen. »Aber gut, wenn ihr mich ausgrenzen wollt, dann tut es! Ich habe es ehrlich gesagt nicht anders erwartet!«

Am anderen Ende der Leitung herrschte Schweigen.

»Puh ... Hanna ... jetzt komm mal wieder runter. Allmählich wird mir klar, dass das für dich ein Riesenthema ist. Aber für uns ... ist es das eigentlich nicht.«

»Nicht?«

»Nein. Wir freuen uns für dich. Judith und ich haben uns jahrelang den Kopf darüber zerbrochen, warum jemand wie du immer allein ist. Dass mit dir und Ronny wirklich was läuft, wollten wir bis zu dieser Anzeige in Die Presse nie recht glauben. Ich meine, warum hättest du uns nicht längst erzählen sollen, dass ihr ein Paar seid? – Was du uns am Samstag offenbart hast, hat gezeigt, wie unaufmerksam wir waren. An diese Möglichkeit haben wir nicht mal gedacht! Du denkst echt, wir lehnen dich deshalb ab? – Das ist unsinnig, Hanna!«

Hanna war froh, dass sie allein in ihrer Wohnung war. Sie spürte, dass ihr Gesicht vor Scham knallrot wurde.

»Meine Familie hat nicht besonders gut darauf reagiert«, wandte sie vage ein.

»Wir sind aber nicht deine Verwandtschaft. Wir sind deine Freundinnen. – Aber weißt du, wir hatten in der letzten Zeit den Eindruck, dass du dich auf unseren Partys nicht mehr wohlfühlst, und dachten irgendwann, es sei besser, dich nicht mehr zu allem einzuladen. Wir wussten allmählich nicht mehr, neben welchem Single wir dich noch platzieren sollten, damit du dich gut unterhältst. Du hast meist latent genervt gewirkt. Kein Wunder!« Katja lachte.

So viel zu ihren Schauspielkünsten. Tatsächlich waren ihr die Verkupplungsversuche im Freundeskreis auf den Wecker gegangen.

Hanna sah ein, dass der Fehler bei ihr lag. Sie atmete tief ein.

»Danke, Katja. Das bedeutet mir viel«, sagte sie aufrichtig. »Aber was wolltest du dann vorher sagen?«

Katja schien selbst ein paar Sekunden überlegen zu müssen und antwortete dann: »Ah ja … das. Ich wollte eigentlich nur einen Scherz machen, aber der ging offenbar voll daneben. Ich wollte dich wissen lassen, dass wir den Burgunderbraten nicht mehr akzeptieren. Er ist köstlich, aber wir haben ihn jetzt schon sieben Mal bei dir gegessen!«

Hanna lachte erleichtert. »Ich werde an mir arbeiten. Vielleicht sollte ich mal einen Sushi-Kochkurs buchen?«

»Klingt gut. – Übrigens habe ich bei der Therme angerufen. Den Gutschein kannst du in eine Übernachtung für zwei umwandeln, wenn du beim Massageprogramm Abstriche machst.«

»Oh. Danke.«

»Aber deshalb rufe ich nicht an. Ich wollte dich fragen, ob ihr schon Pläne für Silvester habt?«

*

»Eine Einladung in eine Skihütte bei Kitzbühel. Das klingt ja wirklich ganz danach, als hätten deine Freunde ein riesiges Problem mit deiner sexuellen Orientierung.«

Josy grinste breit. Es war für Hanna offensichtlich, dass sie sich köstlich amüsierte.

»Jaja, spotte nur.« Hanna war viel zu erleichtert, um auf die Provokation einzusteigen. Sie umarmte Josy, die am Küchentresen stand und Gurken für den Salat hobelte, von hinten und legte ihr den Kopf auf die Schulter.

»Ich liebe dich«, flüsterte sie ihr ins Ohr, weil sie es nicht oft genug sagen konnte. Ihr Herz quoll vor Liebe über, sobald sie nur Josys Stimme am Telefon oder ihre Schritte im Treppenhaus hörte.

»Ich dich auch.« Josy hielt in der Bewegung inne. Dann legte sie die Gurke beiseite, drehte sich um und küsste Hanna.

Hanna ließ sich in den Kuss fallen und drängte sich gegen den warmen Körper, während sie ihre rechte Hand zwischen Josys Beine gleiten ließ.

»Hanna! Du bist so schlimm!«

Josy kicherte entrüstet, leistete aber keinerlei Widerstand, als sie am Bund ihrer Strumpfhose zerrte und das störende Textil inklusive Slip nach unten zog. Josy schnappte nach Luft, als sie ihre Finger behutsam über die Schamlippen gleiten ließ.

»Hanna …«

Hanna erstickte ihren vagen Protest mit einem weiteren Kuss, während sie sich langsam zu Josys Klitoris vortastete. Josy atmete tief durch, als sie begann, deren empfindlichste Stelle zu streicheln. Hanna spürte, dass Josy feucht genug war, und ließ sie zwei Finger in sie hineingleiten. Josy gab einen erstickten Laut von sich, weshalb sie kurz innehielt. Ein prüfender Blick in das Gesicht ihrer Freundin zeigte ihr, dass sie weitermachen konnte. Ihr Daumen fand Josys geschwollene Klitoris. Josy kam mit einem Laut, der mehr danach klang, als würde sie verzweifelt nach Luft ringen, als einen Orgasmus erleben, dann ließ sie sich gegen Hannas Oberkörper sinken. Hanna hielt sie in den Armen, bis sie wieder zur Ruhe gekommen war.

»Du bist schlimm«, wiederholte Josy und es klang so liebevoll, dass Hanna keine Sekunde daran zweifelte, wie sehr sie es genossen hatte.

»Ich habe den ganzen Tag nur daran gedacht, was ich mit dir anstelle«, gab Hanna zu. »So sehr habe ich dich vermisst.«

Josy zog ihre Strumpfhose hoch und rückte den Rock gerade.

»Und ich dachte, du hast schon überlegt, was du alles nach Kitzbühel mitnimmst.«

»Ich weiß nicht.« Hanna trat von einem Fuß auf den anderen. Zwar freute sie die Einladung, aber sie lag schwer im Magen. »Eigentlich hatte ich andere Pläne.«

»Und zwar?«

»Ich dachte, es wäre nett, über Weihnachten und Silvester zu verreisen. Ich stehe nicht allzu sehr auf diesen Weihnachtskitsch ... Schnee, Lichterketten, Lebkuchenduft, all dieses Zeug. Daher habe ich schon mal geschaut, ob es noch Flüge auf die Kanaren gibt. Ich habe zwei, drei interessante Angebote gefunden und ... ja, ich wollte das heute Abend mit dir besprechen.«

»Du willst, das ich mitkomme?«

Hanna runzelte die Stirn. »Natürlich!«

Der erwartete Jubel blieb aus. Stattdessen kaute Josy nachdenklich an ihrer Unterlippe.

»Du bist selbstverständlich eingeladen«, schob Hanna nach.

»Nein.« Josy sah sie direkt an. »Genau das will ich nicht ... nicht einfach so. Ich will nicht eingeladen werden, nur weil ich es mir nicht leisten kann.«

»Ich lade dich ein, weil ich dich liebe.«

»Es ist trotzdem zu viel.«

Hanna verdrehte die Augen. Sie hasste diese Diskussion jetzt schon, obgleich sie gerade erst begonnen hatte!

»Mir tut's nicht weh, ob ich den Urlaub für zwei zahle.«

»Aber mir tut das Gefühl weh, ausgehalten zu werden. Das ist keine Beziehung auf Augenhöhe!«

»Wir werden nie gemeinsam wegfahren können, wenn du so sehr darauf beharrst, deinen Anteil zu zahlen.«

Ihr Argument brachte Josy zum Schweigen. Sie fuhr fort, die Gurke zu hobeln. Hanna überlegte, welches Argument sie noch ins Feld führen konnte.

»Ich sehe ein, dass du damit recht hast«, sagte Josy langsam. »Ich verdiene weniger als du und werde vermutlich mein Leben lang weniger verdienen als du. Außer, ich gewinne einen Sechsfachjackpot im Lotto.«

»Dann würde ich sofort den Bleistift fallen lassen und den Job kündigen, den ich bis dahin hoffentlich wieder habe. Ich würde mich bis zum Lebensende von dir einladen lassen. Versprochen.«

Josy schmunzelte, und Hanna lächelte, erleichtert darüber, dass ihre Meinungsverschiedenheit nicht in einen Streit ausartete.

»Und dann wirst du Hausfrau und bis ans Lebensende glücklich«, scherzte Josy und zog die Augenbrauen hoch.

Hannas Lächeln wurde breiter. Josy hatte sie durchschaut.

»Warum willst du nicht nach Kitzbühel?«, fragte sie dann. »Ich finde es sehr nett von Katja und Niklas, dass sie dich einladen.«

»Uns«, verbesserte Hanna. »Dich auch.«

Josy hob die Schultern. »Umso besser. – Wo ist dann das Problem?«

»Dass ich mit meiner Verletzung nicht Ski fahren kann und nicht recht weiß, was ich dort tun soll, wenn alle auf der Piste sind. Und weil mich Kitzbühel an meine Eltern erinnert.«

»Also, erstens: Ich fahre auch nicht Ski. Du kannst also mit mir im Schnee spazieren gehen und irgendwo einen Jagertee genießen. Und was deine Eltern betrifft: Ich habe eine ganze Reihe schlimmer Kindheitserlebnisse rund um Eisenstadt, aber wenn du sagst, wir fahren dahin, um was Nettes zu machen, wäre ich dabei. Neue Erlebnisse sind doch das beste Mittel gegen schlechte Erinnerungen.«

Josys pragmatischer Ansatz brachte Hanna zum Grübeln. Was sie sagte, klang nachvollziehbar.

»Okay. Dann also die Hütte in Kitzbühel«, stimmte sie zu. »Was aber unser Weihnachtsproblem nicht löst.«

»Welches Problem denn?«

»Was willst du machen, wenn wir nicht wegfahren?«

Josy sah sie an, als hätte sie den Verstand verloren.

»Hierbleiben? Was gutes Essen? Spazieren gehen? Auf der Couch kuscheln oder was auch immer uns sonst noch einfällt?«

»Von Heiligabend bis zum zweiten Weihnachtsfeiertag?«

Für Hanna, deren Familie die Weihnachtsfeiertage entweder außerhalb von Wien verbrachte oder Gäste einlud, klang die Vorstellung, einfach nichts zu tun, nahezu befremdlich. Gleichzeitig machte sich die Erkenntnis breit, dass es vielleicht wirklich gar nicht nötig war, auf Biegen und Brechen ein Programm zu verfolgen, wenn sie nur mit der richtigen Person zusammen sein konnte.

Doch die Ernüchterung folgte sogleich.

»An Heiligabend bin ich bei Ludger und Sabine in Sankt Pölten eingeladen«, sagte Josy. »Sie wollen nicht, dass ich nachts heimfahre, also übernachte ich dort und bin erst am ersten Weihnachtsfeiertag gegen Mittag wieder in Wien. Dann gehe ich noch ins Pflegeheim und verteile meine selbstgebackenen Kekse. Danach bin ich ganz für dich da.«

»Bei Ludger und Sabine? Dem Sohn von Gertrud, in dessen Familie du kurz gewohnt hast?« Hanna war entsetzt. Sie hatte sich inzwischen ihr eigenes Urteil über diese Leute gebildet, die Josy offiziell in Obhut genommen und dann als Pflegerin abgestellt hatten. Bisher hatte sie angenommen, dass Josy nur noch wegen ihrer Wohnung mit Hans, dem anderen Sohn, zu tun hatte.

»Ja, warum denn nicht?«, erwiderte Josy und schien über ihre

Frage mindestens genauso erstaunt wie Hanna über den Sachverhalt an sich. »Sie melden sich ja hin und wieder und fragen, wie es mir geht.«

»Dir ist aber schon klar, dass die dich als Gratis-Pflegekraft missbraucht haben?«, platzte es aus Hanna hinaus. »Du hättest eine Ausbildung machen sollen, Leute treffen, ausgehen – all das, was junge Menschen machen. Stattdessen warst du mit einer alten Frau gefangen!«

»Die *alte Frau*, wie du sie nennst, war der einzige Mensch in meinem Leben, der sich um mich gekümmert hat! Sie war wie eine Oma für mich ... oder auch wie eine Mutter. Sie konnte nichts dafür, dass sie irgendwann alt und vergesslich war und Hilfe brauchte!«

»Nein, natürlich nicht«, beschwichtigte Hanna, die begriff, welch heißes Eisen sie hier angriff. »Mir geht's ja nur darum, dass ich das Verhalten von Gertruds Kindern nicht okay finde.«

»Ludger und Sabine haben mich bei sich aufgenommen. Es war nicht ihre Schuld, dass es nicht mit mir klappte.«

»Deine aber auch nicht!«

»Nein.« Josys Stimme klang nun gequält. »Niemand hatte Schuld. Es waren die Umstände. Und es sind keine schlechten Menschen. Sie haben vielleicht Fehler gemacht, aber niemand ist perfekt. Man muss auch verzeihen können!«

Hanna wusste nicht, was sie darauf erwidern sollte. Sie schenkte sich ein Glas Wein ein und ging damit ins Wohnzimmer. Jedes Wort, das sie jetzt noch über Gertrud, Hans oder Ludger verlor, würde die Situation nicht besser machen. Es war sinnvoller, sich erst einmal zu sammeln.

Gerade hatte sie den ersten Schluck genommen, als Josy ins Wohnzimmer kam. Sie setzte sich vor sie auf den Couchtisch und stellte das Glas beiseite.

»Das ist jetzt aber nicht deine Lösung für etwaige Probleme zwischen uns?«

Hanna schluckte. Sie fühlte sich ertappt und auch schuldig,

weil sie gerade ein Muster wiederholte, dass Josy aus ihrer Kindheit nur allzu gut kennen musste: Alkohol als Stressbewältigung.

»Nein«, widersprach sie dennoch, weil Josys Mutter ein vollkommen anderes Kaliber war. »Ich hatte schon vorher Lust darauf.«

Josy nickte, wirkte aber wenig überzeugt.

»Hanna«, sagte sie dann sanft und nahm ihre Hand in die ihre. »Geht's nicht eigentlich um etwas ganz anderes?«

Hannas Weinglas stand in unerreichbarer Nähe. Mit einem leisen Seufzen entzog sie Josy die Hand, ließ sich nach hinten in die Polster sinken und schloss die Augen. Als sie sie wieder öffnete, saß Josy noch immer abwartend vor ihr.

»Weißt du nicht, wie du an den Feiertagen mit deiner Familie umgehen sollst?«, hakte sie nach.

Hanna seufzte zum zweiten Mal.

»Eigentlich ist mir klar, wie ich mit ihnen umgehen will«, erwiderte sie, obwohl sie fühlte, dass das Gegenteil der Fall war. »Ich will sie nicht sehen. Aber mein Bruder Max hat heute angerufen und mich ... tja ... auf seine Art darum gebeten, mich Weihnachten blicken zu lassen.«

Es wäre ein feiner Zug, wenn du zumindest an einem Tag zum Essen vorbeischaust, hatte er wörtlich gesagt – und ehe Hanna ihm durch die Telefonleitung ins Gesicht springen konnte, hastig hinzugefügt, dass ihr Rückzug von der Familie – damit meinte er wohl den Kontaktabbruch – die Eltern sehr belaste und sie ihnen allen mit ihrem Besuch eine Freude machen würde.

»Und was hast du geantwortet?«

»Dass ich vermutlich über Weihnachten und Silvester nicht da bin. Er hat gesagt, wenn ich mich doch entscheide zu kommen, solle ich die zwei heiklen Themen bitte schön meiden«, erwiderte Hanna. »Damit war die Sache für mich durch.«

»Und welche zwei heiklen Themen wären das?«

»Erstens: die Frage nach meinem echten Vater? Ich will endlich wissen, wer er ist, und ihn kennenlernen. Meine Mutter hat mich mein ganzes Leben lang belogen, und jetzt, wo die Wahrheit ans Licht gekommen ist, macht sie einfach dicht. Zweitens: meine sexuelle Orientierung.«

»Und Punkt zwei ist so wichtig, dass du permanent darüber reden musst?«

War Josy plötzlich so begriffsstutzig, dass sie nicht verstand, worum es hier ging, oder wollte sie sie einfach nicht verstehen?

»Ich möchte einfach so akzeptiert werden, wie ich bin!«

»Ja.« Josy schlug die Beine übereinander und tätschelte ihre Hand. »Aber wenn du die sprichwörtliche Axt auspackst und alle mit deinem Sendungsdrang niederschlägst, erreichst du gar nichts. Vor allem nicht Punkt eins.«

Jetzt war es Hanna, die auf der Leitung stand. Irritiert sah sie die Freundin an.

»Ganz einfach«, sagte Josy. »Du willst wissen, wer dein Vater ist? – Bisher ist deine Mutter stur und weigert sich, damit herauszurücken. Aber wenn du genauso stur bist und den Kontakt abbrichst oder die Fronten verhärtest, wirst du seinen Namen nie erfahren!« Sie stand auf. »Denk einfach darüber nach, während ich mich weiter um das Abendessen kümmere.«

Sie schob das Glas Wein wieder in Richtung Hanna. »Und wenn dir ein Schluck davon hilft, soll es eben so sein.«

Sie war schon auf dem Weg in die Küche, als Hanna sie zurückrief. Josy überraschte sie immer wieder. Mittlerweile hatte sie sich als Frau entpuppt, die nach einer schweren Phase ihres Lebens wieder auf stabilem Boden stand, kluge Entscheidungen traf und ihre Freizeit besser und sinnvoller zu nutzen wusste als Hanna selbst.

Hanna griff nach ihrer Hand und zog sie zu sich auf den Schoß, was Josy lachend geschehen ließ.

»Habe ich dir schon gesagt, dass ich dich liebe?«

Josy schmunzelte. »Sicher noch nicht oft genug.«

»Und habe ich dir schon gesagt, dass ich mit dir schlafen will?«

Josy knuffte sie in die Rippen und befreite sich aus der Umklammerung.

»Einspruch! Erst wird zu Abend gegessen, ich habe riesigen Hunger! Frau Doktor Hanna Erlacher, Sie sind unverbesserlich!«

Hanna lachte und fühlte sich einfach nur glücklich.

*

Das Tor stand offen, und im Hof war ausnahmsweise noch Platz. Auf dem Weg zur Haustür kämpfte sie tapfer gegen ihr Bedürfnis zu flüchten. Dann dachte sie an Josys mahnende Worte: *Wenn du genauso stur bist wie deine Mutter und den Kontakt abbrichst, wirst du den Namen deines Vaters nie erfahren!*

Der Wunsch, ihren leiblichen Vater kennenzulernen, wurde mit jedem Tag drängender. Hanna wollte endlich wissen, wer der Mann war, der ihr ein Vater hätte sein können. Bei dem sie sich vielleicht zugehöriger gefühlt hätte als in der Familie, in der sie aufgewachsen war. Dieser Besuch hier könnte laut Josy ein Schritt in Richtung Auskunft bedeuten.

Inzwischen musste Josy längst in St. Pölten angekommen sein. Was sie gerade wohl machte? Ob sie in diesem Moment ebenfalls an sie dachte?

Vor ein paar Tagen war Hanna zu dem Schluss gekommen, dass Liebe einer Art Droge glich. Sie war so süchtig nach Josy, dass sich bereits wenige Stunden ohne sie anfühlten wie ein Entzug. Ob sich dieses überschäumende Gefühl je auf ein normales Level einpendeln würde?

»Hanna. Wie nett, dass du vorbeischaust.« Ihr Ziehvater – oder wie auch immer sie ihn jetzt nennen sollte – öffnete ihr mit freundlichem Lächeln die Tür. »Komm rein.« Im Vorraum half er ihr aus dem Mantel. »Gut siehst du aus«, stellte er fest, als er sie betrachtete. »Dieses olivgrüne Chiffonkleid steht dir gut.«

Unwillkürlich musste Hanna schmunzeln. Er war wohl der einzige heterosexuelle Mann abseits der Modebranche, der sämtliche Bezeichnungen für diverse Modestile und Macharten prompt parat hatte. Möglicherweise lag es daran, dass er ihre Mutter zu ihrer aktiven Zeit als Model zu Laufstegauftritten und Shootings begleitet hatte. Vielleicht hatte ihn Kleidung aber auch seit jeher interessiert. Schließlich achtete er auch bei sich selbst auf ein modisches Erscheinungsbild. Den grauen Anzug, den er an diesem Nachmittag trug, hatte er durch eine auffällige Krawatte mit Karomuster aufgepeppt.

Aus dem Salon hörte sie Stimmen, die nicht zu ihrer Mutter und den Brüdern gehörten.

»Wir haben uns nun doch relativ spontan dazu entschieden, an Heiligabend einen kleinen Empfang zu geben«, ließ er sie wissen, und Hanna war beinahe erleichtert. Zumindest würden sie nicht zu siebt steif um einen Tisch herumsitzen, während im Hintergrund die CD der Wiener Sängerknaben zum x-ten Mal in die Wiederholungsrunde ging.

Ihre Erleichterung währte nur ein paar Augenblicke, denn er fügte hinzu: »Die Germeten-Gingens sind da … und Annabella, du weißt schon, die mit der Boutique.«

Letzterer konnte Hanna nicht einmal einem Gesicht zuordnen. Aber dass sie gleich Ronnys Eltern gegenübertreten musste, behagte ihr gar nicht. Sie wusste nicht, wie ihre Mutter letztendlich die Verlobungsgeschichte dargelegt hatte, aber dass sie Hanna von jedweder Mitschuld entband, war nicht anzunehmen.

Mit betont aufrechter Haltung betrat Hanna den Salon. Niemand musste ihr die Beklommenheit direkt ansehen! In einer Ecke des Raumes stand der Weihnachtsbaum, der wie üblich viel zu hoch, viel zu ausladend und mit zu viel Dekoration überladen war. In diesem Jahr hatte sich ihre Mutter für eine Kombination aus blauen Kugeln und silbernen Schleifen entschieden.

Sie begrüßte alle Gäste und wechselte mit jedem ein paar oberflächliche Sätze. Ihre Brüder waren da, ihre Schwägerin, die offensichtlich wieder schwanger war, der kleine Titus, und auch diese Fiona aus den USA, die also weiterhin in Gustavs Gunst stand. Als Hanna vor den Germeten-Gingens stand, befürchtete sie das Schlimmste, doch Heinrich und Cristina begrüßten sie mit ungetrübter Herzlichkeit, erkundigten sich nach ihrem Unfall und ihrem Wohlergehen und wünschten ihr weiterhin eine gute Genesung.

Ihre Mutter tat, als wären sie nicht im Streit auseinandergegangen, sondern hätten sich erst am Vortag in Frieden und Harmonie getrennt, und Hanna stieg darauf ein. Ein Empfang mit Gästen war keine geeignete Plattform, um Konflikte aufleben zu lassen – zumal sie sich vorgenommen hatte, Josys Rat zu befolgen.

»Schade eigentlich, dass du allein kommst.« Gustav und sie hatten gleichzeitig nach einem der Tomaten-Mozzarella-Spießchen greifen wollen, die Zita neben anderen Köstlichkeiten auf einem der Stehtische serviert hatte. Hanna zog ihre Hand zurück.

»Wie meinst du das?«

»Na, so, wie ich es sage.« Gustav grinste sie an, dann senkte er die Stimme. »Angeblich hast du so eine knackig-junge, bildhübsche Freundin. Ich hätte mich gefreut, sie näher kennenzulernen.«

»Ich kann dir versichern, dass sie kein Interesse an dir hat.« Hanna gab sich keine Mühe, ihren schnippischen Unterton zu zügeln.

Gustav verdrehte die Augen. »Mensch, Hanna. Sei doch nicht so aggressiv! Immer, wenn man dir was Wichtiges erzählen will, tickst du gleich aus! Das nervt.«

»Mich nervt es, wenn du so über jemanden redest, der mir etwas bedeutet.«

»Knackig-jung? Bildhübsch? – He, das sind Komplimente!«

»Seltsam nur, dass es sich aus deinem Mund gerade ziemlich schmierig anhört.«

Gustav lotste sie in eine entfernte Ecke des Salons. »Also ist es wahr?«, erkundigte er sich mit gesenkter Stimme. »Nachdem du ausgezogen bist, hat Mama sich mindestens eine Woche lang darüber aufgeregt, dass du auf Abwege gekommen bist.«

»Ja, es ist wahr.«

»Und ... ich meine ... wie ist das so? Mit dir und ihr? Ich meine ... äh ...«

»Ich weiß, was du meinst, aber ich sehe keinen Anlass, das mit dir zu erörtern.«

»Wohnt ihr zusammen?«

»Nein.«

»Schade.« Gustav musste ihr verwundertes Gesicht bemerkt haben, denn er fügte hinzu: »Ein neuer Skandal käme mir gerade sehr gelegen, okay? – Irgendetwas, das Mama und Papa von mir ablenkt. Kannst du nicht einfach eine Verlobungsanzeige irgendwo schalten, wo du deine Homo-Ehe ankündigst? Oder mit einer Regenbogenfahne nackt am Schwedenplatz tanzen? So was in der Art?«

Hanna lachte trocken. »Ganz sicher nicht. – Und nur fürs Protokoll: Diese Anzeige ist nicht auf meinem Mist gewachsen.«

»Sie sagt, es war deine Idee.«

Hanna musste sich beherrschen, um vor Empörung nicht laut aufzuschreien. Aber etwas anderes erweckte plötzlich ihre Neugierde. »Und was genau hast du verbrochen, das deinen Status als Nesthäkchen und Mamas Liebling gefährdet?«

Gustav sah zu Fiona hinüber, die sich mit seiner Mutter unterhielt.

»Ich will demnächst zu Fiona nach Florida ziehen.«

»Wie bitte?« Hanna fiel fast ihr Mozzarella-Spießchen aus der Hand.

»Ihr Auslandssemester ist bald vorbei, dann geht sie zurück. Wir haben keinen Bock auf eine Fernbeziehung.«

»Aber was ist mit deinem Studium? In den USA wird dir davon doch kaum etwas anerkannt. Du müsstest ganz von vorne beginnen!«

»Ach.« Gustav winkte ab. »Mir doch egal. Dann mach ich halt etwas anderes. Ich hatte sowieso nie wirklich Lust, in Papas Fußstapfen zu treten. Ich habe Architektur nur studiert, weil alle es erwartet haben und mir nichts Besseres einfiel.«

Du bist total wahnsinnig, lag es Hanna auf der Zunge. Sie wollte ihm vor Augen führen, wie irre es war, ein so weit fortgeschrittenes Studium einfach sausen zu lassen. Wie verrückt es war, einer Frau, die er gerade mal ein paar Monate kannte, auf einen anderen Kontinent zu folgen.

In letzter Sekunde besann sie sich. Es war nicht an ihr, über Gustavs Entscheidungen zu urteilen. Nur er selbst sollte über seine Zukunft entscheiden. Zum ersten Mal dämmerte ihr, dass ihre Brüder vielleicht auch nur versuchten, Erwartungen zu erfüllen. Während sich Max wohl gut mit seinem Leben arrangierte, zog Gustav jetzt anscheinend die Notbremse.

»Ich brauche Alkohol«, sagte sie benommen von den Neuigkeiten. Sie schenkte sich und Gustav vom Prosecco nach und kehrte in ihre stille Ecke zurück.

»Ich denke, du brauchst einen Plan B«, sagte sie. »Die warten in den USA sicher nicht auf dich. Irgendwie musst du deinen Lebensunterhalt verdienen, falls Papa dir den Geldhahn zudreht.« Womit er sicher drohen wird, ergänzte sie in Gedanken. Ob er es tatsächlich tat, konnte sie schwer einschätzen.

»Ich will mich als Eventmanager versuchen. – Was schaust du so? Ich bin seit drei Jahren der Organisator sämtlicher Feste der medizinischen Fakultät. Ich nehme damit sogar Geld ein, und das nicht wenig.«

Hanna sah ihn überrascht an. Das hatte sie nicht gewusst.

»In den USA zählt das, was du kannst, nicht irgendein Titel auf einem Blatt Papier. Ich werde versuchen, bei einer renommierten Eventmanagementagentur unterzukommen. Ich hab schon ein paar Namen herausgesucht und bringe gerade meine Vita auf Vordermann.«

»Wow.« Hanna nahm einen Schluck vom Prosecco. »Und wie

willst du an eine dauerhafte Aufenthalts- und Arbeitserlaubnis kommen? – Das stelle ich mir schwierig vor.«

Gustav straffte die Schultern und wirkte plötzlich erwachsener als je zuvor.

»Fiona und ich werden am sechzehnten Februar um elf Uhr dreißig heiraten«, verkündete er dann. »Im Standesamt Währing. – Du und deine Freundin, ihr seid herzlich eingeladen. Dann ist wenigstens irgendwer von der Familie vor Ort.«

»Wow«, entfuhr es Hanna zum zweiten Mal. Sie war vollkommen platt und konnte sich durchaus vorstellen, wie angespannt die Stimmung in der Familie wirklich war. Diese harmonisch anmutende Weihnachtsfeier war eine Farce.

»Ich wundere mich, dass du überhaupt hier bist«, sagte sie. »So, wie es sich anhört, sind Mama und Pa… dein Vater ja nicht gut auf dich zu sprechen.«

»Ich tue nichts Unrechtes. Wäre ich nicht hier, würde das beinahe wie ein Schuldeingeständnis rüberkommen. Außerdem hoffe ich noch immer, dass sie begreifen, wie gut Fiona und ich zusammenpassen und dass es für mich nur diesen Weg gibt.«

»Hey, welch konspirative Verschwörung findet denn bitte hier statt?«

Die vertraute Stimme ließ Hanna überrascht aufsehen.

»Ronny! – Was machst du denn hier?«

»Weihnachten im Kreis der Familie und Nachbarschaft feiern, was sonst?« Er klopfte ihr auf die Schulter, was sie unweigerlich zusammenzucken ließ. »Oje, entschuldige bitte! Das war deine verletzte Seite, richtig?«

»Richtig.«

Es war ihr erstes Zusammentreffen seit seinem unerwarteten Auftauchen in ihrer Wohnung im Oktober. Seither hatten sie nur ein paar belanglose Nachrichten ausgetauscht. Hanna wusste nicht, ob er immer noch Groll gegen sie hegte. Ronny schien es ähnlich zu gehen. Zu allem Überfluss glaubte Gustav, plötzlich nach Fiona sehen zu müssen.

Ronny musterte sie aufmerksam. Dann lächelte er. »Gut siehst du aus. Erholt. Entspannt.«

Fast hätte sie gelacht. Im Augenblick fühlte sie sich alles andere als entspannt.

»Freunde?«

Er streckte ihr die Hand hin, und sie schlug erleichtert ein.

»Freunde.«

Er grinste.

»Ich habe gehört, du hast deine Situation erfolgreich geklärt. Das freut mich.«

»Nun, erfolgreich würde ich das nicht nennen. Erst hat mir meine Mutter nicht geglaubt, dann wollte sie nie mehr mit mir reden.«

»Hohoho, welch große Worte!« Sie sahen beide hinüber zu ihrer Mutter, die gerade mit der Frau, die ihr Ziehvater *die mit der Boutique* genannt hatte, vor dem Christbaum stand und anscheinend über die Deko fachsimpelte. »Keine Sorge«, setzte Ronny dann hinzu. »Das geht vorbei. Irgendwann kriegen sie sich wieder ein. Alle beide.«

»Sprichst du aus Erfahrung?«

»Ich kann nicht behaupten, dass meine Eltern vor Freude an die Decke gehüpft sind. Sie sehen ihre Chance auf Enkelkinder den Bach runtergehen. Wobei …« Sein Grinsen wurde breiter, während er sie nahezu fixierte. »… in diesem Bereich ja nicht das letzte Wort gesprochen ist. Nicht wahr, Hanna?«

Irritiert erwiderte sie seinen intensiven Blick. Worauf wollte er hinaus?

»Ich habe eine lesbische Freundin, die vielleicht in ein paar Jahren gern Mutter wird und einen Samenspender braucht.«

Hanna verschluckte sich am Prosecco.

»Wie bitte?«, fragte sie entsetzt, als sie wieder in der Lage war, sich zu artikulieren. »Ich habe nicht vor, schwanger zu werden!«

»Du nicht. Aber vielleicht deine kleine K… äh … Josefina. Ich habe gehört, sie kann recht gut mit Kindern.«

»Du hast mit Judith gesprochen.«

»Ja. Ich habe von deinem sensationellen Coming-out im Rahmen eines festlichen Geburtstagsessens erfahren – übrigens schade, dass ich nicht eingeladen war.«

»Du warst in Paris.«

»Ich bin seit Anfang Dezember wieder in Wien.«

»Ach.«

»Und ich werde in Wien bleiben.«

»Wie kommt's?«

Ihre Schlussfolgerung, dass Florentine ihn in den Wind geschossen hatte, wollte sie nicht aussprechen.

»Florentine wird Anfang März aus Paris abgezogen und auf eigenen Wunsch eine höhere Verwaltungsstelle im Innenministerium antreten. Da ich nicht zeitgleich im Kongo oder auf den Malediven eingesetzt werden will, habe ich den diplomatischen Dienst quittiert.«

Ronny hatte schon als Jugendlicher von einer Tätigkeit im diplomatischen Dienst geträumt und sich bereits als Botschafter in Rom, Stockholm oder Washington gesehen. Das alles gab er auf, weil er bei dieser Frau sein wollte. Das war wohl wirklich wahre Liebe.

Ehe sie sich erkundigen konnte, was sich Ronny für seine berufliche Zukunft vorstellte, erklang ein Glöckchen.

»Das Buffet ist eröffnet, meine Lieben«, trällerte ihre Mutter.

Im Esszimmer erwarteten sie Wärmeplatten mit aufgeschnittenem Braten und Beilagen sowie ein Topf Suppe.

»Ich wundere mich wirklich, wie Zita das alles schafft«, sagte Hanna mit einem Blick auf die Haushälterin, die bereits die ersten Schüsseln mit Suppe füllte.

»Das ist vom Catering«, erwiderte Ronny. »Ich habe ihr vorher beim Ausladen und Aufbauen geholfen, nachdem deine Familie anscheinend davon ausgeht, dass die arme Frau acht Arme hat oder sich klonen kann.«

»Danke, das war sehr umsichtig von dir.«

»Hanna!« Wie aus dem Nichts stand plötzlich Annabella, die Freundin ihrer Mutter, neben ihr. »Ich habe von deinem Unfall gehört. Entsetzlich! – Aber jetzt ist alles wieder in Ordnung, nicht wahr?«

Es verstörte Hanna, dass die Frau sie wie selbstverständlich duzte. Dennoch erwiderte sie höflich: »Ja, alles wieder gut.«

»Oh, und der junge Herr Germeten-Gingen! Sie wären so ein schönes Paar! Wirklich schade, dass diese Hochzeitsanzeige nur ein schlechter Scherz war!«

Hanna griff nach einem Teller und umklammerte ihn wie einen Rettungsring. Dass diese Tussi wieder mit der Geschichte ankam!

»Hanna, was tut sich denn in der Kanzlei?«

Ihr Ziehvater hatte sich aus seinem Gespräch mit seiner Schwiegertochter gelöst und lächelte ihr aufmunternd zu.

Ihr Magen verkrampfte sich. Hilfesuchend sah sie zu Ronny. Dann fiel ihr ein, dass auch er noch nichts von ihrem aktuellen Jobstatus wusste.

Der abwartende Blick ihres Ziehvaters ruhte auf ihr. Sie brachte es nicht über sich, zu lügen.

»Ich bin dort nur noch auf dem Papier angestellt. Sie haben mich gekündigt und dienstfrei gestellt.«

Vermutlich bildete sie sich die Stille um sie herum nur ein. Denn die Lippen der meisten Leute im Raum bewegten sich weiter, und das Hauptaugenmerk galt dem Buffet.

»Wieso das denn?«, wollte ihr Ziehvater wissen. Er klang nicht verurteilend, sondern ehrlich interessiert.

Hanna seufzte. »Ich habe mich aus moralischen Gründen gegen die Verteidigung von Kofraneks Patensohn entschieden. Da wurde ich verabschiedet – natürlich ohne Angabe von Gründen.«

»Was für Idioten«, erwiderte er verärgert. An Annabella gewandt, die jetzt mit großen Augen dastand, sagte er: »So ist unsere Hanna. Sie bleibt ihren Prinzipien treu und lässt sich nicht verbiegen. Und das macht mich als Vater wirklich stolz.«

Hanna glaubte, sich verhört zu haben. Nahm er sie gerade auf den Arm? Ihre Blicke trafen sich. In seinen stand tatsächlich Bewunderung und … Zuneigung?

»Ich bin sicher, du wirst schnell etwas anderes finden«, zwitscherte Annabella nun.

Hanna belud ihren Teller mit Braten und Gemüse. Noch immer schockiert davon, dass Georg Erlacher Partei für sie ergriffen hatte, handelte sie mehr mechanisch als bewusst.

Der Rest des Abends plätscherte dahin. Angela Gheorghiu hatte die Wiener Sängerknaben abgelöst und sang im glasklaren Sopran Weihnachtslieder auf Rumänisch. Der vom Catering gelieferte Plumpudding löste bei einigen Gästen Begeisterungsstürme aus. Hanna gehörte zu jenen, die davon Abstand nahmen – auch wenn sie längst mit ihrem Prinzip gebrochen hatte, nach 18 Uhr nichts mehr zu essen, hielt sie sich von Süßem nach wie vor fern. Je weiter die Zeit voranschritt, desto mehr leere Proseccoflaschen reihten sich in der Abstellkammer, was Hanna feststellte, als sie Zita half, ausgebrannte Kerzen auszutauschen. Im Trinken waren ihre Eltern und deren Bekannten seit jeher gut gewesen.

Gegen halb zehn Uhr abends schickte Josy Fotos von ihrer Weihnachtsfeier in St. Pölten. Ludger, Sabine und die zwei halbwüchsigen Söhne wirkten wie eine vollkommen durchschnittliche Familie. Ludger hatte einen Bierbauch, Sabine blondiertes Haar. Die Söhne trugen Hoodies mit Aufdruck. Auf dem Foto, das alle Anwesenden vor dem schlicht geschmückten Weihnachtsbaum zeigte, stach Josy in ihrem dunklen Kleid und dem hübschen Gesicht hervor wie eine Perle. Hanna wurde ganz warm ums Herz.

Ich freu mich auf dich, schrieb sie ihr zurück. *Genieße den Abend. Love you.*

Der Gedanke, in dieser Nacht in eine leere Wohnung zu kommen, gefiel ihr genauso wenig wie an allen anderen Abenden, an denen Josy nicht bei ihr war. Über das Klischee, dass eine Lesbe beim zweiten Date mit dem Umzugswagen kam, hatte sie früher nur den Kopf schütteln können. Jetzt aber konnte sie den Wunsch, ständig mit der Partnerin zusammen sein zu wollen, nachvollziehen.

Ich brauche wieder eine Aufgabe, sagte sie sich, während die ersten Gäste aufbrachen. Das Letzte, was sie wollte, war Josy in ihrem Meer an Gefühlen zu ertränken.

»Ich hoffe, wir sehen uns jetzt wieder öfter«, sagte Ronny, als er sich mit zwei Wangenküssen verabschiedete. »Im Jänner kommt Florentine nach Wien. Falls ihr am ersten Februarwochenende nichts vorhabt, kommt doch auf einen Sprung bei mir vorbei. Wäre schön, wenn ihr euch kennenlernt.«

Bald waren alle Gäste gegangen. Ihre Mutter hatte sich eine üppige Fransenstola übergeworfen und überwachte von der Haustür aus, wie Max und Anja den schlafenden Titus in seinem Kindersitz verstauten. Sie geizte dabei nicht mit Ratschlägen. Hanna erkannte an ihrer verwaschenen Aussprache den hohen Alkoholpegel, und an der starren Miene ihres Bruders, dass auch er es bemerkt hatte.

Als nur noch die Rücklichter der Familienkutsche zu sehen waren, hatte es ihre Mutter sehr eilig, in den ersten Stock zu flüchten. Zweifellos ging sie Hanna aus dem Weg. Den ganzen Abend lang hatte sie kein persönliches Wort mit ihr gesprochen, schon gar nicht unter vier Augen.

Und wenn schon, ich habe zumindest meinen guten Willen gezeigt, dachte Hanna, während sie sich ihren Mantel aus dem Garderobenkasten holte. Trotzdem tat die Ablehnung weh.

Was hatte sie eigentlich verbrochen? Wenn, dann hatte *sie* allen Grund, auf ihre Mutter sauer zu sein!

»Es war schön, dass du da warst … trotz aller Umstände.« Ihr Ziehvater war in den Vorraum getreten und sah ihr dabei zu, wie sie den Wollschal um ihren Hals wickelte. »Und ich möchte dir nochmals sagen, dass ich es gut finde, dass du zu dir und deinen Prinzipien stehst und nicht vor den Konsequenzen zurückschreckst.«

»Danke«, sagte sie automatisch. Was war nur mit ihm los?

Das Gefühl, dass er noch etwas anderes loswerden wollte, hielt sie davon ab, sich zügig zu verabschieden.

»Wenn du Hilfe brauchst, um etwas Neues zu finden ... Ich habe viele Kontakte«, bot er nun auch an. »Ich weiß, du brauchst meine Unterstützung nicht. Du hast sie noch nie gebraucht, bist stets deinen eigenen Weg gegangen. Anders als meine Söhne hast du auf Eigenständigkeit bestanden. Bei dir hat man auch immer gewusst, dass deine Pläne Hand und Fuß haben.«

So dachte er über sie? – So schmeichelhaft sein Lobgesang auch war: Es war klar, worauf er anspielte.

»Gustav hat mir erzählt, was er vorhat«, sagte sie. »Ich kann mir vorstellen, dass es ein Schock für euch ist.«

»Schock ist noch milde ausgedrückt!« Er fasste sich an die Stirn. »Der Bub ist vollkommen wahnsinnig geworden. Bildet sich plötzlich ein, dass Architektur nicht das Richtige für ihn ist und will Events ausrichten! Ich lache mich tot.«

Er lachte nicht, sondern wirkte in diesem Augenblick völlig gebrochen.

»Und dann noch in den USA! Wenn etwas schiefgeht, können wir ihm nicht einmal aus der Patsche helfen.«

»Vielleicht ist es gerade das, was er braucht«, gab Hanna zu bedenken. »Verantwortung für sich selbst übernehmen. – Und hast nicht du selbst einmal gesagt: Wenn man etwas nicht mit Leidenschaft macht, kann man es gleich sein lassen? – Mit seiner Einstellung würde aus Gustav niemals ein guter Architekt werden. Lass ihn doch in die USA gehen und Erfahrungen sammeln. Sollte er scheitern, kommt er sicher wieder zurück.«

»Ohne Zweifel kommt er dann zurück«, stimmte er ihr zu. »Aber ehe das passiert, hat er sein gesamtes Vermögen in den Wind geschossen.«

»Es wird schon alles gut gehen. Gib ihm einfach eine Chance, sich zu beweisen. Du hättest dir in jungen Jahren ja auch nicht dreinreden lassen.«

Allmählich wurde ihr in Mantel und Schal zu heiß. Zudem hatte sie keine Lust, ihren jüngeren Bruder weiter zu verteidigen, der Selbiges nie für sie getan hatte.

Sie ging zur Tür.

»Es war ein netter Abend«, setzte sie zum formellen Abschied an. »Danke für die –«

»Es tut mir leid wegen deiner Mutter«, fiel er ihr ins Wort. »Du sollst wissen, dass ich in einigen Punkten nicht mit ihr einer Meinung bin.«

»Okay.« Und in welchen? – Sie unterdrückte den Impuls, nachzufragen, weil sie zu wissen glaubte, wo seine Prioritäten lagen.

»Wir leben im 21. Jahrhundert. Es ist mir egal, mit wem du dein Leben teilst, solange dieser jemand ein anständiger Mensch ist«, offenbarte er zu ihrem Erstaunen. »Und ich hatte bisher keinen Grund, deiner Urteilskraft zu misstrauen. Warum dich deine Mutter unbedingt verheiratet sehen will, kann ich nicht nachvollziehen. Dass sie dir ins Gesicht klatscht, dass ich nicht dein Vater bin, ebenso wenig. Wir hatten uns darauf geeinigt, diesbezüglich Stillschweigen zu wahren. Aber Regina hatte schon immer Probleme, sich an Vereinbarungen zu halten.«

Hatte sie? – Hanna wollte dies lieber nicht hinterfragen. Die Ehe der beiden war ihr inzwischen noch suspekter als zuvor. Der eigentliche Grund, der sie an Heiligabend in ihr Elternhaus geführt hatte, brannte mehr denn je auf ihrer Zunge.

»Weißt du, wer mein leiblicher Vater ist?«

Er sah sie prüfend an, dann schüttelte er den Kopf.

»Ich weiß es nicht. Und wenn ich es wüsste, würde ich es dir nicht sagen. Tut mir leid, aber das ist eine Sache zwischen dir und deiner Mutter.«

Die nicht mit ihr redete ...

Wiedergutmachung

Hanna hatte keine konkreten Vorstellungen von Florentine gehabt. Von den Fotos wusste sie, dass sie mittelgroß, blond und zierlich war. Als sie ihr an diesem Samstag im Februar in Ronnys Wohnung gegenüberstand, war sie erst einmal überrascht, dass diese zerbrechlich wirkende, dezente Frau über viele Jahre Österreichs Botschafterin in Paris gewesen sein sollte.

Im Laufe des Abends revidierte sie ihr Urteil. Florentine war klug, vielseitig interessiert und lebhaft. Wenn sie sich für etwas begeisterte, sprühten ihre Augen Funken. Zudem besaß sie dieses unglaubliche Talent, sofort mit Menschen Berührungspunkte zu finden.

Als Ronny Josy mit den Worten ›Hannas Freundin war Kellnerin in unserem Stammlokal‹ vorstellte und Hanna bemerkte, wie unangenehm Josy dies war, erzählte Florentine, dass sie als Studentin auch gekellnert habe, allerdings vollkommen untalentiert gewesen sei. ›Ich habe mir nie merken können, wer was bestellt hatte, und ich habe einen Rekord im Zerbrechen von Gläsern aufgestellt.‹

Mit dieser Geschichte gewann sie nicht nur Hannas Zuneigung, sondern nahm auch Josy die Hemmungen vor diesem Besuch. Woran es gelegen hatte, dass Josy dem Besuch bei Ronny so misstrauisch gegenüberstand, konnte Hanna nur vermuten. Möglicherweise war sein Auftritt in ihrer Wohnung nach dem Entdecken der Verlobungsanzeige daran schuld.

Jedenfalls wurde dieser Abend bei Raclette und Wein ein voller Erfolg. Hanna war nun endgültig beruhigt, dass ihre Freundschaft zu Ronny gefestigter war denn je. Und Josy verstand sich ausgesprochen gut mit Ronnys Freundin. Während Hanna mit Ronny nach dem Essen vor dem offenen Kamin vage Pläne für die Zukunft schmiedete, war Josy mit Florentine in der Küche verschwunden, um das Dessert vorzubereiten. Hanna hatte die beiden die ganze Zeit über kichern gehört wie zwei alberne Teenager.

»Worüber habt ihr denn die ganze Zeit gelacht?«, wollte sie wissen, als sie nach Mitternacht im Taxi Richtung Zuhause saßen.

»Nichts Besonderes. Wir haben ausprobiert, wie sich die Mousse au Chocolat am dekorativsten auf diesen weißen Desserttellern anrichten lässt.« Josy schmunzelte. »Nach vielen Versuchen sah es zwar immer noch nicht so aus wie im Restaurant, aber das war uns dann irgendwann auch egal. – Flo ist wirklich lustig.«

»Das stimmt.«

»Sie hat zwei Kinder, wusstest du das?«

»Nein. Aber es überrascht mich nicht. Wie alt sind die?«

»Zwanzig und zweiundzwanzig. Die Ältere studiert in den USA Genetik. Der Sohn will in Frankreich bleiben.«

Zumindest musste Ronny hier nicht den Stiefvater geben. Hanna fand die Vorstellung trotz aller Sympathie für ihn und seine Liebste seltsam.

»Die Wohnung«, sagte Josy auf dem Sitz neben ihr dann plötzlich. »Sie ist wirklich toll. Wenn ich Ronny wäre, würde ich da nie ausziehen.«

»Nun, er wird es auch bei Florentine in Grinzing schön haben. So ein Haus am Weinberg hat schon was.« Sie wollte das Thema nicht vertiefen. Die Wohnung stand schließlich in Verbindung mit der unsäglichen Wette.

»Ist das die Wohnung, um die es bei eurer Wette mit den zwölf guten Taten ging?«, fragte Josy prompt.

Hanna konnte ihr nicht in die Augen sehen, als sie bejahte.

Josy erwiderte nichts. Die plötzliche Stille im Auto störte offensichtlich auch den Taxifahrer, denn er drehte das Radio auf. Österreichischer Schlager schallte aus den Lautsprechern und verhinderte jede weitere Unterhaltung. Hanna war froh, als das Taxi endlich vor ihrer Wohnung hielt.

»Puh«, sagte sie, nachdem sie neben Josy auf dem Bürgersteig stand. »Das war heftig.«

Sie sperrte die Haustür auf und ließ Josy als Erste ins Stiegenhaus eintreten. Erst als sie den Lift betraten, fand diese anscheinend ihre Sprache wieder.

»Ich verstehe, warum du die Wohnung unbedingt wolltest. Allein die Dachterrassen sind ein Traum. Wie viel, glaubst du, zahlt man für so einen Luxus?«

»Mehr, als ich mir leisten könnte.«

»Und du hättest nur zwölf gute Taten vollbringen müssen? Einfach so?«

Der Lift setzte sich in Bewegung.

»Wie du bemerkt hast, ist es wohl für jemanden wie mich doch nicht so einfach.« Hanna lächelte schief. »Mir wäre es lieber, nicht mehr darüber zu reden. Die Sache ist sowieso hinfällig.«

»Hmm«, erwiderte Josy nur. Es klang nicht überzeugt. Trotzdem wechselte sie das Thema.

»Flo hat mir in der Küche erzählt, dass Ronny wieder als Anwalt arbeiten will. Dass er überlegt, eine eigene Kanzlei aufzuziehen.«

»Ja. Er hat schon vor seinem Eintritt in den diplomatischen Dienst bei einer Kanzlei gearbeitet.«

Sie stiegen aus.

Ihre Wohnung begrüßte sie mit wohltuender Wärme.

Hanna legte Mantel und Schal ab und nahm ihr Handy aus der Tasche. Dann wurde ihr der rosarote Elefant, der sich still und heimlich in den Raum gedrängt hatte, zu lästig. Josy war ihre Freundin. Es sollte zwischen ihnen keine Heimlichkeiten geben.

»Er will die Kanzlei mit mir gemeinsam gründen. Aber das ist keine Neuigkeit für dich, weil Florentine dir in der Küche erzählt hat, was er plant, richtig?«

Josy nickte. Sie hob den Kopf.

»Warum wolltest du es mir nicht erzählen?«

Hanna seufzte. »Ich weiß es selbst nicht«, gab sie dann offen zu. »Ich bin einfach gewohnt, Dinge mit mir selbst auszumachen und Entscheidungen allein zu fällen.«

»Ich kann dir diese Entscheidung eh nicht abnehmen«, erwiderte Josy ernst. »Aber ich kann dir sagen, was ich sehe: Ich sehe eine Frau, die nicht allzu viel tut, um einen neuen Job zu finden. Du warst bisher bei gerade einmal zwei Vorstellungsgesprächen, und jedes Mal hast du mir danach erklärt, wie wenig du dir eine Zusammenarbeit vorstellen kannst. – Genau diese Untätigkeit hast du *mir* vorgeworfen, als ich damals arbeitslos wurde!«

»Ich bin ja noch nicht arbeitslos. Ich bin dienstfrei gestellt.«

»Das hat bald ein Ende, und dir ist jetzt schon langweilig. – Also, mal ehrlich: Was spricht gegen Ronnys Vorschlag?«

»Vieles.« Hanna ging ins Wohnzimmer. Josefina folgte ihr und ließ sich mit ihr auf dem Sofa nieder. »Ich habe Bedenken, dass es nicht klappt. Dass wir keine Klienten finden, dass ich den Herausforderungen einer Selbstständigkeit nicht gewachsen bin. Dass Ronny und ich uns in die Haare kriegen.«

Josys Hand legte sich auf ihren Oberschenkel – eine vertraute, tröstliche Geste, die sie dazu brachte, die Karten ganz auf den Tisch zu legen.

»Ich mache mir auch Gedanken wegen der Finanzen. Ich habe natürlich Ersparnisse. Aber erst einmal werden wir investieren müssen. Es dauert, bis die Geschäfte anlaufen. Und wenn sie es tun, kann es sein, dass ich viele, viele Stunden arbeite. Ich möchte noch genug Zeit für uns haben.«

»Das wirst du.« Josy beugte sich zu ihr und drückte ihr einen Kuss auf die Wange. Sie wirkte seltsam gelassen. »Ich mache mir keine Sorgen«, fuhr sie dann fort. »Ronny ist ein netter Mensch und seit vielen Jahren dein Freund. Ihr wisst, wie ihr mögliche Streitigkeiten ausräumen könnt. Und was den Rest betrifft: Du wirst immer gut und erfolgreich sein in dem, was du tust.«

»Danke.« Hanna strich ihr über die Wange. Die Überzeugung in Josys Stimme, raubte ihr fast den Atem. Sie wünschte sich, zumindest einen Bruchteil davon selbst zu fühlen.

*

Kaum dass sie die Gemüseabteilung betreten hatte, bereute Hanna auch schon, nicht ihren Supermarkt ums Eck sondern den Megamarkt in der Nähe ihrer Autowerkstatt gewählt zu haben. Die Auswahl war längst nicht so großartig wie erwartet, der Brokkoli war braun und die Tomaten schimmerten eher gelbgrün als rot. Da war es gleich besser, zur Konserve zu greifen!

Den Einkaufszettel abzuarbeiten, kostete Zeit. Vor dem Tiefkühlregal mit den Fleischwaren hatten sich zwei ältere Damen mit ihren Einkaufswägen breitgemacht. Es verstrich eine gefühlte Ewigkeit, bis sie sich entschieden hatten und Platz machten. Außerdem waren die Regale völlig unlogisch geordnet – Tomatendosen standen neben den Nudeln, Peperoni lagerten bei den Konserven. Blieben noch die Oliven, die weder hier noch dort zu finden waren.

Nachdem Hanna zwei lange Gänge entlanggeirrt war, ohne fündig zu werden, entdeckte sie eine Gestalt im rot-gelben Shirt der Supermarktkette, die das unterste Fach eines Regals befüllte.

»Entschuldigen Sie. Wo finde ich denn die Oliven?«

Die Frau sah auf.

Hannas Kehle wurde trocken. Dieses schmale, blasse Gesicht mit dem breiten Mund hatte sich tief in ihr Gedächtnis eingebrannt. Janka Marić musste es genauso ergehen. Sie starrte Hanna an wie eine Außerirdische, ehe sich ihre Miene verfinsterte.

»Nächster Gang, erstes Regal rechts.« Dann drehte sie ihr den Rücken zu und begann, die Reispakete oberhalb zu ordnen, was Hanna klar als Alibihandlung entlarvte. Inzwischen hatte sie ihre Sprache wiedergefunden.

»Frau Marić, was passiert ist, tut mir sehr leid«, erklärte sie mit fester Stimme. »Ich habe einen Fehler gemacht. Mein früherer Mandant ist ein verkommenes Ar...loch und gehört verurteilt.«

Sie hatte sich diesen Text unzählige Male zurechtgelegt, während sie nachts über Werder nachgegrübelt und sich über ihn und Kofranek geärgert hatte.

»Was wollen Sie von mir?« Janka Marić wirkte von der Situation völlig überfordert, aber auch gereizt. »Mich interessiert das alles nicht mehr! Lassen Sie mich in Ruhe!«

»Es tut mir wirklich leid«, wiederholte Hanna. Ihr wurde bewusst, dass sie diese Unterhaltung nie zu Ende durchgespielt hatte.

»Was erwarten Sie denn jetzt?« Janka Marić sah sie verständnislos an. »Dass ich Sie von Ihrem schlechten Gewissen befreie? – Das kann ich nicht. Der Konzern hat mich von der Filiale in Simmering abgezogen und in den 22. Bezirk versetzt. Ich muss jetzt in der Früh und abends vierzig Minuten fahren und dreimal umsteigen, um zur Arbeit zu kommen. Ich bin bestraft worden, und *er* befördert!«

»Das weiß ich«, erwiderte Hanna und bezog sich auf den letzten Teil ihres Satzes. Was die Frau zuvor gesagt hatte, musste bei ihr noch sacken. »Es tut mir wirklich leid«, setzte sie hilflos von Neuem an, doch da tauchte eine weitere Frau im rot-gelben Shirt auf.

»Gibt es ein Problem?«, fragte sie harsch.

»Nein. Die Kundin hatte nur eine Frage.« Janka Marić widmete sich erneut dem Regal. Hanna sah an ihrer Körperhaltung, dass die hinzugekommene Angestellte hierarchisch über ihr stand.

Sie sah ein, dass es besser war, zu gehen. Sie würde Janka Marić sonst nur in weitere Schwierigkeiten bringen.

Als Hanna den Supermarkt mit einer vollbepackten Tüte verließ, war es kurz nach 17 Uhr. Eigentlich hatte sie mit der nächsten U-Bahn nach Hause fahren wollen. Sie wusste jedoch, sie würde dort nicht zur Ruhe kommen. Janka Marić hatte recht: Mit einer Entschuldigung war es nicht getan.

Sie setzte sich in ein Bistro in der Nähe des Supermarktes und dachte nach. Gesprächsfetzen aus der Gerichtsverhandlung kamen ihr in den Sinn. Dann der Name einer Studienkollegin: Larissa. Sie hatten nie viel miteinander am Hut gehabt, dafür waren sie zu verschieden, aber sie wusste aus ihrer Tätigkeit für den Alumni Club, wohin es sie beruflich verschlagen hatte. Ein Plan reifte in ihr.

Als der Supermarkt um 19 Uhr schloss, stellte sie sich an den Hinterausgang und wartete. Um 19.15 Uhr verließen die ersten Angestellten den Markt. Bis Janka Marić erschien, verstrich eine weitere Viertelstunde.

Ihre Mundwinkel fielen nach unten, als sie Hanna entdeckte. Sie beschleunigte ihren Schritt und wollte sie offensichtlich ignorieren, doch Hanna heftete sich an ihre Seite.

»Bitte, Frau Marić. Geben Sie mir zumindest eine Chance!«

Janka Marić blieb stumm und schlug den Weg in Richtung U-Bahn-Station ein.

»Sie wollen Gerechtigkeit?«, versuchte es Hanna auf andere Art. »Dann hören Sie mir zumindest eine halbe Stunde zu!«

Janka Marić blieb stehen. »Ich glaube nicht mehr an Gerechtigkeit.«

»Aber ich«, erklärte Hanna entschlossen. »Und ich will, dass Stefan Werder endlich bekommt, was er verdient!«

Janka Marić schien mit sich zu ringen.

»Eine halbe Stunde«, gab sie schließlich nach. »Aber dann muss ich nach Hause, die Kinder übernehmen. Mein Mann muss zur Spätschicht.«

Hanna nickte. »Eine halbe Stunde reicht. – Darf ich Sie auf ein Getränk in das Bistro einladen, während wir reden?«

Zum ersten Mal schenkte ihr die Frau ein kleines Lächeln.

*

»Hanna wer?« Larissas Stimme klang unverändert nasal und brachte in nur zwei Worten gelangweilte Gleichgültigkeit zum Ausdruck. Am liebsten hätte Hanna gleich wieder aufgelegt. Die Erinnerung, warum sie diese Frau schon zu Studienzeiten nicht ausstehen hatte können, kam zurück wie ein Bumerang.

»Hanna Erlacher.« Sie zwang sich zu einem freundlichen Tonfall. »Wir waren unter anderem gemeinsam in dieser Projektgruppe bei dem Seminar von Professor Auer: Resozialisierung in Theorie und Praxis.«

»Ach … *die* Hanna«, kam es gedehnt zurück. »Woher hast du denn meine Handynummer?«

Dumme Frage. Erstens waren die Kontaktdaten aller Absolventen in der Alumni-Adresskartei auf ihrem Computer abgespeichert. Zweitens stand die Nummer neben einem Festnetzanschluss auf der Website der NGO, bei der Larissa tätig war.

Hanna entschied sich aus einer Vorsichtsmaßnahme heraus für Variante zwei. Wer konnte schon wissen, ob Larissa ihr nicht gleich einen Verstoß gegen das Datenschutzgesetz unterstellte?

»Ich habe gesehen, dass du noch immer für diese Organisation arbeitest – *Schutz der Frau.* Soviel ich weiß, vertrittst du auch Frauen, die im Arbeitsumfeld sexuell belästigt wurden, vor Gericht?«

»Ja«, bestätigte Larissa knapp, um dann mit leisem Sarkasmus hinzuzufügen: »Soll ich dich etwa vor Gericht vertreten? – Da muss ich dich enttäuschen. Unser Fokus liegt auf einkommensschwachen Frauen. Das Töchterchen eines Promi-Architekten, das in Wiens Villenviertel aufgewachsen ist, gehört nicht zu unserer Klientel.«

Hanna atmete tief durch. »Kannst du bitte deine Aversion gegen meine Herkunft zur Seite stellen und mir zuhören?«

»Erzähl.« Larissa klang weiterhin wenig interessiert.

»Es gibt bei GHS Food & Beverage einen Typen, der belästigt regelmäßig ihm unterstellte Frauen und kommt damit durch. Bisher ist nur ein Fall vor Gericht gelandet, da wurde er freigesprochen. Bei einem zweiten steht die Verhandlung noch aus. Wie ich inzwischen aus zuverlässiger Quelle weiß, hat er unzählige Frauen belästigt. In einem Fall wäre es beinahe zu einer Vergewaltigung gekommen.«

»Und die Frau hat keine Anzeige erstattet?« Plötzlich klang Larissa hellwach.

»Nein. Sie ist aus Polen, spricht kaum Deutsch und wollte ihren Job nicht verlieren. Aber sie hat den Vorfall ihrem direkten Vorgesetzten gemeldet. Das Ergebnis war, dass sie in eine andere Filiale versetzt wurde, für die ein anderer Regionalmanager zuständig war. Der Belästiger dagegen wird trotz aller Vorkommnisse vom Konzern immer weiter nach oben befördert.«

»Das klingt tatsächlich nach einem Fall für *Schutz der Frau*.« Larissa hatte eindeutig angebissen. »Schreib mir in einer Mail, was ich noch wissen muss. Ich brauche Namen. Und Details, was die erste Gerichtsverhandlung betrifft.«

»Das geht nicht. Ich kann dir nichts schriftlich zukommen lassen, schon gar nicht per Mail.«

»Und warum nicht?«

»Weil ich mich sonst strafbar mache und mir ein Berufsverbot droht.«

Nun hatte sie sich ausgeliefert. Wenn Larissa es darauf anlegte, konnte sie ihr schon jetzt einen Strick daraus drehen. Laut Standesrecht war sie nicht einmal befugt, ihr über den Fall zu berichten.

Larissa pfiff durch die Zähne.

»Sag bloß, da liegt ein Interessenskonflikt vor! – Hanna, Hanna. Ich fasse es nicht. Von dir hätte ich so etwas am allerwenigsten erwartet ...«

»Tempora mutantur ...«, kommentierte Hanna, inzwischen doch etwas genervt. »Also, wann treffen wir uns?«

*

Hanna wusste sehr wohl, auf welch dünnes Eis sie sich begeben hatte – sowohl durch das Gespräch mit Janka Marić als auch durch ihr Treffen mit Larissa. Wenn irgendwer davon Wind bekam, konnte sie im schlimmsten Fall ihre Zulassung als Anwältin verlieren.

Trotzdem hatte sie das gute Gefühl, etwas richtig gemacht zu haben, als sie nach dem Austausch mit Larissa in ihre Wohnung zurückkehrte. Larissa würde nun dafür sorgen, dass sich auch die anderen Frauen, deren Namen ihr Janka Marić letztendlich doch genannt hatte, zu einer Anzeige durchrangen. Wenn es Larissa geschickt anstellte – und davon ging Hanna aus – würden auch im Management von GHS Köpfe rollen. Schließlich waren einige Beschwerden von unmittelbaren Vorgesetzten nicht ernst genommen oder unter den Tisch gekehrt worden.

Die Unsicherheit, was ihre Zukunft betraf, wich zunehmend einem Gefühl absoluter Klarheit: Sie konnte und wollte nicht mehr bei irgendeiner Großkanzlei anfangen.

Sie wollte in Zukunft selbst entscheiden, welche Fälle sie annahm und mit welcher Strategie sie ihre Mandanten vor Gericht vertrat.

Nach wie vor war sie der tiefen Überzeugung, dass jeder – schuldig oder unschuldig – einen fairen Prozess verdiente. Sie würde weiterhin auch für jene da sein, die Fehler gemacht hatten oder gar straffällig geworden waren. Das war ihr Job. Aber niemand sollte sie mehr zwingen, etwas gegen ihre Prinzipien zu tun!

Noch am selben Tag rief sie Ronny an und nahm sein Angebot an.

Nägel mit Köpfen

Kleine weiße Wolken wanderten wie flauschige Schäfchen über den blauen Himmel. Josefina saß in ihrer Mittagspause im Volksgarten auf einer Bank und ließ sich von der zarten Frühlingssonne wärmen, während in ihrem Inneren widersprüchlichste Gedanken und Empfindungen tobten.

An diesem Tag Anfang März hatte ihr Jörg Lindner, der Chef von EUREA, ein Angebot gemacht, von dem Hanna sicherlich sagen würde, es sei fantastisch. Objektiv betrachtet war es das wohl auch. Und trotzdem wusste Josefina intuitiv, dass es für sie selbst nicht das Richtige war.

Lindners Angebot brachte sie unter Zugzwang. Sie musste sich endlich darüber klar werden, was sie mit ihrem weiteren Leben anfangen wollte. Der Job an der Rezeption war nur eine Karenzstelle. Lindner bot ihr eine Chance, sich weiterzuentwickeln und zu bleiben, aber die Stelle, die er ihr anbot, sprach sie einfach nicht an.

Schon seit ein paar Wochen spielte sie dagegen mit einer Idee, die in eine komplett andere Richtung ging. Sie hatte sich gern um andere Menschen gekümmert, wenn diese krank waren oder anderweitig Hilfe brauchten. Es gab ihr ein Gefühl von Zufriedenheit, wenn sie dazu beitragen konnte, das Leben von jemandem zu verbessern. Sie hatte für Gertrud gesorgt und für Hanna, als diese durch die Folgen ihres Unfalls gehandicapt gewesen war. Noch immer besuchte sie regelmäßig und mit Freude das Pflegeheim und packte mit an, wo auch immer sie durfte und konnte.

Bei EUREA würde sie in Zukunft mehr mit Zahlen und Paragrafen, weniger mit Menschen zu tun haben. Noch vor ein paar Monaten hätte ihr die Idee, in einem abgeschiedenen Büro still vor sich hin zu arbeiten, ausgesprochen gut gefallen. Nach ihren Erfahrungen in der Gastronomie hatte sie erst einmal genug gehabt von Leuten, die Forderungen an sie stellten oder sich unberechenbar verhielten. Doch mittlerweile war sie eine andere geworden – ein schleichender Prozess, der viel mit ihrer Beziehung zu Hanna, aber auch mit ihren sonstigen Bekanntschaften zu tun hatte.

Sie traf sich noch immer regelmäßig mit Clea, Chrissy und Niko. Auch Manuela sah sie ab und zu, allerdings hatte diese seit ein paar Wochen eine Freundin, die sie auf Trab hielt. Sie mochte Judith und deren Mann Rolf, mit denen sie manchmal etwas unternahmen, und liebte es, deren Baby herumzutragen und zu füttern. Inzwischen hatte sie sich sogar an Katja gewöhnt, wenngleich deren Direktheit sie etwas vor den Kopf stieß. Am besten gefielen ihr die Treffen mit Ronny und Flo. Dass sie sich ausgerechnet mit einer Frau so gut verstand, die ihre Mutter hätte sein können, brachte Hanna oft zum Schmunzeln.

Hast du wieder mit Mama telefoniert, hatte sie anfangs gescherzt, wenn Josefina länger mit Flo am Telefon hing.

Tatsächlich hatte sie das Gefühl, Flo alles sagen zu können, was ihr auf der Seele lastete, und von ihr stets mit Rat und Tat unterstützt zu werden.

Auch jetzt spielte sie mit dem Gedanken, sie anzurufen. Josefina sah jedoch davon ab, weil ihr klar wurde, dass hierbei Hanna ihre erste Anlaufstelle sein musste. Es betraf ihr gemeinsames Leben.

*

Josefina hatte bereits einen Salat zubereitet und den Tisch gedeckt, als Hanna eineinhalb Stunden später als erwartet eintraf.

»Entschuldige, Liebes.« Hanna zog sie in eine enge Umarmung und küsste sie, kaum dass sie sich ihrer Jacke und Schuhe entledigt hatte. »Wir haben bis eben über verschiedenen Angeboten von Büromöbellieferanten gebrütet und die Zeit vergessen.«

Vor knapp zwei Wochen hatten Ronny und sie den Mietvertrag für Büroräume in einer Seitengasse zwischen Stubentor und Kärntner Straße unterschrieben – eine gute Adresse im 1. Bezirk, wenn auch nicht gleichzusetzen mit jenem Prestigebüro an der Ringstraße, von dem Hanna immer geträumt hatte. Seither hatte sich Josefina beinahe schon daran gewöhnt, dass Hanna mit Verspätung kam. Sie war voller Energie und Tatendrang und war wieder zu der Frau geworden, die sie einst im *Gin & More* in ihren Bann gezogen hatte – mit dem Unterschied, dass sie jetzt greifbar und menschlich war.

Josefina war außerdem dankbar, dass die neue Kanzlei Hanna zumindest kurzzeitig von den schwermütigen Gedanken an ihren leiblichen Vater abzulenken schien.

Kurze Zeit später saßen sie sich am Esstisch gegenüber und aßen zu Abend. Hanna beschrieb ausführlich die Büroeinrichtung, für die sie sich entschieden hatten, wobei Josefina die verschiedenen Sesselformen rein gar nichts sagten. Sie wusste inzwischen, dass sich Hannas Mutter einige Jahre als Raumausstatterin versucht hatte, und führte Hannas Faible für Details auf eine Art frühkindliche Prägung zurück. So sehr sie auch an Hannas Begeisterung hätte teilhaben wollen, so wenig gelang es ihr an diesem Abend. Was sie ihr zu sagen hatte, würde nicht einfach werden. Innerlich wappnete sie sich bereits gegen alle Gegenargumente.

»... und dann kommt noch die EDV.« Hannas Stimme riss sie aus ihren Gedanken. »Das wird noch mal ein ganz schöner Brocken.«

Es ging um die Finanzen. Natürlich. Josefina wusste, dass

Hanna die Tatsache belastete, derzeit keine Einnahmen vorzu-
weisen zu haben, sondern nur Ausgaben.

»Aber irgendwann werdet ihr die ersten Klienten haben, und
dann geht es bergauf«, wandte sie daher ein und bemühte sich
um einen zuversichtlichen Tonfall.

»Erst einmal brauchen wir ein fertiges Büro mit einsatzfähiger
Hard- und Software. An Mandaten denke ich frühestens ab Mai,
wenn alles gut geht. – Hast du eigentlich schon die Post geholt?
Als ich gerade vorher in den Briefkasten geschaut habe, war er
leer.«

»Ja, habe ich.« Zu Jahresbeginn hatte Josefina Hannas Zweit-
schlüssel bekommen sowie zwei freigeräumte Fächer im Kleiderschrank. Inzwischen verbrachte sie mehr Zeit in deren Wohnung
als in ihrer eigenen. »Sie liegt auf dem Couchtisch.«

Hanna hatte ihren Teller bereits geleert, erhob sich und kam
mit den Kuverts in der Hand zum Tisch zurück. Sie riss bereits den ersten Umschlag auf, als es aus Josefina hinausplatzte:
»Lindner hat mir eine Stelle als Steuerassistentin bei EUREA angeboten.«

»Oh, wow!« Hanna ließ ihre Post sinken. »Gratuliere! Das
ist toll.«

»Nein.«

»Nein?«

Josefina schluckte. »Ich werde sie nicht annehmen. Ich bin
kein Zahlenmensch, und ich kann mir nicht vorstellen –«

»Himmel, Josy!« Hanna ließ sie nicht ausreden. »Du hast in
den vergangenen Monaten so viel erreicht! Sei stolz auf dich! Warum traust du dir immer noch so wenig zu?«

»Das ist es nicht. Ich weiß nur, dass –«

»EUREA ist eine wirklich gute Firma, die sich um ihre Mitarbeiter kümmert.«

»Hanna, ich –«

»Du hast die HAK-Matura trotz widrigsten Bedingungen geschafft. Du kannst auch das. Vieles davon hast du ohnehin schon

auf deiner Wirtschaftsschule gelernt. Darauf kannst du aufbauen. Es wird nicht alles neu für dich sein.«

»Hanna, bitte …«

»Ich werde dich beim Lernen unterstützen, soweit ich kann. Ich –«

»Hanna!« Josy schrie jetzt beinahe.

Hanna verstummte und schaute sie aus großen Augen an.

»Hanna, lässt du mich bitte mal ausreden?«, sagte sie dann mit ruhiger Stimme, obwohl in ihrem Inneren ein Sturm tobte. Das hatte ja schon einmal gut angefangen. »Ich schätze Lindners Angebot sehr und es tut mir einerseits leid, EUREA zu verlassen«, fuhr sie dann fort, während Hanna bei den letzten Worten bereits wieder nach Luft schnappte. Josy sprach schnell weiter. »Andererseits weiß ich aber, dass es langfristig nichts für mich ist. Du hast mir selbst mal gesagt, wie sehr du es hasst, deine Steuererklärung zu machen. Ich kann das verstehen, denn mir ginge es genauso. Den Job anzunehmen hieße, dass ich mich nicht nur einmal im Jahr mit einer Steuererklärung beschäftigen muss, sondern an fünf Tagen pro Woche. Und das will ich nicht.«

»Aber …«, setzte Hanna an.

»Ich habe deinen Rat befolgt. Ich war bei diesem Förderungsfonds, der einen finanziell unterstützt, wenn man eine Ausbildung machen will. Du hattest recht: Ich bekomme Unterstützung.« Josefina holte tief Luft. Gleich würde Hanna entsetzt aufschreien. »Ich will im Herbst mit einer Ausbildung zur Gesundheits- und Krankenpflegerin beginnen.«

Hanna starrte sie an und sagte erst einmal nichts.

Dann griff sie zu ihrem Wasserglas, nahm einen großen Schluck und fragte schließlich: »Und wie läuft das genau ab?«

»Es ist eine dreijährige Ausbildung in Vollzeit. Man besucht eine Schule, die an einen Krankenhausverbund angeschlossen ist.«

»Okay.« Hanna nahm einen weiteren Schluck Wasser. Josefina fühlte, dass sie längst nicht alles gesagt hatte, was ihr durch den Kopf ging.

»Bist du dir klar, was das bedeutet? Schichtarbeit? Viele Über-
stunden? Schlechte Bezahlung? Und dann das, was du tun musst:
Bettpfannen und Windeln wechseln. Leute in die Dusche und aufs
Klo begleiten. Erbrochenes aufwischen. Ist dir das bewusst?«

»Ich weiß das, Hanna. Schließlich kenne ich diese Arbeit von
Gertrud. Aber ich will es – so, wie du Anwältin sein willst.«

»Okay.« Hanna wirkte nicht sehr überzeugt. Dann stand sie
auf, ging um den Tisch herum und zog Josefina in ihre Arme.
»Ich bin sicher, du wirst eine wunderbare Krankenpflegerin«,
sagte sie. »Und ich werde dich unterstützen, wo ich kann.«

Josefina fiel ein Stein vom Herzen. Dankbar drückte sie ihren
Kopf an Hannas Schulter. »Das bedeutet mir viel.«

»Geht es sich finanziell denn aus? – Die Ausbildung ist ja sicher nicht üppig bezahlt.«

»Mit den Förderungen, die ich bekomme, passt das.«

»Sehr gut.« Hanna legte ihre Hände auf Josys Schultern. Ein
ernster Ausdruck trat in ihre Augen. »Ich wollte auf den geeig-
neten Zeitpunkt warten … und dich vor allem nicht damit überfahren. Vielleicht ist es dir auch zu früh und du kannst auch Nein
sagen. Aber, was hältst du davon, bei mir einzuziehen?«

Josy blinzelte ungläubig. Sie hatte mit vielem gerechnet, jedoch nicht damit.

»Du bist mittlerweile sowieso dauernd hier«, fuhr Hanna
fort. »Wir können noch einen Kasten ins Schlafzimmer stellen
und das Schuhregal im Vorraum erweitern, sodass du deine Sachen unterbringen kannst. Was denkst du?«

Josy konnte es noch immer kaum glauben. Sie dachte an jene
Hanna, die ihr anfangs oftmals das Gefühl gegeben hatte, ein
Störfaktor in ihrer Wohnung zu sein. Wieder wurde ihr bewusst,
dass sie sich beide seit ihrer ersten bewussten Begegnung stark
verändert hatten.

»Wird es dir nicht zu eng mit mir?«, fragte sie vorsichtig.
»Deine Wohnung hat nur sechzig Quadratmeter. – Was ist, wenn
ich dir nach ein paar Wochen auf den Wecker gehe?«

»Das wird nicht passieren. Ich bin tagsüber ohnehin in der Kanzlei. Und abends wünsche ich mir nichts mehr als deine Gesellschaft. Ich bin meistens völlig verzweifelt, wenn du nicht da bist!«

Josefina lächelte. Letzteres glaubte sie ihr sofort. An den Abenden, die sie getrennt voneinander verbrachten, schickte ihr Hanna stündlich mindestens zwei Nachrichten – selbst, wenn sie sich währenddessen mit Ronny, Katja oder Judith traf.

»Ich würde gern mit dir zusammenwohnen«, erwiderte sie daher. »Lass es uns versuchen.«

»Versuchen?«

»Versuchen«, bekräftigte Josefina. »Ich werde all meine Sachen zu dir bringen, aber die Wohnung von Hans erst einmal behalten. Falls du mich doch nach ein paar Wochen satthaben solltest, habe ich nicht alles verloren.«

»Verstehe. Aber ich werde dich nicht satthaben, keine Sorge.« Hanna ging zurück an ihren Platz und griff erneut nach den Kuverts. »Oh Gott … immer diese Werbung«, stöhnte sie. »Warum glauben diese Modefirmen, dass ich mir vierteljährlich eine neue Garderobe zulegen will?«

»Weil es so ist. Du kaufst dir alle paar Monate was Neues.«

Grinsend verschwand Josefina mit den benutzten Tellern in der Küche. Als sie zurückkehrte, fiel ihr sofort Hannas angespanntes Gesicht auf. Sie hielt ein offiziell aussehendes Schreiben in den Händen.

»Planänderung«, sagte sie und wirkte regelrecht benommen. »Mein Vermieter hat Eigenbedarf angekündigt. In zwei Monaten muss ich raus.«

»Was?« Vor Schreck fiel Josefina beinahe die Flasche Wasser aus der Hand. »Kann man da nichts machen?«

»Nein. Leider nicht.« Hanna seufzte und fuhr sich durch ihr Haar. »Als hätte ich nicht genug um die Ohren. Diese Dinge passieren grundsätzlich zum denkbar schlechtesten Zeitpunkt. Ich kann nicht mal ein fixes Einkommen vorweisen, und bei Vermietern kommt Selbstständigkeit als Arbeitsverhältnis in der Regel ganz schlecht an, zumal, wenn ich daraus auch noch keine laufenden Einkünfte habe.«

»Also ziehst du bei mir ein?«

Die Frage war als Scherz gedacht. Hanna lachte auch prompt.

»Auf deinen dreißig Quadratmetern kriege ich ja nicht einmal meine Garderobe unter, wo ich mir doch ständig neue Kollektionen zulege«, griff sie belustigt Josefinas Anmerkung auf. »Nein. Wir werden uns zusammen etwas Neues suchen.«

*

»Alle meine Kinder verlassen mich«, drang die Stimme ihrer Mutter durch das Smartphone an Hannas Ohr. »Womit habe ich das verdient?«

Das Telefonat dauerte noch keine dreißig Sekunden, und Hanna bereute schon, den Anruf angenommen zu haben. Sie war gerade dabei, mithilfe einer speziellen Software an der Website ihrer Kanzlei weiterzuarbeiten. Der Anbieter der Software warb mit einem einfachen, angeblich laienverständlichen Baukastensystem, um eine professionelle Website onlinezustellen. Hanna war schon am Vortag daran verzweifelt.

»Hanna? Bist du noch dran? Du sagst gar nichts!«

Bildete sie sich das ein, oder klang die Stimme ihrer Mutter schon wieder leicht verwaschen?

»Ich weiß nicht, was ich darauf sagen soll«, erwiderte sie seufzend, während sie versuchte, das vorgefertigte Design ihren Wünschen anzupassen. Warum rutschte dieser blöde Menüpunkt eigentlich immer nach unten statt nach links?

»Gustav hat dich nicht verlassen«, fügte sie hinzu. »Er ist lediglich mit seiner Frau in die USA gegangen.«

»Er hat sich seither nicht bei mir gemeldet! Wenn er jemanden anruft, dann nur deinen V… Georg. Und auch da ist er kurz angebunden und erzählt nicht wirklich, wie es ihm geht.«

»Ja. Das liegt wahrscheinlich daran, dass sein Vater zumindest bei der standesamtlichen Trauung war, im Gegensatz zu dir.«

Hanna hatte keine Lust mehr, aus Angst vor Konflikten um den heißen Brei herumzureden. Auch wenn ihr Gustavs Entscheidung wenig durchdacht vorkam, hatte er ihr am Tag der Hochzeit leidgetan. Bis zuletzt hatte er darauf gehofft, dass ihre Mutter kommen würde. Sie aber gab weiterhin die Gekränkte, und niemand verstand wirklich, worum es ihr eigentlich ging.

»Auch du hast dich seit Weihnachten nicht mehr gemeldet«, wechselte ihre Mutter das Thema. »Du rufst nicht an, schaust nicht mehr vorbei. Ich verstehe wirklich nicht, was wir dir eigentlich Böses angetan haben!«

Hanna blinzelte. Meinte sie das ernst?

»Du hättest auch anrufen können«, erwiderte sie. Sie drückte auf Enter. Das gesamte Menü verschwand komplett vom Bildschirm. Zurück blieben nur der rote Balken oben und ein schmaler blauer Strich links, von dem sie nicht einmal wusste, woher er kam.

»Verdammt!«, entfuhr es ihr.

»Bitte. Jetzt fang nicht auch noch an, mich zu beschimpfen«, klagte die Stimme an ihrem Ohr.

»Mama, was willst du eigentlich?« Hanna konnte ihren Unmut nicht länger zügeln. »Du weißt ganz genau, warum ich mich nicht mehr melde. Bitte tu nicht so, als würdest du unter Alzheimer leiden!«

»Ich habe nichts gegen Homosexuelle!«

Hanna sprang auf und hastete von links nach rechts. Als sie mit der Faust auf ein Kissen schlug, kam Josy aus der Küche ins Zimmer. Sie runzelte die Stirn.

Hanna stellte den Handylautsprecher an.

»Max wird mich auch verlassen.«

»Wieso? Hast du ihm auch irgendetwas verheimlicht, wie …

hm … beispielsweise einen anderen Vater?« Sarkasmus war immerhin besser, als selbst durchzudrehen.

Ihre Mutter überging ihren Einwurf.

»*Architectura* hat diesen Wettbewerb gewonnen … eine neue Privatuniversität in Katar. Er wird für ein halbes Jahr dort vor Ort sein.«

»Aber das ist eine große Sache«, erwiderte Hanna. »Ein toller Erfolg. Sein Vater muss stolz auf ihn sein.«

Auch wenn Max und sie nie das beste Verhältnis verbunden hatte, gönnte sie ihm den Erfolg.

»Anja und Titus werden nicht mitgehen.«

»Anja ist im siebten Monat schwanger. Da würde ich auch nicht nach Katar gehen. – Aber freu dich doch, dann hast du die beiden wenigstens bei dir.«

»Du wirst nie schwanger werden, Hanna. Du kannst das nicht beurteilen.«

Hanna suchte Josys Blick. Die schüttelte nur resigniert den Kopf.

»Also, Mama. Was willst du eigentlich? Weshalb hast du angerufen?«

Ihre Armbanduhr mahnte, dass ihr die Zeit davonlief. Abgesehen davon, dass sie noch jede Menge zu organisieren hatte und in der Kanzlei vorbeischauen wollte, wo Ronny eine neue Software auf die Computer spielte, sollten sie in einer Dreiviertelstunde im 8. Bezirk eine Wohnung besichtigen – die dritte in dieser Woche, die neunte insgesamt.

»Georg wird Mitte Mai von der Stadt Wien für sein Lebenswerk geehrt.« Als hätte jemand den Hebel umgelegt, klang ihre Mutter wie eine Geschäftsfrau, die auf einen guten Abschluss hoffte. »Ich will … würde mir wünschen, dass zumindest du dabei bist, wenn schon deine Brüder fehlen. Was sollen die Leute denken, wenn keines der Kinder bei dieser Ehrung anwesend ist!«

Hanna wollte lachen, doch aus ihrer Kehle kam nur ein leises

Krächzen. Ihre Mutter schaffte es ständig, sie zu überraschen. Glaubte sie ernsthaft, dass Hanna sich für ein öffentliches Spektakel hergab, während sie sich weiterhin stur zeigte?

Als Hanna wieder in der Lage war, etwas hervorzubringen, sagte sie: »Ich werde darüber nachdenken. Ich muss jetzt Schluss machen. Bis irgendwann.« Sie drückte den roten Knopf, legte das Handy zur Seite. »Bin ich verrückt oder sie? – Das ist doch nicht normal, oder?«

Josie zog sie in ihre Arme. Kaum berührten sich ihre Lippen, fühlte sich Hanna besser. Wie kam es, dass Josy immer so genau wusste, was sie gerade brauchte?

Nachdem sie sich voneinander gelöst hatten, sagte Josy: »Sieh es pragmatisch: Ihr Wunsch gibt dir einen Verhandlungsspielraum.«

Ein zuckersüßes Lächeln umspielte ihre Lippen.

Wieder einmal war Hanna vollkommen verblüfft.

Natürlich! Damit könnte sie ihre Mutter tatsächlich zum Reden bringen und endlich mehr über ihren leiblichen Vater erfahren.

*

Josefina hängte die letzte frisch gewaschene Bluse auf das Wäschegestell. Von allen Arbeiten, die im Haushalt anfielen, mochte sie alles, was mit Wäsche zu tun hatte, am liebsten. Es gefiel ihr, Feinwäsche, Wolle, Helles und Dunkles zu sortieren und das jeweils richtige Programm auszuwählen. Am meisten liebte sie jedoch, wenn die Kleidung nass aus der Maschine kam und der Duft nach Rosen, Jasmin, Hibiskus den Raum erfüllte. Das Aufhängen hatte für sie fast schon meditativen Charakter.

An diesem Samstagnachmittag störten Hannas Flüche aus dem Nebenzimmer jedoch ihre Meditation. Nach der frustrierenden Wohnungsbesichtigung hatte sich Hanna wieder an den Schreibtisch gesetzt, um ihre Website fertigzustellen – ein Vorhaben, das anscheinend nicht wirklich gelingen wollte.

Josefina wusste, wie angespannt Hanna derzeit war. Sich in Österreich selbstständig zu machen, war ein Spießrutenlauf, bei dem es permanent neue Hürden zu überwinden galt. Versicherungen mussten abgeschlossen, Formulare ausgefüllt und Amtsgänge erledigt werden. Obgleich Ronny und sie sich die Arbeit aufteilten, füllten die Erledigungen oft ganze Tage.

Darüber hinaus plagten Hanna Existenzängste. Josefina befremdete dieser Umstand. Sie kannte Hannas Kontostand und wusste, welche Summe sie in Aktienfonds und sonstige Anlagen investiert hatte. Ehe sie mit der Wohnungssuche begonnen hatten, hatte ihr Hanna diesbezüglich die Karten offen auf den Tisch gelegt. Selbst, wenn Hanna ein ganzes Jahr lang ohne Einkommen war, würde sie nicht hungern müssen.

Aber möglicherweise war es eben so, dass Leute, die an viel Geld gewöhnt waren, größere Ängste vor finanziellen Einbrüchen hatten als andere, die gewohnt waren, von der Hand in den Mund zu leben.

Am Schreibtisch stieß Hanna nun einen genervten Schrei aus. Josefina hatte genug gehört. Sie schob die leere Wäschewanne in die Ecke und ging ins Wohnzimmer.

Hanna hatte ihren Kopf auf beide Ellbogen gestützt und starrte mit finsterer Miene auf den Bildschirm. Sie schien von ihr kaum Notiz zu nehmen. Erst, als Josefina ihr die Hand auf die Schulter legte, sah sie zu ihr auf.

»Die Menübuttons verrutschen ständig«, murmelte sie in Grabesstimme. »Ich habe schon mehrere Tutorials im Netz durchgeschaut, aber anscheinend hat niemand außer mir dieses Problem.«

»Vielleicht solltest du die Website doch an einen Profi auslagern.«

Hanna schnaubte. »Die verlangen ein Vermögen! – Ronny

und ich haben Kostenvoranschläge von vier Agenturen eingeholt. Die günstigste wollte uns zwanzigtausend Euro abknöpfen. Zwanzigtausend! Das ist vollkommen verrückt!«

»Es gibt doch genug Studenten, die mit dieser Software einfache Websites basteln.«

»Ich bin so genervt«, sagte Hanna und klang dabei so, als breche sie gleich in Tränen aus. »Seit Wochen lebe ich im Ausnahmezustand. Ständig ist irgendetwas! Als wäre das mit der Kanzlei nicht herausfordernd genug, muss ich auch noch eine Wohnung finden! Und als giftiges Schlagobershäubchen setzt dann meine Mutter noch einen drauf. Ich bin wirklich kurz davor, zu verzweifeln!«

»Ich weiß.« Josefina drückte ihr einen Kuss auf die Stirn und griff nach ihrer Hand. »Komm.«

»Wohin? – Ich muss … die Website …«

»Komm«, wiederholte Josefina mit Nachdruck.

Widerstandslos ließ sich Hanna ins Schlafzimmer ziehen. Erst als sich Josefina anschickte, ihr die Bluse aufzuknöpfen, schien ihr zu dämmern, was sie vorhatte.

»Ich muss wirklich arb–«

Josefina erstickte Hannas vagen Protest mit einem innigen Kuss, während sie den Reißverschluss ihrer Hose öffnete. Ihre Hand schob sich unter den Slip. Hanna gab jeden Widerstand auf. Ihre Hände streichelten Josefinas Rücken und sie erwiderte den Kuss mit derselben Leidenschaft.

Josefina spürte die Feuchtigkeit unter ihren Fingern. Um sich besseren Zugang zu verschaffen, zog sie Hannas Hose über die Hüften, und brachte sie dabei beinahe zu Fall. Sie mussten beide lachen, als sich Hanna gerade noch am Bettpfosten abstützen und den Sturz verhindern konnte.

Hanna schüttelte die Hose von den Beinen, taumelte rückwärts zur nächsten freien Wand und zog sie mit sich. Mit einem Ruck riss Hanna ihr den Pulli über den Kopf und hakte ihren BH auf.

Schon fühlte Josefina ihren Mund an den Brüsten. Sie stöhnte lustvoll auf, als Hannas Lippen einen ihrer Nippel umschlossen und daran saugten. Wieder ließ sie ihre Finger unter den Saum von Hannas Slip gleiten. Mit ihrem Knie schob sie Hannas Oberschenkel weiter auseinander. Hanna war inzwischen so feucht, dass Josefinas Finger mühelos über deren Mitte strichen. Heißer Atem streifte ihre Wange, gierige Lippen fanden ihren Mund.

Dann ließ sie zwei Finger in Hannas warmes, feuchtes Innerstes gleiten, während ihr Daumen weiterhin die Klitoris umkreiste. Hanna keuchte ihr ins Ohr, was Josefinas eigene Erregung in die Höhe trieb. Ihre Lust erklomm noch eine weitere Stufe, als Hanna sich schließlich an ihr festklammerte und ihr das rechte Bein um die Hüfte legte. Die Pose war so sexy und befeuerte Josefinas ungestilltes Verlangen. Sie stieß mit ihren Fingern tief in Hanna hinein und spürte, wie sich deren Höhepunkt aufbaute.

Ihre Blicke trafen sich. Die Leidenschaft und Liebe in Hannas Augen ließen sie fast schwindlig werden. Ein letztes Mal stieß sie fest in sie, genoss die feuchte Enge, die ihre Finger umschloss. Dann hielt Hanna für einen Moment den Atem an – und kam heftig, laut und lustvoll.

Sie umklammerte Josefina und bettete ihren Kopf auf der Schulter.

»Ich habe mich noch nie mit jemandem so gut gefühlt wie mit dir«, flüsterte sie ihr nach einer Weile ins Ohr. »Ich liebe dich so sehr.«

»Wie sehr denn genau?«

Hanna lachte leise. Sie dirigierte Josefina zum Bett. Josefina entledigte sich ihrer Hose und ihrer Socken, ließ sich von Hanna den BH und den Slip ausziehen und fiel bereitwillig rücklings auf die Matratze.

Hanna widmete sich ausführlich ihren Brüsten, leckte und umspielte, ehe sie ihre Hand nach unten gleiten ließ. Sie streichelte über die Innenseite ihrer Oberschenkel, tastete sich in qualvoller Langsamkeit vor zu ihrer Mitte, liebkoste die feuchten

Schamlippen und tippte schließlich sacht auf ihre Perle. Dann zog sie sich zurück und begann das Spiel von Neuem.

Josefinas Haut kribbelte wie elektrisiert unter den Berührungen. Ihr ganzer Körper glühte vor Verlangen. Sie spreizte ihre Beine – eine stille Nachricht, dass die süße Qual, der Hanna sie unterzog, kaum mehr zu ertragen war.

Doch Hanna wollte sie offenbar weiterhin zappeln lassen. Sie küsste sich ihren Körper entlang nach unten, ließ die Zunge um ihren Bauchnabel herumkreisen, saugte mal links, mal rechts an ihren Schenkeln.

»Bitte«, flehte Josefina. Ihr gesamter Körper war zum Zerspringen angespannt. »Bitte ...«

Zwischen ihren Schenkeln hörte sie Hanna leise lachen.

»Bitte was?«

»Bitte fick mich!« Sofort schlug sie sich die Hand vor den Mund. Hatte sie das wirklich gesagt?

Auch Hanna hielt kurz inne. Sie hob den Kopf. Ein amüsiertes Lächeln breitete sich auf ihrem Gesicht aus.

»Später.«

Josefina seufzte gequält und wollte protestieren, doch da spürte sie auch schon Hannas Mund auf ihrer Mitte. Hanna küsste ihre Schamlippen und sandte damit eine weitere Hitzewelle durch ihren Körper. Dann begann sie, mit der Zunge ihre intimsten Stellen zu erkunden. Es fühlte sich an wie kleine, feuchte Pinselstriche, die ihre Perle anschwellen und pulsieren ließen. Josefina hatte mit ihren Händen das Leintuch umklammert, wand sich auf der Matratze und stöhnte.

Dann stieß Hannas Zunge tief in sie, und endlich – endlich! – fand ihr Körper die Erlösung, nach der er sich so gesehnt hatte. Josefina schrie auf, als der Orgasmus sie überrollte wie eine mächtige, alles verzehrende Sturmflut. Dieses wundervolle Gefühl sollte nie aufhören.

Irgendwann wurden ihre Muskeln wieder weich. Sie ließ sich zurück in die Laken fallen, erschöpft, verschwitzt, glücklich.

Hanna rutschte zu ihr herauf und lächelte sie an.

»Na?«

»Was?«

»War's gut?«

Josefina lachte ungläubig. »Willst du etwa ein Lob?«

»Oh ja, bitte.« Hanna grinste. »Mein Ego braucht heute dringend eine Bestätigung.«

»Okay, Hanna, wenn du es unbedingt hören willst.« Josefina drehte sich zu ihr auf die Seite. »Du bist eine absolute Granate im Bett. Und gleichzeitig eine kleine Teufelin, der es höllischen Spaß macht, mich zappeln zu lassen. Eigentlich verdienst du dafür eine harte Strafe.«

»Oh, harte Strafe, das klingt gut!« Hannas Augen leuchteten auf. »Was denn genau?«

»Hanna!« Josefina, die ihre saloppe Äußerung schon wieder bereute, versetzte ihr einen Klaps auf den Oberarm. »Du bist so schlimm! – Wenn du glaubst, dass ich dich irgendwann mit einer Lederpeitsche bis zum Orgasmus prügele, muss ich dich enttäuschen. Das wird nichts!«

Hanna lachte herzhaft.

»Eine interessante Vorstellung. So weit habe ich noch gar nicht gedacht. – Aber … ich kann mich noch sehr gut daran erinnern, wie du hier in diesem Zimmer gesagt hast, du könntest Sätze wie *Mach's mir* und *Fick mich* niemals im Leben aussprechen … und wie sich herausstellt …«

»Jaja, schon gut.« Josefina legte ihr die Hand auf den Mund. »Wenn du wenigstens tun würdest, worum ich dich bitte, aber nein …«

»Ein gutes Stichwort.« Hanna richtete sich auf. Irritiert verfolgte Josefina ihren Weg um das Bett herum bis zum Schrank.

»Was machst du?«

Hanna öffnete die Schranktür.

»Dir deine Wünsche erfüllen«, sagte sie dann mit einem koketten Blick über die Schulter. Josefinas Augen weiteten sich, als sie den Strap-on-Gurt mit dem Dildo in Hannas Händen entdeckte. Ein mulmiges Gefühl machte sich in ihr breit.

»Hanna, ich weiß nicht …«

Hanna rutschte wieder zu ihr ins Bett und strich ihr zärtlich über die Wange.

»Es wird gut werden«, sagte sie, und die Zuversicht in ihrer Stimme ließ Josefinas Zweifel den Rückzug antreten.

Es wurde gut. So gut, dass Josefina nicht nur einmal, sondern gleich mehrmals zum Höhepunkt kam und ihre Fingernägel vor Erregung tief in Hannas Rücken bohrte. Irgendwann schmiegten sie sich erschöpft aneinander. Josefina drückte kleine, leichte Küsse auf die Kratzer, die sie auf Hannas Haut hinterlassen hatte, schmeckte salzigen Schweiß und den leicht bitteren Geschmack der Pfirsichlotion.

»Bitte versprich mir, dass wir nie zu diesen Paaren gehören werden, die nach dem Zusammenziehen kaum mehr Sex haben«, murmelte Hanna schläfrig. »Das ist einfach zu schön, um es aufzugeben.«

Josefina küsste Hannas Nacken bis zu ihrem Ohrläppchen und knabberte ein wenig daran, ehe sie sagte: »Bitte versprich du mir, am Montag Clea anzurufen. Ihr neuer Freund studiert Informatik und verdient sich gerne was dazu.«

Hanna drehte sich auf den Rücken und den Kopf zur Seite.

»Du bist wirklich eine unglaubliche Strategin – verführst mich, um mich anschließend von etwas zu überzeugen, das ich vor zwei Stunden noch kategorisch abgelehnt hätte.«

Josefina grinste. »Das alles ist nur zu deinem Besten.«

Die Liste und ihr Zweck

Hanna legte auf und schmiss das Handy genervt in die Kissen ihrer Couch.

»Das war der Makler von der Wohnung im Servitenviertel«, wandte sie sich dann an Josefina, die gerade ins Zimmer kam. »Der Eigentümer hat sich entschieden, die Wohnung dem Bankerehepaar zu geben.«

»Na toll.« Josefina verdrehte die Augen. »Und wieso? – Das war doch dieser nette schwule Makler, der gesagt hat, dass wir als lesbisches Paar eine besondere Empfehlung von ihm bekommen!«

»Letztendlich trifft die Entscheidung aber der Wohnungseigentümer. Und wenn ich mich in ihn hineinversetze und ein seit Jahren verheiratetes Paar mit sattem Doppeleinkommen und Fixanstellung sehe, ist das für mich als Vermieter der Lottojackpot. Dass mein Makler das Frauenpaar sympathischer findet, interessiert mich da wenig.«

»Und das, wo die Wohnung endlich mal gepasst hätte«, seufzte Josefina. »Wer hätte gedacht, dass es so schwierig wird? – Es heißt doch, dass es in Wien keine Wohnungsnot gibt!«

»Es sind nach wie vor viele Wohnungen auf dem Markt, aber entweder sind die Mieten abgehoben oder die Wohnung selbst hat einen Makel. Und da wir auch ziemlich wählerisch sind …«

»Moment!« Josefina hob die Hand. »Korrektur: *Du* bist wählerisch. Ich bin viel flexibler – zum Beispiel, was die Suche in Bezirken außerhalb des Bobo-Gürtels angeht!« Sie imitierte Hannas Stimme: »In den 10., 15. oder 16. Bezirk ziehe ich nicht! Und Transdanubien kommt gar nicht infrage!«

»Das Publikum dort ist wirklich nicht mein Fall. Ich will mich in meinem Bezirk noch bewegen können, ohne ständig von sexuell frustrierten Jünglingen, die nichts im Leben haben außer ihren geleasten Mercedes oder aufgemotzten BMW, angebaggert zu werden«, rechtfertigte sich Hanna. »Und was die Bezirke jenseits der Donau betrifft: Da ist mir der Weg ins Büro einfach zu mühsam. – In Anbetracht der Tatsache, dass wir in einem Monat aus dieser Wohnung raus müssen, wäre ich nun aber kompromissbereit und würde gewisse Viertel im 16. Bezirk in Erwägung ziehen … rund um den Brunnenmarkt oder am Yppenplatz beispielsweise.«

Josefina hob amüsiert die Augenbrauen.

»Warum nicht gleich auf dem Mond? – Hanna, das sind derzeit die mitunter angesagtesten Ecken Wiens! Seitdem dort Dachböden ausgebaut und die besonders heruntergekommenen Häuser durch neue ersetzt werden, wollen dort quasi alle wohnen, die sich den 6. oder 7. Bezirk nicht leisten können.«

»Ich weiß.« Resigniert ließ Hanna ihren Kopf auf die Rücklehne des Polsters sinken. Obwohl sie von Anfang an gewusst hatte, dass die Wohnungssuche in Anbetracht ihrer Situation herausfordernd werden würde, bekam sie inzwischen Bauchschmerzen, wenn sie nur die Immobilienbörse online aufrief. Womöglich waren die Bauchschmerzen aber auch das Ergebnis ihrer weiteren Lebensumstände.

Die Kanzlei war inzwischen fertig eingerichtet. Sogar die EDV funktionierte. Auf ihre Stellenanzeige, in der sie nach einer Sekretärin und Rezeptionistin in Personalunion suchten, hatten sich ein paar vernünftig klingende Bewerberinnen gemeldet. Hanna war nach wie vor skeptisch, ob sie sich von Anfang an den Luxus einer Angestellten leisten sollten, aber Ronny beharrte darauf. Es wirke unprofessionell, wenn sie als Anwälte selbst den Hörer abhoben oder potenziellen Mandanten Kaffee servierten. Objektiv betrachtet musste Hanna ihm recht geben. Subjektiv gesehen bereitete es ihr schlaflose Nächte, dass ihre Ersparnisse durch die jüngsten Ausgaben litten und Klienten auf sich warten ließen.

Das Einzige, was ihrem Leben im Moment Stabilität gab, war Josy. Hanna konnte sich gar nicht mehr vorstellen, wie es war, abends in eine leere Wohnung zu kommen. Dass sie Josy alles anvertrauen konnte, was ihr auf der Seele lag, und immer mit einer liebevollen Umarmung oder ermutigenden Worten getröstet wurde, bedeutete ihr viel.

»Was ist eigentlich mit eurer Wette?«, durchbrach Josys Stimme das nachdenkliche Schweigen. »In der du zwölf gute Taten vollbringen musst, um in Ronnys Wohnung einziehen zu können?«

Hanna richtete sich auf. »Das ist doch vom Tisch«, erwiderte sie, unangenehm berührt von der Erinnerung an die unrühmlichen Anfänge ihrer Beziehung. »Eine alberne Sache.«

»Hat Ronny denn gesagt, dass der Deal vom Tisch ist?«

Josys dunkle Augen ruhten abwartend auf ihr.

»Wir haben nicht mehr darüber geredet.« Hanna tastete nach Josys Hand und drückte sie. »Und ich will auch nicht mehr darüber reden. Ich möchte diese Wette am liebsten ausradieren. Sie war kindisch und –«

»Die Wohnung steht quasi leer, weil Ronny sowieso die meiste Zeit bei Flo ist.«

»Das Thema ist vom Tisch«, wiederholte Hanna mit Nachdruck. Sie wollte nicht mehr darüber diskutieren. »So viel ich weiß, will Ronny die Wohnung auch nicht vermieten, weil er nicht weiß, wohin mit seinen ganzen Sachen.«

»Das ist lächerlich. Flo hat ein ganzes Haus, und sie hat gesagt, sie würde ihm sofort Platz machen.«

Hanna hob überrascht den Kopf.

»Ihr redet darüber?«

»Natürlich. Wieso nicht? – Flo gefällt es nicht wirklich, dass Ronny die Wohnung weiterhin in Reserve hält. Sie sagt, sie hätten ursprünglich ausgemacht, dass Ronny voll und ganz bei ihr einzieht, sobald sie wieder in Wien wohnt. Nun kommt es ihr so vor, als hätte Ronny Panik vor dem finalen Schritt.«

Hanna konnte das sogar nachvollziehen. Ebenso wie sie selbst war Ronny lange allein gewesen. Auch wenn sie nicht explizit mit ihm darüber gesprochen hatte, konnte sie sich vorstellen, dass er das Gefühl hatte, seine Eigenständigkeit aufzugeben, wenn er nun zu Flo in ein fertig eingerichtetes Haus zog – eines, in dem die Dame seines Herzens zuvor mit ihrem Ex-Mann gewohnt und Kinder aufgezogen hatte.

»Bitte zeig mir die Liste«, sagte Josy nun, und ihre Stimme klang entschlossen. »Er hat diesen Vertrag, von dem du mir erzählt hast, niemals zurückgenommen. Also gilt die Wette noch. Und ehrlich gesagt wäre die Wohnung das Beste, was uns derzeit passieren kann.«

»Ich will nicht, Josy.« Hanna hielt noch immer Josys Hand. »Ich liebe dich, und diese doofe Wette von damals ...«

»... war der Grund dafür, dass wir uns überhaupt kennengelernt haben«, vollendete Josy den Satz. »Im Ernst, Hanna: Ich zweifle keine Sekunde an deinen Gefühlen für mich. Und ich weiß, dass dir das unangenehm ist. Aber wenn du in ein paar Wochen nicht mit mir auf dreißig Quadratmetern wohnen und deine Möbel für teures Geld in einem Store einbuchen willst, dann wirf bitte deinen Stolz und dein schlechtes Gewissen über Bord. Denke rational: Es gibt diesen Vertrag, es gibt eine leere Wohnung ... und es gibt eine Frau namens Flo, die uns bis in alle Ewigkeiten dankbar sein wird, wenn wir dafür sorgen, dass Ronny endgültig zu ihr zieht. Im Sinne der Frauensolidarität sollten wir sie wirklich unterstützen.«

»Deine Argumentationskette ist mal wieder phänomenal.« Hanna schüttelte ungläubig den Kopf. »Manchmal frage ich mich, wer von uns beiden die Anwältin ist.«

»Das frage ich mich auch immer öfter.«

Josy schob ihren Worten ein kokettes Lächeln hinterher, das Hanna unwillkürlich erwidern musste.

»Also. Holst du jetzt bitte die Liste?«

Hanna erhob sich. »Du bist entsetzlich.« Sie beugte sich zu

Josy hinunter und drückte ihr einen Kuss auf die Lippen. Das Heft, in dem sie ihre guten Taten notiert hatte, zog sie aus der Schreibtischschublade. Als es aufgeschlagen vor ihnen auf den Tisch lag und sie gemeinsam die notierten Punkte überflogen, wurde Hanna ganz beklommen zumute.

Ich habe einem unterprivilegierten Menschen aus sozial schwachen Verhältnissen einen Traumtag am See geschenkt, las sie und konnte nicht glauben, dass sie selbst diesen furchtbaren Satz notiert hatte – wäre da nicht ihre eigene unverkennbare Handschrift gewesen, die sie eines Besseren belehrte.

Auch Josys Augen blieben an der Formulierung hängen.

»So hast du mich gesehen?«, fragte sie, und ihre Stimme klang belegt. Hannas Bauchweh wurde stärker.

»Du solltest das nie zu Gesicht bekommen«, sagte sie leise. »Es tut mir so leid.«

»Es war wirklich ein Traumtag.« Josy starrte mit unbewegter Miene in das Heft. »Seit Gertruds Tod hatte ich nichts Schönes mehr gemacht ... und dann kamst du mit diesem Ausflug. Ich war an diesem Tag sehr glücklich.«

»Ich auch«, sagte Hanna, weil es die Wahrheit war. »Ich wollte mit dir Zeit verbringen – auch wenn ich es damals mir selbst gegenüber nicht eingestehen konnte.«

»Ja. Und sieh uns an: Jetzt sitzen wir hier und werden diese Liste gleich um weitere Punkte ergänzen.«

Josy griff entschlossen nach einem Kugelschreiber und beugte sich über das Heft.

»Punkt fünf: Du hast mir geholfen, dass Hans die Rechnung für meine Thermenreparatur übernimmt. Punkt sechs: Du hast etwas ganz Ähnliches für Clea getan. Nur dank dir kann sie vorerst weiter in ihrer Wohnung wohnen. Punkt sieben: Du hast erreicht, dass Niko ein faires Arbeitszeugnis bekommt. Punkt acht: Du hast mich am Neujahrstag ins Pflegeheim begleitet, um dort mit mir gemeinsam Krapfen zu verteilen. Das war wirklich nett.«

Ein paar Sekunden schwiegen sie beide. Hanna dachte unwill-

kürlich an den Tag zurück, der ihre überwiegend positive Grund-
einstellung gegenüber dem Sozialstaat bis ins Mark erschüttert
hatte. Zweiklassenmedizin, medizinische Unterversorgung und
Pflegenotstand waren bisher nur Schlagworte gewesen, die sie
aus politischen Reden und den Medien kannte, aber nichts, womit sie konkret irgendetwas verbunden hätte. Seit dem Besuch im
Pflegeheim war das anders. Die Zustände dort hatten sie schockiert. Der Gestank von Desinfektionsmittel, Urin und Erbrochenem hatte sich in ihr olfaktorisches Gedächtnis eingebrannt.

Niemand hatte es verdient, sein Lebensende unter derartigen
Umständen zu verbringen, egal, ob arm oder reich, fleißig oder
faul. Was sie dennoch zusätzlich erschütterte, war die Erkenntnis,
dass selbst ein gut bezahlter Job vor der Pension nicht vor einem
Heim wie diesem schützte. Gertrud hatte als Hausärztin wohl
nicht allzu schlecht verdient, doch als Josy ihre Pflege nicht mehr
bewältigen konnte und schnell ein Platz gefunden werden musste,
hatte es nur in diesem Haus Kapazitäten gegeben.

»Punkt neun: Du hast den völlig überlasteten Pflegerinnen mit
dem Fünfzig-Euro-Schein, den du in ihre Kaffeekasse gesteckt
hast, eine große Freude gemacht. Die kriegen von Angehörigen
sonst fast nie etwas außer mieses Feedback – obwohl die meisten
tagtäglich ihr Bestes geben. Es sind nur einfach zu wenige!«

»Geld verteilen gilt nicht, sagt Ronny«, wandte Hanna ein
und dachte automatisch daran, wie sie Josy damals gönnerin-
nenhaft fünfzehn Euro Trinkgeld zukommen hatte lassen in dem
Glauben, ihre erste gute Tat auf die Liste setzen zu können.

»Da geht es nicht ums Geld, da geht es um Wertschätzung«,
korrigierte Josy und setzte den Punkt unverdrossen auf die Liste. »Und die hast du ihnen entgegengebracht. – Punkt zehn: Du
hast Partei für deinen jüngeren Bruder ergriffen, obwohl er nie
etwas dergleichen für dich getan hat. Punkt elf: Du hast deine
Lizenz als Anwältin aufs Spiel gesetzt, indem du diese Larissa mit
Hintergrundinformationen zu Stefan Werder und seinen Opfern
versorgt hast. Falls er verurteilt wird, wäre das dein Verdienst.«

Sie schickte sich an, den Punkt zu Papier zu bringen, doch Hanna legte ihr die Hand auf den Unterarm. Hierzu eine schriftliche Notiz zu machen, war zu heiß. Wer wusste schon, durch welch dummen Zufall dieses Heft an welcher Stelle irgendwann einmal landen würde?

»Mach da nur ein X«, bat sie. »Das erkläre ich Ronny lieber unter vier Augen.« Falls ich ihn überhaupt mit dieser Liste konfrontiere, dachte Hanna. Noch immer war sie nicht überzeugt davon, dass es eine gute Idee war, ihre Wette wieder aufleben zu lassen und ihren Gewinn einzufordern.

»Und nun zu Punkt zwölf.« Josy griff nach ihren Händen und sah ihr tief in die Augen. »Du hast mein Leben gerettet, Hanna. Ich verdanke dir alles. Ich habe endlich das Gefühl, angekommen zu sein.«

Unwillkürlich stiegen Hanna Tränen in die Augen. Verlegen wischte sie mit dem Ellbogen über ihr Gesicht.

Himmel, seit wann war sie so sentimental?

»Ich glaube nicht, dass das eine gute Tat im Sinne der Wette ist«, wehrte sie schließlich beschämt ab. »Das ist einfach ... Liebe.«

»Ja. Und es zählt trotzdem!«

Hanna sah zu, wie Josy ein kleines Herz hinter die zwölf malte.

*

Letztendlich war es Josefina selbst, die die Sache mit der Wettschuld in Angriff nahm. Nachdem Hanna fast eine Woche nichts in Sachen zwölf gute Taten unternommen hatte, und Nachfragen grundsätzlich auswich, hatte Josefina kurzentschlossen mit Flo ein Treffen zu viert vereinbart. Hanna dazu zu bringen, am Samstagvormittag zum Brunchen an den Naschmarkt zu fahren, erwies sich als schwierig. Sie hatte sich darauf versteift, weiter Immobilienangebote zu wälzen und Besichtigungstermine zu vereinbaren – was bewies, dass sie sich niemals um Ronnys Wohnung bemühen würde.

Irgendwann hatte Hanna dem Brunch doch zugestimmt, und so kam es, dass sie an diesem sonnigen Apriltag unter dem Vordach eines Marktlokals ein orientalisches Frühstück und türkischen Kaffee genossen und sich über dies und das unterhielten, bis es Josefina irgendwann nicht länger aushielt.

»Ronny, hältst du Hanna inzwischen für einen guten Menschen?«

Ronny, der gerade in ein Stück Weißbrot mit Walnussbutter gebissen hatte, stoppte mitten im Kauen. Flo blinzelte irritiert. Hanna stieß ihr unter dem Tisch so heftig gegen das Schienbein, dass es schmerzte.

»Nun … vielleicht.« Ronny hatte das Brot mit einem Schluck Wasser heruntergespült. Seinem abwartenden Gesichtsausdruck nach zu urteilen ahnte er bereits, was kommen würde. Flo dagegen wirkte völlig verwirrt. Josefina begriff, dass er weder die Wette noch die Liste je vor ihr erwähnt hatte, und sie fühlte einen Anflug von schlechtem Gewissen. Möglicherweise war diese Vierer-Konstellation nicht der optimale Rahmen, um über Hannas gute Taten zu sprechen. Sie suchte gerade nach einem eleganten Rückzug aus dem Thema, als Ronny das Wort ergriff.

»Ihr sucht also noch immer eine Wohnung?«

»Genau«, sagte Josefina, erleichtert, dass er gleich auf den Punkt kam, während Hanna zeitgleich rief: »Nein!«

»Was jetzt?« Flo sah von einer zur anderen. »Ihr habt schon eine? – Josy sagte gestern, dass ihr noch auf der Suche –«

»Wir haben noch keine Wohnung.« Hannas Gesicht gab keine Regung zu erkennen, was Josefina nicht allzu sehr überraschte. Es war nicht das erste Mal, dass Hanna zu verbergen wusste, wenn sie sich über etwas ärgerte oder aufregte. Über wen sich Hanna in diesem Moment ärgerte war klar. Die Tatsache, dass sie ihr fast unmerklich den Rücken zugedreht hatte, verriet sie. »Aber wir werden in Kürze eine finden.«

»Ich verstehe nicht, warum ihr nicht zumindest vorübergehend in Ronnys Wohnung zieht.« Flo nahm einen Schluck Kaffee. »Ronny, du wolltest doch mit Hanna darüber reden! – Hast du das etwa noch nicht getan?«

Hannas Kopf schnellte ruckartig nach oben. Josefina richtete sich überrascht auf.

In Ronnys Gesicht zeigten sich zwei kleine Grübchen.

»Ich wollte noch ein wenig abwarten«, erwiderte er schmunzelnd. »Um die Sache spannender zu gestalten.«

Flos Stirn lag in Falten. Dass sie versuchte, sich einen Reim darauf zu machen, war offensichtlich.

»Wir haben da eine Liste und einen Vertrag.« Josefina hatte neuen Mut geschöpft. »Und wir würden sehr gerne in deine Wohnung ziehen. Und weißt du, warum?« Sie legte den Kopf schief, gab ihm aber keine Zeit, zu antworten. »Weil Hanna ein guter Mensch ist. Das kannst du sogar schriftlich haben.«

Hanna räusperte sich. »Betrachte das mit unserer Wette bitte als gegenstandslos. Es war albern. – Ja, ich wäre sehr froh, wenn wir in deine Wohnung ziehen könnten, zumindest vorübergehend. In drei Wochen müssen wir aus meiner raus, und ich muss dir wohl nicht erklären, dass ich inzwischen unter Schlaflosigkeit und Gastritis leide. Wir würden dir selbstverständlich marktkonforme Miete zahlen.«

»Marktkonform?«

Ronny lachte auf, und Josefina konnte seine Erheiterung nachvollziehen. Was redete Hanna da? – Eine Wohnung in dieser Größe mit zwei Terrassen konnten sie nun wirklich nicht finanzieren.

Auch Hanna schien aufzugehen, dass sie sich damit zu weit aus dem Fenster gelehnt hatte.

»Nun, vielleicht nicht gerade marktkonform … aber selbstverständlich würde ich dir einen Betrag zahlen, der über die Betriebskosten hinausgeht. Wie gesagt, ich will nicht mehr über diese dämliche Liste reden.«

»Welche Liste?«, fragte Flo.

»Ronny und Hanna hatten eine Wette laufen. Hanna sollte innerhalb eines Jahres zwölf gute Taten vollbringen. Wetteinsatz waren … sind zehn Jahre mietfrei in Ronnys Wohnung«, fasste Josefina kurz zusammen.

Hanna ergänzte: »Eine alberne Sache, wie gesagt.«

»Das ist doch perfekt.« Flo lehnte sich zurück und tupfte sich mit der Serviette ein paar Krümel aus den Mundwinkeln. Dann strafte sie ihren Freund mit einem scharfen Blick. »Ich verstehe überhaupt nicht, wieso man diesbezüglich eine Wette abschließt! Hanna ist so ein reizender Mensch. Hast du etwa wirklich geglaubt, dass du gewinnst?«

»Na ja.« Ronny schob seinen geleerten Teller zur Seite. »Vielleicht wollte ich Hanna ja nur auf elegante Art die Wohnung übergeben«, schob er nach. »Also, ohne, dass sie sich als Bittstellerin fühlt.«

Hanna hatte Josefina noch immer die Schulter zugewandt. Sie stocherte in ihrem Couscous-Salat herum, als suche sie dort nach einem Ausweg aus der Situation, die ihr offensichtlich weiterhin unangenehm war. Josefina vermutete, dass Florentines Anwesenheit dabei eine Rolle spielte. Wer wollte vor der Partnerin seines besten Freundes schon Fehler aus der Vergangenheit offenlegen?

»Darf ich noch etwas bringen?« Der Kellner durchbrach die seltsame Stimmung, die sich als unliebsamer Gast mit an den Tisch gesellt hatte.

»Für mich nicht«, winkte Flo ab. Sie wandte sich an Josefina. »Ich wollte noch in diesen Gewürzladen an der Ecke. Begleitest du mich?«

Josefina griff nur allzu gern nach der Hand, die ihr gereicht wurde. Es war wohl wirklich besser, wenn Ronny und Hanna die Sache mit der Wette, der Liste und allem, was dazugehörte, unter sich klärten.

*

»Du hättest mich auch einfach wegen der Wohnung fragen können«, sagte Ronny, kaum dass Florentine und Josefina in der Menschenmenge der Marktbesucher untergetaucht waren. »Meinst du, ich lasse zu, dass meine beste Freundin und Geschäftspartnerin demnächst unter der Brücke schläft?«

»Ich wollte wirklich nicht mehr über diese bescheuerte Wette reden«, erwiderte Hanna verstimmt. Dass Josy sich über ihren Kopf hinweg eingemischt hatte, ärgerte sie noch immer. Wie hatte sie ihr derart in den Rücken fallen können?

»Ich nehme an, du hast es geschafft, zwölf gute Taten zu vollbringen?«

»Zumindest Josy sieht das so.«

Ronny grinste. »Sie hat dich ziemlich im Griff. Wer hätte das gedacht: Die kleine Kellnerin ist jetzt die Generalmanagerin in Hannas Leben.«

Auch wenn sie es ebenso empfand, wollte Hanna nicht weiter darauf eingehen.

»Wenn du die Liste sehen willst, kann ich sie dir später mailen. Und bitte tue mir den Gefallen und nenne Josy nie wieder *kleine Kellnerin*. Sonst werde ich über Flo in Zukunft als *die ehebrechende Frau Botschafterin* reden.«

Er hob überrascht die Augenbrauen. »Das ist aber nicht nett.«

»Ich weiß. Aber das nennt man *Gleiches mit Gleichem vergelten.*«

»Wenn es um Josefina geht, verstehst du keinen Spaß, richtig?«

»Ich liebe sie und will nicht, dass respektlos über sie gesprochen wird.«

»Beruhig dich. Ich mag Josy, das weißt du doch. Ich war überhaupt der Erste von uns beiden, der von ihr Notiz genommen hat!«

Das bezweifle ich, dachte Hanna und erinnerte sich, wie sie Josefina im *Gin & More* stets beobachtet hatte, ehe es überhaupt zu einem Wortwechsel mit ihr gekommen war. Es kam ihr vor, als würde diese Zeit ewig zurückliegen.

Ronny winkte den Kellner herbei.

»Zwei Prosecco, bitte!«

Hanna wollte protestieren, doch Ronny winkte ab.

»Ein bisschen Alkohol macht dich erfahrungsgemäß entspannter und weniger aggressiv. Wir wollen ja noch in Ruhe über die Wohnungsübergabe reden, nicht wahr?«

»Josy mag es nicht, wenn ich tagsüber trinke.«

Wieder zog Ronny amüsiert seine dunklen Augenbrauen nach oben, und über Hannas Lippen huschte ein Grinsen.

Als der Prosecco kam, stieß sie dennoch gerne mit Ronny an.

»Weißt du, mich interessiert die Liste gar nicht«, griff er dann das ursprüngliche Thema wieder auf. »Ich wollte damals nur, dass du anfängst, dich zu hinterfragen. Du warst so verbohrt, Hanna. So fokussiert auf deinen Erfolg und darauf, deinen Eltern zu gefallen. Ich habe nie verstanden, warum du dich so verleugnest – sogar vor mir. Wir haben irgendwann nur noch Plattitüden ausgetauscht. Mit jedem Jahr hatte ich das Gefühl, dich mehr zu verlieren.«

»Du hast mir auch nichts Privates erzählt.«

»Ich hatte das Gefühl, dass mein Leben dich nicht sonderlich interessiert. Es war beinahe, als hättest du befürchtet, etwas von mir zu erfahren, weil du im Gegenzug auch etwas von dir erzählen müsstest. Das hat mich wahnsinnig gemacht.«

»Ich bin noch immer derselbe Mensch, Ronny.«

»Nein, das bist du nicht. Du hast dich sehr geändert. Mit der Hanna von früher hätte ich keine Kanzlei aufgezogen. Ich hätte zu große Bedenken gehabt, dass dir dein persönlicher Erfolg wichtiger ist als jeder ethische Maßstab.«

Er nahm einen Schluck Prosecco, während Hanna über seine Worte nachdachte.

»Jeder Mensch verdient einen fairen Prozess«, fuhr Ronny fort und sprach damit auch Hannas Berufsethos aus. »Aber zu diesen sensationsgierigen Schmutzanwälten, die für ihren persönlichen Triumph über Leichen gehen und Massenmörder als Unschuldslämmer darstellen, will ich nie gehören. Und seit ich weiß, wie und warum du deinen Job bei RIEDHERR, LUTZ & KOFRANEK, verloren hast, weiß ich, dass du genauso tickst.«

»Und deshalb dürfen wir nun bei dir einziehen«, schloss Hanna seine Rede. »Weil ich keine Schmutzanwältin bin.«

»Deshalb ... und weil du meine beste Freundin bist.« Er schenkte ihr ein warmherziges Lächeln. »Ich hätte dir die Wohnung so oder so überlassen, du Dummerchen. Wie gesagt, die Liste ist mir egal!«

Hanna fühlte, dass ihre Zweifel allmählich den Rückzug antraten. Ihr Groll auf Josy schwand mit ihnen. Letztendlich war es gut und vernünftig gewesen, ihn auf die Wohnung anzusprechen.

»Das heißt, wir können in drei Wochen umziehen?«

»Ihr könnt schon am Montag umziehen, wenn ihr wollt. Gib mir noch dieses Wochenende Zeit, damit ich ein paar Sachen holen kann. Einen Teil der Möbel werde ich in der Wohnung lassen. Flo ist im Prinzip komplett eingerichtet, und tja ...«

Er hob etwas hilflos die Schultern. Hanna verstand, ohne, dass er sich weiter erklären musste. Es war gewiss nicht ganz leicht für ihn, in dieses Haus zu ziehen, in dem ein anderer seine Handschrift hinterlassen hatte.

»Das ist kein Problem«, sagte sie. »Da wir von sechzig auf einhundertdreißig Quadratmeter ziehen, werden uns deine Möbel sicher nicht im Weg stehen.«

»Weißt du, was ich echt nicht verstehe?« Ronny lehnte sich zurück. »Dass du deinen Vater bei der Wohnungssuche nicht um Hilfe gebeten hast. Er hat als Architekt doch so viele Kontakte und Möglichkeiten.«

»Ach, Ronny.« Hanna leerte ihr Prosecco-Glas. »Die Kurzversion ist die, dass es im Moment zu Hause schwierig ist.«

»War's das nicht schon immer?«

»Ja. Aber es hat eine neue Dimension erreicht.«

»Und die wäre?«

Hanna rang mit sich. Es war nicht ihre Art, Familiengeheimnisse nach außen zu tragen. Doch Ronny war ihr bester Freund – jener Mann, der sich vor ein paar Minuten darüber beschwert hatte, dass sie ihm jahrelang nichts Privates anvertraut hatte. Sie gab sich einen Ruck und erzählte ihm vom Geständnis ihrer Mutter.

Ronny reagierte genauso überrascht und bestürzt, wie sie es erwartet hatte. Sie wusste, dass sie sich darauf verlassen konnte, dass er mit dieser Information nicht hausieren gehen würde.

»Ich verstehe einfach nicht, wie sie ihren Mann betrügen und schwanger werden konnte … und dann einfach so weitermachte wie bisher«, sprach sie aus, was sie am meisten beschäftigte.

»Ein paar Jahre nach mir bekamen sie noch Gustav – was wohl der klare Beweis ist, dass sie danach wieder ein ganz normales Eheleben führten.«

»Ich denke, sie brauchen sich gegenseitig«, analysierte Ronny. »Deine Mutter ist … hmm … nun, gesellschaftlich sehr eingebunden. Sie hat sich schon immer darauf verstanden, die richtigen Kontakte zu knüpfen und sich – und damit auch ihren Mann – ins Gespräch zu bringen.«

»Darin war Georg aber auch nie ganz unbegabt. Er hat das Architekturbüro aus dem Nichts aufgebaut. *Architectura* ist spätestens seit dem Bau des Project-Zero-Towers jedem ein Begriff.«

»Trotzdem. Regina hat schon einen maßgeblichen Anteil an seinem Erfolg. Laut meiner Mutter war sie früher so ein richtiges Partygirl … überall dabei … hat regelmäßig für kleine Skandale gesorgt, und wenn es nur ein Tanz in einem so enganliegenden Oberteil war, dass ihre Nippel für Gerede sorgten.«

Hanna verzog das Gesicht. Dass ihre Mutter früher gern wilde Partys gefeiert hatte, war ihr nicht wirklich neu, aber dennoch schwierig mit der Frau in Einklang zu bringen, die heute dermaßen auf ihr gesellschaftliches Standing achtete und darüber urteilte, was sich gehörte und was nicht.

»Und noch heute ist sie eine richtige Society-Tigerin«, fuhr Ronny unverdrossen fort. »Meine Mutter sagt: Egal, wo man mit ihr aufkreuzt, Regina sorgt üblicherweise dafür, in Erinnerung zu bleiben.«

»Warum habe ich das Gefühl, dass das nicht unbedingt ein Kompliment ist?«

Ronny grinste. »Ach, du kennst ja meine Mutter. Sie kann halt auch nicht aus ihrer Haut heraus. Du weißt, sie ist etwas konservativer eingestellt, und deine Mutter muss sie wohl echt an ihre Grenzen gebracht haben … jedenfalls will sie seither nicht mehr mit ihr verreisen.«

»Sind die beiden denn jemals miteinander verreist?«

»Klar, hat deine Mutter denn nie davon erzählt?« Jetzt lag die Irritation bei Ronny. »Die beiden waren doch schon seit der Schulzeit enge Freundinnen und sind sogar noch zusammen losgezogen, als wir schon auf der Welt waren … also, dein Bruder Max und ich. Sie haben uns sogar einmal für drei Wochen komplett unseren Nannys überlassen, um gemeinsam auf Mittelmeerkreuzfahrt zu gehen. Weißt du das denn nicht?«

»Nein.«

Hanna hatte fest angenommen, ihre beider Eltern hätten sich aufgrund der Nachbarschaft im Cottage-Viertel kennengelernt. Ihre Mutter hatte nie erwähnt, dass sie Cristina Germeten-Gingen, vor der Ehe noch Cristina DiRossi, schon so lange kannte. Auch, dass die Freundschaft der beiden so eng gewesen war, hörte sie zum ersten Mal. Es stieß sie vor den Kopf, dass sie diese Dinge über ihre Mutter von Ronny erfahren musste.

»Woher weißt du das alles?«

Ronny hob die Schultern.

»Meine Mutter hat es mir mal erzählt, als ich vor Jahren über ein paar Fotos von der Kreuzfahrt gestolpert bin. Es sah so aus, als hätten sich die beiden prächtig amüsiert. Besonders natürlich deine Mutter.« Nach einer kleinen Pause fügte er hinzu: »Irgendwie ist das auch verständlich, oder? – Sie war erst vierundzwanzig oder so. Vier Jahre jünger als meine Mutter. Mich wundert nicht, dass man da mal austickt und noch was ausprobieren will.«

Hannas feine Alarmglocken schrillten. »Was genau meinst du?«

»Ach, nichts.« Ronny machte eine wegwerfende Handbewegung, schien es sich dann aber doch anders zu überlegen. »Auf den Fotos ... nun, da waren auch Männer an ihrer Seite. Sie hatte offensichtlich ihren Spaß. Vielleicht ist das ja der Grund, weshalb meine Mutter danach etwas auf Distanz ging. Du weißt ja, sie ist eher ...«

»... konservativ«, vollendete Hanna seinen Satz. »Mich kotzt es trotzdem an, dass sie mich sozusagen als Kuckuckskind daheim ins Nest gelegt hat. Ich will wissen, von wem ich abstamme, nachdem ich mich in dieser Familie die Hälfte meines Lebens wie eine Außerirdische gefühlt habe.«

»Klar, das verstehe ich. Ginge mir genauso.« Ronny rührte nachdenklich in seiner leeren Tasse und wühlte den Kaffeesatz auf, der den Boden vollständig bedeckte. »Du bist die Einzige in deiner Familie, die rotes Haar hat«, stellte er nach einer Weile fest. »Das ist schon auffällig.«

»Was du nicht sagst.«

»Es müsste ja irgendwie herauszufinden sein ...«

»Ich habe uns ein ganz besonderes Curry gekauft.«

Josy und Florentine waren zurückgekommen, beide mit gefüllten Einkaufstaschen voller Naschmarkt-Spezialitäten. Josy stellte eine kleine Büchse mit Aufdruck auf den Tisch.

»Bananencurry. Das können wir heute Abend gleich ausprobieren, oder?«

Josys Miene verriet deutlich, dass sie befürchtete, Hanna könnte noch immer verärgert sein. Hanna nahm Josys Hand und schenkte ihr ein warmes Lächeln.

»Wunderbar. Und da wir uns nicht mehr mit Maklern herumärgern müssen, haben wir auch wieder mehr Zeit, gemeinsam in der Küche zu experimentieren.«

Josys Gesicht hellte sich schlagartig auf.

»Heißt das, wir werden in Ronnys Wohnung umziehen?«

»Halleluja«, rief Florentine. Auch sie wirkte erleichtert. »Dann ziehst du also offiziell und endgültig zu mir, Ronald Germeten-Gingen?«

»So ist es, werte Frau ehemalige Botschafterin.«

Florentine runzelte die Stirn. »Wo kommt denn das plötzlich her?«

Ronny grinste schelmisch. »Ich wollte mal ausprobieren, wie es klingt. Hanna will dich in Zukunft so nennen, falls ich …«

Hanna knüllte ihre Serviette zu einer Kugel und warf sie ihm ins Gesicht. »Sei bloß still!«, ermahnte sie ihn lachend, und er stimmte in ihr Gelächter mit ein.

Rotes Haar

Anfang Mai hatte Hanna ihren ersten Klienten – einen Studenten, der sich sein gestohlenes Fahrrad quasi zurückklauen hatte wollen, dabei erwischt und prompt angezeigt worden war. Dass er ihr Honorar würde bezahlen können, hatten sie im Vorfeld geklärt, wobei es den Wert des Rades empfindlich übersteigen würde. Dem Studenten ging es jedoch ums Prinzip. Er war bereit, seine gesamten Ersparnisse für den Beweis zu opfern, dass er kein Dieb und Krimineller war. Hanna tat er leid, weshalb sie ihm wider besseres Wissen finanziell entgegenkam. Auch wenn sie derzeit eigentlich nicht in der Position war, Almosen zu verteilen.

Bei Ronny lief es besser. Über Florentine hatte er zwei Mandanten aufgetan, denen Verstöße gegen Datenschutzrichtlinien vorgeworfen wurden. Einer der Fälle war so umfangreich und schwerwiegend, dass Ronny für Wochen damit beschäftigt sein würde.

Um ihn zu entlasten, übernahm sie administrative Aufgaben, die die Sekretärin nicht erledigen konnte, und kam sich dadurch ein bisschen vor wie eine zu gut ausgebildete Assistentin. Auf Dauer würde sie dies nicht befriedigen. Das wusste sie jetzt schon.

Im Moment aber gab es noch einiges, was sie ablenkte – das Einrichten der Wohnung beispielsweise. Josy hatte einen wahren Feuereifer entwickelt, um die beiden Dachterrassen von kahlen Betonwüsten in grüne Oasen zu verwandeln. Hanna unterstützte sie mit Fahrten zum Baumarkt und bei der Auswahl stilvoller Gartenmöbel, überließ die Details ansonsten aber ihr. Es gefiel ihr, dass Josy so viel Spaß daran hatte, ihr neues gemeinsames

Zuhause einzurichten. Was ihr jedoch noch mehr gefiel, war die Tatsache, dass Josy ihre kleine Wohnung mit Anfang Juni gekündigt hatte. Sie konnte Florentines Erleichterung, dass Ronny seine Zufluchtsstätte aufgegeben hatte, inzwischen nachvollziehen. Solange eine von beiden weiterhin komplikationslos gehen konnte, fühlte sich das Zusammenleben einfach nicht an wie ein gemeinsamer Entschluss.

An diesem späten Nachmittag packte Hanna gerade ihre Sachen im Büro, als Ronny an ihre angelehnte Tür klopfte. Sie hatte ihn nur am Morgen für einen Moment gesehen und nicht einmal zu einer kurzen Mittagspause überreden können, so beschäftigt war er gewesen.

»Hast du noch ein paar Minuten für mich?«

»Natürlich.« Hanna stellte ihre Handtasche auf den Schreibtisch zurück. »Worum geht's? Brauchst du kollegiale Unterstützung beim Datenschutzdrama?«

»Im Moment noch nicht. – Bitte setz dich.«

Hanna starrte ihn an.

Jetzt schmeißt er mich aus der Kanzlei, weil ich noch keine großen Klienten an Land gezogen habe, war ihr erster Gedanke. Der zweite, der unmittelbar folgte, war der, dass Ronny das ja gar nicht konnte – auch wenn er mehr investiert hatte als sie, waren sie dennoch gleichberechtigte Partner.

»Hanna, bitte.« Ronny verdrehte die Augen. »Ich will nicht, dass du vor Schreck oder Überraschung oder was-auch-immer umkippst, das ist alles. Du weißt doch, dass ich kein Blut sehen kann.«

Gehorsam nahm Hanna auf dem Schreibtischstuhl Platz, starrte ihn aber noch immer an. Sie wandte ihren Blick erst von ihm ab, als er etwas vor sie auf die Schreibtischplatte legte. Es war ein altes Foto, gelbstichig und etwas unscharf wie wohl alle Fotos aus dieser Zeit. Sie erkannte ihre Mutter sofort, obwohl die Dauerwelle – ein untrügliches Symbol der Achtzigerjahre – ihr Gesicht voller und unschuldiger wirken ließ.

Ihre Mutter lehnte an einer Reling. Sie trug ein auffälliges, bunt gemustertes Sommerkleid. Links von ihr stand ein junger Matrose, der frech in die Kamera grinste. Rechts von ihr hatte ein Herr im Anzug den Arm um ihre Schultern gelegt. Vom Alter hätte er problemlos ihr Vater sein können. Auf dessen anderer Seite lächelte – in einer Armlänge Abstand – eine junge Frau mit vollem dunklen Haar in die Kamera. Erst auf den zweiten Blick erkannte Hanna in ihr Cristina Germeten-Gingen. Sie wollte Ronny gerade fragen, woher er das Foto hatte, als ihr Blick auf eine weitere Person fiel, die etwas abseits von der Gruppe stand, aber gerade noch auf das Foto gepasst hatte.

Es war ein Mann, der gut einen Kopf kleiner sein musste als ihre hochgewachsene Mutter, und dem faltenlosen Jungengesicht nach noch keine zwanzig sein konnte. Auch er steckte in einer weißen Matrosenuniform, die zugehörige Kappe klemmte unter den Arm. Er richtete den Blick nicht zur Kamera, sondern zu ihrer Mutter, und trotz der leichten Unschärfe konnte Hanna erkennen, wie wenig es ihm gefiel, dass sie am Arm dieses Anzugträgers hing und offensichtlich gleichzeitig mit dem Fotografen kokettierte.

Was ihr aber den Atem nahm, waren nicht nur die vielen Sommersprossen im Gesicht des Mannes, sondern auch sein Haar. Es war so rot wie das ihre.

»Was …?«, entfuhr es ihr, und sie blickte zu Ronny auf.

»Als wir neulich am Naschmarkt darüber gesprochen haben, erinnerte ich mich an genau dieses Foto. Ich habe in den alten Sachen meiner Mutter am Speicher herumgekramt und sie damit konfrontiert. Tut mir leid, wenn ich mich an mein Versprechen, mit niemandem über diese … Enthüllung zu sprechen, nicht halten konnte, aber ich habe es für dich getan.«

Hannas Anspannung war so groß, dass ihr Herz den Brustkorb beinahe zum Explodieren brachte.

»Und …?«, presste sie hervor.

»Sagen wir so: Sie war von dieser … Enthüllung … nicht allzu überrascht. Sie sagte, sie hätte schon früher damit gerechnet, dass alles ans Licht kommt. Und sie sagte noch etwas.«

»Einen Namen?«, fragte Hanna hoffnungsvoll.

»Leider nicht. Aber dass du dieses Foto gerne behalten und deiner Mutter unter die Nase halten kannst. Offiziell will sie natürlich nichts damit zu tun haben, was bedeutet: Du kannst die Schuld auf mich schieben. Sag ihr einfach, dass ich es dir gegeben hätte. Stimmt ja auch.«

Benommen ließ Hanna das Foto in ihrer Handtasche verschwinden.

»Danke, Ronny«, war alles, was ihr über die Lippen kam.

*

Josefina stieg aus dem Auto und wartete, bis Hanna ihre Handtasche vom Rücksitz genommen und die Zentralverriegelung betätigt hatte. Auf der gegenüberliegenden Straßenseite stand das stattliche Wohnhaus – ein futuristischer Bau mit drei Etagen und vielen großen Fensterscheiben, die im Sonnenlicht blau schimmerten. Sie wusste von Hanna, dass das Gebäude *Glaspalast* genannt wurde und mit mehreren Architekturpreisen ausgezeichnet worden war. Auch wenn Hanna ihr erzählt hatte, dass eine spezielle Beschichtung den Blick von draußen ins Hausinnere behinderte, glaubte Josefina zu wissen, dass sie sich als Bewohnerin jede Minute beobachtet vorkommen würde. Dass Hanna der asymmetrischen Form des Hauses, dem Glas und dem grell in der Sonne blitzendem Blech ebenfalls nichts abgewinnen konnte, musste sie nicht einmal aussprechen. Alle Wohnungen, die sie für eine Besichtigung ausgewählt hatten, lagen in klassizistischen Altbauten.

Hanna atmete tief durch.

»Egal, was meine Mutter sagt, nimm es nicht persönlich. Du

weißt, sie hat ein Problem mit mir und der Gesamtsituation, nicht mit dir als Person. Aber sie könnte ein Ventil suchen und –«

»Hanna, bleib cool.« Josefina strich sanft über ihren Arm. »Ich weiß, dass das ein schwieriges Gespräch wird. Deshalb bin ich ja mitgekommen.«

»Und dafür kann ich dir nicht genug danken.«

Unwillkürlich musste Josefina lächeln, auch wenn die Situation ernst war.

»Mir fällt schon etwas ein, wie du mir irgendwann danken kannst, keine Sorge.«

Ihre Worte verfehlten nicht die Wirkung. Auch Hanna lächelte jetzt, und Josefina merkte an der Art des Lächelns, dass sie beide an dieselbe Art von Dankbarkeit dachten.

»Schluss damit«, sagte Hanna dann energisch und griff nach ihrer Hand. »Ich kann mich nicht konzentrieren, wenn du solche Gedanken auf den Tisch bringst.«

»Auf dem Tisch«, neckte Josefina. »Ist notiert.«

Hanna schüttelte belustigt den Kopf.

Als sie vor der Haustür standen, war die Heiterkeit verflogen. Die Haushälterin öffnete und ließ sie eintreten.

»Frau Erlacher ist in ihrem Büro.«

»Danke, Zita.«

Hanna hielt Josefinas Hand fest umklammert, als sie sie durch ein großes Vorzimmer und einen engen Gang in den hinteren Bereich des Hauses führte. Durch die großen Fensterscheiben konnte Josefina einen Blick in den Garten werfen: ein Swimmingpool, in dem sich die Sonne spiegelte, einige Töpfe mit Palmen und ein paar bunte Blumenbeete. Alles wirkte sehr gepflegt und gediegen, während im Inneren des Hauses sinnlose Winkel, versteckte Türen und geometrisch abstrakt gestaltete Durchgänge sie irritierten.

Das sogenannte Büro, das sie kurze Zeit später betraten, hatte wenig mit einem solchen gemeinsam. Zentrales Element war ein dunkellila Sofa in Form einer Niere, davor stand ein fliederfarben lackierter Tisch. Es gab ein Bücherregal mit Ordnern und einen weißen, unspektakulären Schreibtisch, auf dem sich seitlich von einem Apple-Computer Stapel von Hochglanzzeitschriften türmten. Die seitlichen Wände waren voll mit Schwarz-Weiß-Fotografien, die ein und dieselbe Frau zeigten.

»Hallo, Mama.«

»Hallo.«

Josefina war von der Ausgestaltung des Raums viel zu gefangen gewesen, als dass sie die hochgewachsene, schlanke Frau mit dem dunkelblonden Haar, die knapp neben der Tür stand, direkt bemerkt hätte. Dunkel erinnerte sich Josefina daran, dass Hanna von einer Modelkarriere berichtet hatte. Die Fotos an den Wänden zeugten von dieser Karriere.

»Mama, das ist Josefina, meine Partnerin.«

Josefina hörte aus Hannas Stimme eine Prise Trotz heraus. Hanna hatte angekündigt, dass sie in Begleitung ihrer Freundin kommen werde. Ihre Mutter hatte nicht widersprochen. Dennoch wurde Josefina das Gefühl nicht los, unwillkommen zu sein.

Regina Erlachers Händedruck war lasch und flüchtig.

»Regina Erlacher. Wir kennen uns ja schon aus dem Krankenhaus. – Bitte, nehmt doch Platz.«

Auf dem extravaganten Couchtisch vor dem lila Sofa stand eine Kanne Tee mit drei Gläsern. Nach Hannas Erzählungen hatte Josefina eher damit gerechnet, Prosecco angeboten zu bekommen.

Sie setzte sich neben Hanna aufs Sofa. Regina ließ sich im Sessel gegenüber nieder und schlug die Beine übereinander. Ihr bunt gemustertes Kleid rutschte dabei leicht nach oben, und Josefina staunte insgeheim. Sie hatte selten eine Frau mit so langen, schlanken Beinen gesehen!

Mit einem Mal verstand sie Hannas Komplexe etwas besser. Wie musste es sein, mit knapp ein Meter sechzig mit einer Frau wie dieser aufzuwachsen, die schon allein wegen ihrer Körpergröße ständig auf einen herabschaute?

»Also, Hanna. Was kann ich für dich tun?«

Sie schlug einen geschäftsmäßigen Ton an.

»Du weißt, weshalb ich hier bin«, erwiderte Hanna mit unbewegter Miene.

»Ja. Aber das, was du willst, bekommst du nicht. Ich werde dir seinen Namen nicht nennen.« Regina füllte die drei Tassen mit Grüntee. »Ich lasse nicht zu, dass du wegen einer kindischen Neugierde Unruhe in unser aller Leben bringst. Wir hatten in letzter Zeit genug davon.«

Josefina fühlte, wie Reginas kalter Blick sie ein paar Augenblicke zu lang streifte, und sie schrumpfte in sich zusammen. Ihre alte Unsicherheit schlich an die Oberfläche, und sie drängte sie mit aller Macht wieder hinab. Schließlich war sie mitgekommen, um Hanna zu unterstützen!

Sie spürte Hannas Hand auf ihrem Oberschenkel und fühlte sich sogleich stärker.

»Ich habe ein Recht darauf, zu erfahren, wer mein leiblicher Vater ist.«

»Du überbewertest seine Rolle.« Regina Erlacher klang ruhig, doch an ihrem Hals bildeten sich rote Flecken. »Dein richtiger Vater ist am Golfplatz und zutiefst bekümmert über das Gespräch, das wir heute führen. Er hat dich stets als seine Tochter betrachtet.«

»Wobei Gustav und Max eine Vorzugsstellung hatten.«

Hannas Stimme bebte leicht.

»Das kannst du ihm ja wohl kaum verübeln.«

»Weißt du, was mich wahnsinnig macht? – Du drehst dir die Dinge immer so, wie sie gerade für dich passen!« Hanna öffnete ihre Handtasche und knallte das Foto auf die Tischplatte. »Wir können dieses Spiel noch ewig weiterspielen. Aber dazu habe ich ehrlich gesagt weder Lust noch Zeit. Entweder, du sagst mir, ob dieser Mann auf dem Foto mein Vater ist, und nennst mir seinen Namen, oder ich setze einen Detektiv darauf an. Wenn du Wert darauf legst, dass alles diskret bleibt, empfehle ich Variante eins!«

Reginas Gesicht war zu Stein geworden. Als sie nach dem Foto griff, zitterte ihre Hand. Sie betrachtete es eingehend, ehe sie es zurück auf die Tischplatte legte.

»Wer hat dir das gegeben? Cristina?« Ihre Stimme klang nun belegt.

»Ronny hat es in den alten Sachen am Speicher seiner Eltern gefunden. Cristina hat damit nichts zu tun. Du brauchst sie also nicht von deiner Freundesliste streichen.«

Regina gab ein kurzes Schnauben von sich. »Du hast ein interessantes Bild von mir.«

Hanna erwiderte nichts darauf.

»Also …«, sagte sie nach einer Weile, als das Schweigen unangenehm wurde. »Was ist jetzt?«

Regina warf ihr Haar in den Nacken und verschränkte die Arme vor der Brust.

»Ich war vierundzwanzig, ich hatte einen Mann, der gelegentlich Affären und vorrangig seine Karriere im Kopf hatte, der nie zu Hause war, ich hatte ein kleines Kind. Cristina und Heinrich hatten diese Mittelmeerkreuzfahrt geplant, aber dann kam Heinrich beruflich etwas dazwischen, und so fragte sie mich, ob ich sie begleiten wollte. Wir arrangierten eine Betreuung für die Kinder und zogen los.« Sie hob die Schultern. »Was gibt es sonst noch zu sagen? – Es war eine schöne Zeit an Bord der *Blue Velvet*, und danach kehrten wir in unsere Leben zurück.«

»Und du warst schwanger! Von diesem Matrosen, der aussieht wie ein halbes Kind!«

Hannas Stimme klang wie eine Anklage, und Josefina drückte leicht ihre Hand. Es brachte wenig, das ohnehin schon angespannte Gesprächsklima mit Vorwürfen zu spicken.

»Ja, ich war schwanger. Mit dir. Und glaube mir, ich wäre lieber *nicht* schwanger gewesen.«

»Und warum hast du nicht abgetrieben?«

»Warum hätte ich das tun sollen? – Ich war eine verheiratete Frau.«

309

»Na herrlich.« Hanna schnaubte empört. »Dann war also dein Plan, mich deinem Mann einfach unterzuschieben. Du bist skrupellos!«

»Wem hätte es bitte wehgetan?« Regina lehnte sich leicht nach vorne und sah Hanna geradewegs in die Augen. Josefina glaubte erstmals, einen Funken Verzweiflung darin zu erkennen. »Die Antwort lautet: niemandem. Alle wären glücklich gewesen.«

»Und was ist dann bei deinem ach-so-genialen Plan schiefgegangen?«

»Du. Du bist schiefgegangen.«

Josefina spürte, wie der abgeschossene Pfeil mitten in Hannas Herz traf, und sie drückte ihre Hand ganz fest.

»Du warst ein Baby mit rotem Haar. Niemand in unserer Familie sah so aus. Georg schöpfte sofort Verdacht. Ich konnte ihn nicht länger belügen und habe ihm reinen Wein eingeschenkt. Es war schwierig, aber wir haben entschieden, zusammenzubleiben. Eine Scheidung hätte uns beide ruiniert. Irgendwann hat er mir verziehen, und alles war wieder gut. Aber nun kommst du und musst alles wieder aufrühren!«

»Nein, Mama. Nein! Das kannst du mir nicht umhängen!« Hannas Stimme bebte. »Ich trage keine Schuld an deinen Eheproblemen!«

»Das habe ich nicht behauptet!«, erwiderte Regina scharf. »Ich finde es nur äußerst unangebracht, alte Wunden aufzureißen!«

»Kapierst du es noch immer nicht? – Es geht nicht um dich. Es geht darum, dass ich meinen leiblichen Vater kennenlernen will!«

»Und mir geht es darum, dass du mich einfach nicht verstehen willst!« Nun wurde auch Regina laut, und Josefina verstand jetzt, warum das Gespräch nicht auf dieser schönen Terrasse mit den Teakholz-Möbeln stattfand, die im Garten direkt an den Pool anschloss. »Ich war erst vierundzwanzig, Herrgott! Ich wollte endlich wieder leben! Ich hatte meine Modelkarriere aufgegeben, weil ich mit Max schwanger war! Das war so früh nie geplant gewesen. Georg betrog mich, und ich kam mir vor, wie aufs Abstellgleis geschoben. Auf dieser Kreuzfahrt gab es endlich wieder mal Abwechslung ... Männer, die mir Komplimente machten, anstatt über die Unterschiede von Akustikdeckensegeln zu fachsimpeln oder die Beschaffenheit von Holzfaserplatten zu diskutieren! – Ich hatte keinen Seitensprung geplant! Es war einfach ein lustiger Abend ... Als die Bar geschlossen hatte, feierten Cristina und ich mit der Crew weiter, tja, und dann ist es eben passiert! – Aber das kannst *du* dir natürlich nicht vorstellen! *Du* bist ja Miss Perfect, machst nie etwas falsch, überschreitest keine Grenzen, lässt dich nie gehen!« Nun glitzerten Tränen in Regina Erlachers blauen Augen. »Und das ist das größte Problem, das wir beide miteinander haben. Seit du auf der Welt bist, musst du immer und überall die Beste, die Tollste, die Unfehlbarste sein – das Baby, das nur selten schreit, das Kind, das mit zwei Jahren schon schwimmen kann, die Vorzugsschülerin und die, die ihr Studium mit *summa cum laude* abschließt!«

»Machst du mir jetzt einen Vorwurf, weil ich gut bin?«

Hanna sah ihre Mutter ungläubig an. Regina Erlacher fuhr sich mit dem Handrücken über die Augen.

»Alleine diese Formulierung schon wieder!«, stieß sie hervor. »Dass du *gut* bist! – Nein, ich mache dir deshalb keinen Vorwurf. Ich will damit nur sagen, dass wir sehr verschieden sind, und dass mir genau das konstant zusetzt. Jede Mutter wünscht sich gerade von einer Tochter, dass sie ihr ähnlich ist. Dass sie sich für dieselben Dinge begeistern kann, dass es einen gewissen Gleichklang im Denken und Fühlen gibt. Aber zwischen uns ...« Sie hob die Schultern und wirkte beinahe hilflos. »Da ist einfach so wenig Gemeinsamkeit, Hanna. Wenn ich nicht wüsste, dass ich dich zur Welt gebracht habe, hätte ich angenommen, du wärest im Krankenhaus vertauscht worden!«

»Du hast mich von Anfang an dafür verurteilt, zu existieren«, sagte Hanna dumpf. »Eure Ehe stand auf der Kippe, und du hast mir dafür die Schuld gegeben. Ich habe mich schon von klein auf so gefühlt, als müsste ich perfekt funktionieren, um überhaupt geliebt zu werden. Seit du mir von meinem Vater erzählt hast, beginne ich zumindest zu begreifen, dass ich niemals eine Chance hatte.«

»So ist das nicht«, widersprach Regina. »Ich liebe dich und bin stolz auf dich, aber ich hätte mir vieles anders gewünscht. – Ich wollte dich zum Ballettunterricht bringen … dir hübsche Kleidchen und Röcke anziehen … mit dir ausgiebig shoppen, so, wie es andere Töchter mit ihren Müttern machen … über Männer reden. Deine Hochzeit planen. All diese netten Dinge, die Mütter und Töchter eben machen. – Aber wie ich schon sagte: Du bist ganz anders. Und das jetzt …« Sie machte eine unbeholfene Geste in Richtung Josefina. »… erklärt wohl vieles.«

Sie wandte sich an Josefina, und zu deren Erstaunen lag fast etwas Sanftes in ihrer Stimme, als sie sagte: »Es tut mir leid. Ich habe nichts gegen Homosexuelle, wirklich nicht. Wir haben sogar ein paar schwule Bekannte im erweiterten Freundeskreis. Ich habe auch nichts gegen Sie. Ich muss nur mit dem Umstand fertig werden, dass meine Tochter und ich auch in diesem Punkt nichts gemeinsam haben.« Wieder richtete sie ihren Blick auf Hanna. »Mit einer lesbischen Partnerschaft wirst du dich gesellschaftlich schwertun. Ich hoffe, du bist dir bewusst, was du aufs Spiel setzt.«

»Es ist nicht so, dass ich es mir aussuchen könnte«, erwiderte Hanna steif. »Abgesehen davon bist du die Einzige, die ein Theater deshalb macht.«

»Wenn du es mir früher gesagt hättest, wäre uns diese Blamage mit der Verlobungsanzeige erspart geblieben. Aber das hast du nicht, weil du ja stets perfekt sein wolltest.«

»Mama, wir kommen da auf keinen grünen Zweig.« Hanna sprach aus, was Josefina gerade durch den Kopf gegangen war. Sie konnte jetzt besser nachvollziehen, weshalb ihre Freundin Gespräche mit dieser Frau als mühsam beschrieben hatte. »Du wirst mich nicht ändern. Ich werde dich nicht ändern. So ist das eben. – Aber bitte gib mir jetzt den Namen meines Vaters.«

Regina Erlacher seufzte theatralisch. Dann ging sie zu ihrem Schreibtisch und kam mit Zettel und Stift wieder.

»Alles, worum ich dich bitte, ist Diskretion«, sagte sie. »Ich will keine Dramen. Ich will nicht, dass er irgendwann hier aufkreuzt, verstehst du? – Wenn du ihn triffst, dann bitte in Irland … oder wo immer er jetzt ist.«

»In Irland?«

»Ja. Patrick ist Ire. Und da er sehr stolz auf sein Heimatland war und seine ganze Verwandtschaft in Dublin und Umgebung wohnte, nehme ich an, dass er noch dort lebt.«

»Patrick«, wiederholte Hanna. »Patrick wie?«

»Feeney.«

»Und du hast eine Adresse oder Telefonnummer?«

»Nein. Natürlich nicht.«

»Super.« Hanna stöhnte. »So viel ich weiß, ist Feeney kein seltener Name in Irland.«

»Glaub mir, du wirst ihn finden.« Regina Erlacher schob den Zettel über den Tisch und klopfte auf den Namen. »Und zwar deshalb.«

Patrick Aodhan Feeney.

»Er war sehr stolz auf seinen irischen zweiten Vornamen. Sein Großvater hieß so, erzählte er mir. Ich bezweifle, dass es so viele Männer mit diesem Namen gibt.«

»Weiß er überhaupt, dass es mich gibt?«

Das verschlossene Gesicht von Regina Erlacher gab ihnen beiden die Antwort.

Hanna stand auf. Josefina tat es ihr gleich.

»Danke für den Namen«, sagte Hanna, und Josefina bewunderte sie für den höflichen Tonfall, den sie trotz aller Umstände anschlug. »Wir sehen uns am Freitag im Rathaus.«

»Danke.« Regina Erlacher verabschiedete sich von Hanna mit zwei flüchtigen Wangenküssen. Josefina rechnete damit, dass sie ihr – wenn überhaupt – die Hand entgegenstreckte. Doch Hannas Mutter beugte sich auch zu ihr und küsste an ihrer Wange vorbei ins Leere. Ihr schweres Parfüm kitzelte Josefina in der Nase.

»Es war nett, Sie kennenzulernen. Sie sind jederzeit willkommen. Denn ich habe wirklich nichts gegen Homosexuelle.«

»Danke, das ist sehr freundlich«, erwiderte Josefina. In diesem Moment tat ihr Hannas Mutter einfach nur leid. Sie sah eine Frau, die mit sich selbst kämpfte. Eine Frau, die versuchte, über ihren eigenen Schatten zu springen, um den dünnen Draht zu der ihr so fremden Tochter nicht völlig zu kappen.

Josefina war erleichtert, als sie kurze Zeit später wieder vor der Tür standen. Ihren Gesichtszügen nach schien es Hanna ebenso zu gehen. Sie passierten gerade die Einfahrt, als sich das elektronische Tor öffnete. Ein dicker dunkler SUV rollte in die Einfahrt.

Der Fahrer ließ das Fenster herunter. Josefina erblickte einen älteren Herrn mit üppigem weißen Haupthaar und Bart hinter dem Steuer – das musste Georg Erlacher sein.

»Ist alles gut gelaufen?«

Wenn Hanna über die Frage nur annähernd so überrascht war wie Josefina selbst, konnte sie es hervorragend verbergen.

»Ja, danke. Wie du siehst, haben wir uns nicht gegenseitig zerfleischt.«

Er lachte verhalten.

»Nachdem ich dich nur als sehr beherrschte Person kenne und Regina sicher nicht die Mordkommission im Haus haben will, habe ich das auch nicht erwartet. – Wirst du am Freitag bei meiner Ehrung dabei sein? Es würde mich freuen.«

»Natürlich«, erwiderte Hanna. »Ich lasse mir einen Champagnerempfang mit Häppchen doch nicht entgehen.«

»Dann ist es ja gut. Bis bald.« Er ließ das Fenster wieder hoch.

Hanna und Josefina setzten ihren Weg schweigend fort. Erst, als sich das Tor hinter ihnen geschlossen und sie schon beinahe wieder am Auto waren, konnte sich Josefina nicht länger zurückhalten. Sie knuffte Hanna mit den Ellbogen in die Rippen.

»Hanna, du bist so ein entsetzliches Klischee!«

»Wie …?« Hanna sah sie verwundert an.

»Irland«, sprach es Josefina aus. »Rote Haare, Sommersprossen. – Unglaublich!«

»Ach, das.« Hanna strich sich eine Haarsträhne aus dem Gesicht und wirkte dabei beinahe verlegen. »Warte nur ab, bis wir deinen Vater ausfindig machen und herausfinden, woher du dein dunkles Haar hast.«

»Von meiner Mutter.« Josefina lächelte. »Da gibt es keinen Zweifel. Und meinen Vater werden wir nie finden, aber das macht nichts. Mir war das nie wichtig. Daher werden wir uns darauf konzentrieren, deinen zu suchen. – Wer weiß, vielleicht arbeitet er noch immer auf irgendeinem Kreuzfahrtschiff und kann uns kostenlos an Bord einschleusen?«

Hanna schmunzelte.

»Würdest du das denn wollen? Zwei Wochen mit zweitausend anderen Leuten auf einem Schiff? – Ich bin absolut kein Fan davon.«

»Keine Ahnung.« Josefina hob die Schultern. »Außer Camping habe ich noch nichts gemacht.«

Hanna sperrte das Auto auf, und Josefina nahm auf dem Beifahrersitz Platz.

»Du weißt, wir können jederzeit eine Reise buchen«, erwiderte Hanna, während sie den Zündschlüssel ins Schloss steckte. »Ich habe dir das schon öfter vorgeschlagen, aber du wolltest ja nie eingeladen werden.«

»Es gibt für alles den richtigen Zeitpunkt. Bisher hatte ich kein Geld und du musst jetzt erst mal deine Kanzlei in Schwung bringen, oder?«

»Das ist richtig.«

»Na, also. Und für den restlichen Nachmittag heute habe ich schon einen Plan.«

»Und der wäre?«

»Er fängt mit G an und hört mit *artencenter* auf.«

»Oh no!« Hanna schlug sich mit gespielter Theatralik an die Stirn. »Du brauchst schon wieder Erde?«

»Ja. Die Tomaten müssen umgetopft werden.«

Hanna startete den Motor und setzte den Blinker.

»Ich weiß jetzt wieder, warum ich es bisher immer vermieden habe, eine Beziehung einzugehen: weil ich ständig Orte aufsuchen muss, an die es mich so gar nicht zieht.«

Josefina lachte und drückte ihr einen Kuss auf die Wange.

»Sei doch froh, dass ich deinen Horizont erweitere«, sagte sie belustigt. In Gedanken ergänzte sie: Und dich zumindest kurzfristig von allem ablenke, was deine Mutter dir heute ins Gesicht geschmettert hat.

Sie kannte Hanna inzwischen gut genug, um zu wissen, dass die Äußerungen von Regina Erlacher noch lange in Hanna nachhallen würden. Wahrscheinlich kam sie sich jetzt noch ungeliebter und unerwünschter vor als bisher. Josefina wusste spontan nicht, was sie zu alldem sagen sollte. Hannas Mutter war ihr fremd geblieben.

Eines wusste sie jedoch mit Sicherheit: Sie würde für Hanna da sein. Jederzeit.

Und sie würden Patrick Aodhan Feeney finden.

*

»Josy!«

Hannas Stimme drang ganz entfernt aus dem Schlafzimmer an Josefinas Ohr. Der leicht verzweifelte Unterton ließ Josefina, die gerade dabei gewesen war, Nachos in eine Auflaufform zu geben und mit Käse und Jalapeños zu bestreuen, innehalten. Sie ließ alles stehen und liegen und eilte ans andere Ende der Wohnung.

Hanna saß an ihrem Schminktisch, die Hände um ihren Nacken gelegt. Erst beim zweiten Blick entdeckte Josefina die Perlenkette, die sie offensichtlich hatte anlegen wollen.

»Weißt du, dass ich schon vier Mal voller Verzweiflung nach dir gerufen habe? – Ich kriege den Verschluss nicht zu!«

»Mein armer, armer Schatz. Die Wohnung ist einfach so groß, dass wir uns Funkgeräte zulegen sollten.«

Josefina trat hinter sie und küsste sie auf ihren Hals. Hanna roch nach dem neuen Parfüm, das Josefina mit ihr gemeinsam ausgesucht hatte – einem sommerlichen Duftpotpourri aus verschiedenen Blüten, gepaart mit einer leicht zitronigen Note. Obwohl sie noch gerne länger an Hannas Haut gerochen und sie mit Küssen bedeckt hätte, nahm sie ihr die Kette ab und schloss sie.

»Du siehst wunderschön aus«, sagte sie dann leise und betrachtete ihre Freundin im Spiegel. Ein Friseur hatte Hannas Haar kunstvoll aufgesteckt. Ihr Make-up war perfekt, Smokey Eyes, lange schwarzgetuschte Wimpern, ein Lippenstift, dessen dezente Farbe perfekt mit ihren lackierten Fingernägeln harmonierte. In dem smaragdgrünen Abendkleid mit Spitzenbesatz und schwingendem Rock sah sie aus wie ein Filmstar – wunderschön und unerreichbar.

Unwillkürlich fühlte sie sich daran erinnert, wie sie Hanna die ersten Male im *Gin & More* wahrgenommen hatte. Wie sie sich ein Bild von der hübschen, erfolgreichen Anwältin mit dem gutaussehenden Mann an ihrer Seite zurechtlegte, das letztlich nur in wenigen Punkten der Realität entsprach. Rund ein Jahr war seither vergangen, und sie hatten sich stark verändert – was eindeutig gut war, denn Josefina war so glücklich wie nie zuvor in ihrem Leben.

»Danke. Und du siehst süß aus in deiner Latzjeans und dem bunten T-Shirt. Perfekt für eine Terrassenparty mit den Mädels.«

Hanna sprach von Clea, Chrissy, Niko, Manuela und deren Freundin Jessy, die in rund einer halben Stunde kommen würden, während sie selbst im Rathaus der Ehrung von Georg Erlacher beiwohnen, höflich lächeln und unzählige Hände schütteln würde.

»Nächstes Mal bist du wieder dabei«, tröstete Josefina. »Du musst ja nicht ewig bleiben, wenn es keinen Spaß macht.«

»Wenn ich gegen 22 Uhr in diesem Aufzug heimkomme, habt ihr den Bowlentopf fast ausgetrunken und deine Freundinnen starren mich an wie ein Wesen aus einer fremden Welt. Niko hält dann eine Anti-Kapitalismus-Rede, von der ich nur die Hälfte verstehe, und Manuela erklärt mir, dass ich mit meinen High Heels Verrat an der Lesbenwelt begehe oder so ähnlich …« Hanna erhob sich von ihrem Schminktisch. »Nein, danke, ich komme lieber erst gegen Mitternacht.«

»Und wer sagt dir, dass wir um Mitternacht nicht noch immer Party machen?«

Josefina folgte Hanna durch die Wohnung in den Vorraum und sah ihr zu, wie sie in ihre Absatzschuhe schlüpfte.

»Niemand«, erwiderte Hanna. »Aber nach Mitternacht besteht die Hoffnung, dass alle so betrunken sind, dass ich mich still und leise umziehen kann.«

Sie griff zu ihrem Handy und orderte ein Taxi.

»Vier Minuten«, sagte sie.

Hanna legte ihre Arme um Josefina, zog sie zu sich heran und drückte ihr einen vorsichtigen Kuss auf die Lippen. Eine plötzliche Ernsthaftigkeit lag auf ihrem Gesicht, als sie sagte: »Es tut mir so leid, dass du nicht dabei sein kannst. Ich arbeite daran, das verspreche ich dir.«

Josefina runzelte die Stirn. Die Vorstellung, bei der Ehrenfeier eines Mannes dabei zu sein, den sie bisher nur flüchtig gesehen hatte, war absurd. Außerdem reizte sie die Aussicht darauf, in einem Saal mit Hunderten fremden Menschen konfrontiert zu werden, überhaupt nicht. Ein derartiges Szenario gehörte nach wie vor in ihre Kategorie *Alptraum*.

»Ich will gar nicht dabei sein«, erklärte sie daher rasch. »Das ist dein Ding. Ein *Goodwill* für deine Eltern, sozusagen.«

»Wenn du ein Mann wärest, würde man selbstverständlich davon ausgehen, dass du dabei bist«, hielt Hanna entgegen. »Und ich will dich bei diesen Anlässen an meiner Seite haben. Ich habe das Gefühl, als würde ich dich verheimlichen, und das gefällt mir gar nicht.«

»Sieh das nicht so dramatisch.« Josefina streichelte ihr sanft über die Wange. »Wir müssen nicht mit Gewalt die Wiener High Society schockieren. Hauptsache, unser Freundeskreis weiß Bescheid und akzeptiert uns. – Und jetzt spurte mal los, sonst schnappt sich jemand anderer dein Taxi!«

Sie schloss hinter ihr die Tür und atmete tief durch. Manchmal übertrieb Hanna wirklich in ihrem Bemühen, sich ihr gegenüber loyal zu zeigen. Im Grunde tat sie ihr fast schon leid: Während sie einen lustigen Abend verbringen konnte, musste Hanna sich sicher wieder ein paar bissige Bemerkungen ihrer Mutter anhören und steifen Small Talk betreiben. Josy konnte sich kaum etwas Schlimmeres vorstellen.

*

Im Foyer vor dem Festsaal drängten sich die Gäste. Der Raum war von Stimmen und Gelächter gefüllt. Hanna entdeckte ihre Eltern an einer der Säulen, wo sie sich mit einem Ehepaar unterhielten, das ihr vage bekannt vorkam.

Sie nahm sich bei einem der vorüberziehenden Kellner ein Glas Prosecco mit Orangensaft vom Tablett und gesellte sich zu ihnen. Das Gesicht von Georg hellte sich schlagartig auf.

»Da bist du ja!«, sagte er. Er wandte sich an das Ehepaar. »Darf ich vorstellen: meine Tochter Hanna.«

»Sehr erfreut«, erwiderte die Frau und reichte ihr die Hand. Der Mann sagte: »Wir kennen uns doch bereits. Eberhard Reichenfels. Meine Frau Hilde und ich führen die Galerie *An der*

Albertina; Sie haben Ihre Frau Mama vor fünf Jahren zur Eröffnung begleitet.«

Hanna erinnerte sich und setzte ein professionelles Lächeln auf. »Natürlich, ich erinnere mich gut. Impressionismus ist Ihr Schwerpunkt, nicht wahr?«

»Ja, richtig!«, rief die Frau erfreut.

»Hanna hat sich als Anwältin selbstständig gemacht«, brachte sich nun ihre Mutter in das Gespräch ein, und in ihrer Stimme schwang jener Stolz mit, den sie nur dann zeigte, wenn sie in der Öffentlichkeit sprach. »Sie führt jetzt eine eigene Kanzlei – gemeinsam mit Ronald Germeten-Gingen.«

»Oh, Ihrem Verlobten?«, sagte die Frau prompt. Hanna konnte sehen, wie die Gesichtszüge ihrer Mutter für Bruchteile von Sekunden entgleisten, ehe sie vereisten.

»Nein«, erwiderte Hanna mit einem Lächeln. »Er ist nicht mein Verlobter und war es auch nie.«

»Oh … entschuldigen Sie … aber diese Anzeige …«

»… war lediglich das Ergebnis einer – zugegebenermaßen kindischen – verlorenen Wette«, vervollständigte Hanna den Satz in jener Weise, wie es mit Ronny abgesprochen war. »Wir sind beide anderweitig liiert.«

Sie wechselten noch ein paar Sätze, dann zog das Paar weiter. Hanna sah sich um und begriff, dass an jenem Abend nicht nur ihr Vater für sein Lebenswerk geehrt wurde, sondern auch drei weitere Persönlichkeiten der Stadt. Das erklärte also die unzähligen Leute sowie die Tatsache, dass der Galaabend im Großen Festsaal des Rathauses stattfand.

Im Getümmel entdeckte sie einen ehemaligen Studienkollegen. Andreas erzählte ihr, dass er jetzt im Gesundheitsministerium arbeitete – »ein Job mit Höhen und Tiefen« – und eine Scheidung hinter sich habe.

»Und selbst so?«, wollte er dann wissen, und sie bezog die Frage rein auf das Berufliche und erzählte von der Kanzlei. Er biss sofort an.

»Das heißt, wenn jemand, sagen wir, versehentlich eine Körperverletzung begeht, bist du die Frau, die ihn rausboxt?«

Sie gab einem der Kellner ihr leeres Prosecco-Glas mit und sah ihn erstaunt an.

»Worauf willst du hinaus?«

»Meinem Bruder ist vor ein paar Tagen eine dumme Sache passiert. In seinem Lokal wollte einer seine teure Lederjacke klauen. Er hat dem Dieb einen Schlag versetzt, um ihn an der Flucht zu hindern. Der ist dabei sehr unglücklich gestürzt, hat einen Schädelbruch erlitten und Anzeige erstattet. Was er also braucht, ist eine wirklich gute Anwältin.«

»Die hast du gerade gefunden.« Hanna schenkte ihm ein gewinnendes Lächeln. »Er kann sich jederzeit bei mir melden.«

»Hast du eine Visitenkarte, die ich ihm geben kann?«

Automatisch wollte Hanna ihre Handtasche öffnen, hielt dann aber inne. Verdammt! – Wieso hatte sie nicht daran gedacht, ihre Visitenkarten mitzunehmen?

»Leider nein, aber ich gebe dir gern die Nummer der Kanzlei.«

Sie diktierte ihm die Zahlenfolge und sah dabei zu, wie er sie in sein Mobiltelefon eingab. Ein Gong kündigte den offiziellen Beginn der Veranstaltung an.

Hanna saß mit ihren Eltern, den Reichenfels und einem weiteren Paar am Tisch. Ein Streichquartett spielte. Der Bürgermeister hielt eine Ansprache. Weitere Reden folgten. Irgendwann wurde Georg Erlacher auf die Bühne gebeten. Für rund zwanzig Minuten stand allein er im Zentrum der Aufmerksamkeit, und wie immer gelang es ihm, sich hervorragend zu präsentieren und nebenbei darauf zu verweisen, dass *Architectura* jetzt von seinem Sohn Maximilian geführt wurde, der ihm in Sachen Kreativität in Nichts nachstände.

Irgendwann war das offizielle Programm vorbei und die Vorspeise wurde serviert. Hanna fragte sich, was Josy und die Freundinnen wohl gerade machten, als sich Reichenfels, ihr Sitznachbar, zu ihr beugte.

»Kennen Sie sich eigentlich mit Kunstfälschungen aus?«

»Nein, da muss ich leider passen. Ich bin vollkommen amusisch.«

»Nun, Sie sollen ja nicht selbst etwas fälschen!« Reichenfels lachte amüsiert. »Ich meinte: juristisch gesehen. Ich bin da in so eine verzwickte Sache verwickelt ...«

Und schon legte er die Fakten auf den Tisch. Hanna biss sofort an. Nicht nur, dass der Fall tatsächlich interessant klang und für Schlagzeilen sorgen konnte – Reichenfels war auch ein zahlungskräftiger Mandant, der gut vernetzt war, um sie im Falle des Erfolgs an Freunde und Bekannte weiterzuempfehlen. Auch ihm gab sie ihre Nummer mit dem Hinweis, er möge sich von ihrer Sekretärin einen Termin geben lassen.

Auf dem Weg zur Toilette traf sie auf Georg, der ihr den Daumen entgegenstreckte. »Genau so, Hanna. Du machst das exzellent.« Sie wusste sofort, worauf er anspielte.

»Danke.«

»Das ist etwas, was Max leider nicht so recht beherrscht: sich elegant auf gesellschaftlichem Parkett zu bewegen und sich auf unaufdringliche Art zu vermarkten.«

Innerlich musste sie ihm recht geben. Max war niemand, der Small Talk beherrschte oder leicht mit Menschen ins Gespräch kam. Zu ihrem Ziehvater sagte sie: »Dafür hat er andere Qualitäten.«

»Ja. Natürlich.«

Bildete sie sich das nur ein, oder fehlte es seiner Stimme an Überzeugung?

Zum ersten Mal wurde ihr bewusst, dass ihre Wahrnehmung viel zu sehr auf sich selbst fokussiert gewesen war. All die Jahre hatte sie nicht genau hingehört. Sie hatte die feinen Nuancen, in denen Georg über seine Söhne sprach, einfach nicht zur Kenntnis nehmen wollen, jegliche Kritik an ihnen überhört, weil sie zu sehr damit beschäftigt war, um Anerkennung und Aufmerksamkeit zu ringen.

»Deine Freundin ist sehr hübsch.«

Die unerwartete Äußerung bereitete ihren Gedankengängen ein abruptes Ende. Bruchteile von Sekunden verstrichen, ehe sie begriff, dass er sie tatsächlich auf Josy ansprach.

»Ja.«

Zu überrascht von seiner Bemerkung, wusste sie darauf nicht mehr zu erwidern.

»Wie alt ist sie?«

»Sie wurde vor rund zwei Wochen sechsundzwanzig.«

»Dann habt ihr fast so viel Altersunterschied wie deine Mutter und ich. Nun ja. Es ist nicht das Schlechteste, wenn einer etwas mehr Lebenserfahrung hat und den Weg vorgeben kann.«

Hanna zog es vor, diese Aussage nicht zu kommentieren.

»Was macht sie beruflich?«

Er schien sich wirklich für ihre Partnerin zu interessieren.

»Sie arbeitet derzeit noch in einer Steuerberatung, beginnt im Herbst aber eine Ausbildung zur Krankenschwester.«

Er nickte bedächtig.

»Keine leichte Aufgabe«, sagte er dann. »Aber es ist auf jeden Fall gut, dass sie etwas Eigenes hat. Wenn sich jemand nur als Anhängsel fühlt und zu Hause langweilt, kommt er nur auf dumme Ideen.«

Sie wusste genau, dass er von Regina und dem Seitensprung sprach. So entgegenkommend sein Interesse an Josy auch war, so wenig wollte sie mit ihm über seine Ehe sprechen.

»Ich muss leider wirklich dringend«, sagte sie daher und wies mit dem Kinn in Richtung Toilette. »Entschuldige bitte.«

»Oh, ja, natürlich …«

Als sie von der Toilette zurückkam, spielte eine Band. Die ersten Paare tummelten sich auf der Tanzfläche, darunter auch ihre Eltern.

»Darf ich dich zum Tanz auffordern?« Andreas stand vor ihr.

»Natürlich. Gerne.« Sie hängte ihre Tasche an die Stuhllehne und ließ sich von ihm auf die Tanzfläche geleiten. Sie tanzten erst einen flotten Foxtrott, dann einen langsameren Walzer. Andreas erwies sich als guter Tänzer.

Danach begleitete er sie zurück an ihren Tisch. An seinem intensiven Blick spürte sie, was er als Nächstes fragen würde.

»Hättest du mal Lust, mit mir abends auf ein Glas Wein zu gehen? – Es gibt da eine neue Weinbar in der Josefstadt. Die wollte ich schon lange einmal besuchen – aber natürlich nur in charmanter Begleitung.«

»Das ist lieb, dass du dabei an mich denkst, aber ich muss dir einen Korb geben.«

»Musst du oder willst du?«

»Beides.« Sie sah, dass er aus ihrer Antwort nicht schlau wurde, und setzte hinzu: »Ich bin in einer festen Beziehung.«

»Oh. Entschuldige … ich dachte, mit dir und Ronny ist es aus …?«

Offensichtlich waren Ronny und sie in den vergangenen Jahren wirklich zu oft miteinander auf Anlässen wie diesen erschienen. Die Verlobungsanzeige hatte dann ihr Übriges getan.

»Da war nie was«, erwiderte sie. Dann gab sie sich einen Ruck. Sie wollte das zumindest einmal ausgesprochen haben. Andreas war in ihrem Alter und wirkte offen genug, um damit umgehen zu können. Gleichzeitig war er auch unwichtig genug, als dass er ihrem Ruf schaden könnte.

»Ich bin mit einer Frau zusammen.«

»Oh.« Wieder wirkte er überrascht.

Angesichts der Mühe, die sie sich während ihrer Studienzeit und danach gegeben hatte, die Heterosexuelle zu spielen, konnte sie ihm das nicht verübeln.

»Tut mir leid, das wusste ich nicht«, sagte er dann. »Aber sie ist nicht mit dir hier?«

Nichts an seinem Gesicht verriet, dass ihn ihr Coming-out in irgendeiner Form brüskierte. Ganz im Gegenteil – er schien sich tatsächlich darüber zu wundern, dass sie ohne Begleitung erschienen war.

»Sie hatte heute einen anderen Termin.«

Er gab sich mit der Antwort zufrieden. Etwas später saßen sie gemeinsam in der Bar im Foyer und plauderten über vergangene Zeiten. Ein paar andere Gäste gesellten sich zu ihnen, Namen wurden ausgetauscht, über Belangloses gesprochen.

Hanna musste sich eingestehen, dass sie diese Art von gesellschaftlichen Zusammenkünften vermisst hatte. Sie war mit solchen Events aufgewachsen, war es gewohnt, Small Talk zu führen, sich zu präsentieren und bekanntzumachen. Es war ihr immer leichtgefallen. Und sie verstand nun besser, weshalb Bälle, Ausstellungseröffnungen, Vernissagen und Empfänge aller Art so wichtig waren: Es ging um Networking.

Mit Clea, Chrissy und Co auf der Terrasse Bowle zu trinken oder auf einem Frauenfest zu tanzen, war eine nette Abwechslung, brachte sie aber in beruflicher Hinsicht keinen Schritt weiter. Keine von ihnen war in der Lage, eine Anwältin zu bezahlen. Keine von ihnen konnte sie mit Leuten bekanntmachen, die es konnten. Nur auf Veranstaltungen wie diesen würde sie Kontakte knüpfen und potenzielle Klienten finden.

Sie musste sich wieder mehr ins Gespräch bringen, dafür sorgen, dass sie zu solchen Anlässen unabhängig von ihren Eltern eingeladen wurde. Und sie würde dort nicht nur als vermeintlicher Single in Erscheinung treten. Josy sollte künftig an ihrer Seite sein. Die höhere Wiener Gesellschaft musste sich daran gewöhnen, dass Homosexuelle nicht nur einmal im Jahr bei der Regenbogenparade halbnackt und angetrunken um den Ring zogen oder als schrille Promis vom ORF vor die Kamera gezerrt wurden. Sicher würde es anfangs ein paar seltsame Blicke geben, vielleicht auch Getuschel oder gar abfällige Bemerkungen. Aber irgendwann würden sich alle daran gewöhnt haben.

Für Josy würde es eine Herausforderung sein. Dessen war sie sich vollkommen bewusst. Doch sie wusste ebenfalls: Josy hatte ihr bisher immer zur Seite gestanden und würde auch diesen Weg mit ihr gehen.

Familienbande

»Schau mal. Ist das nicht der Typ, von dem du ...?«

Josy vollendete den Satz nicht, und mit einem Blick auf die aufgeschlagene Boulevardzeitung, die auf ihrem Schoß lag, sowie der Tatsache, dass sie sich in einem vollbesetzten Flugzeug befanden, war Hanna ihr dafür äußerst dankbar. Denn der Mann, der trotz des schwarzen Balkens auf dem Pressefoto erkennbar war, war niemand anderer als ihr früherer Mandant Stefan Werder.

AUFGEDECKT: TOP-MANAGER BELÄSTIGT JAHRELANG MITARBEITERINNEN, lautete die Schlagzeile.

Hanna nahm die Zeitung an sich und überflog den Artikel. Ihr Plan war also aufgegangen. Larissa hatte es geschafft, genug Betroffene, Zeuginnen und Beweise herbeizuschaffen, um Werder vor Gericht zu bringen. Und nicht nur Werder: Auch GHS Food & Beverage stieg als Verlierer aus. Der Konzern musste einigen Frauen hohe Entschädigungssummen zahlen. Laut dem Artikel bekam Werder *zwei Jahre lang bedingt*, was bedeutete, dass er zwar nicht ins Gefängnis, aber regelmäßig bei einem Bewährungshelfer vorstellig werden musste und vorbestraft war. Sein Anwalt Harald Kofranek wollte laut Artikel gegen das Urteil Berufung einlegen.

Nun, sollte er. Angesichts der Beweislage und Larissas Aggressionspotenzial, wenn es um die Ausbeutung von Frauen ging, würde er kaum eine Chance haben.

Sie gab Josy die Zeitung zurück und lächelte zufrieden in sich hinein.

»Meine Damen und Herren, wir beginnen nun mit unserem

Landeanflug auf Dublin.« Die Stimme der Stewardess meldete sich über die Lautsprecher knarzig zu Wort. »Die aktuelle Temperatur beträgt fünf Grad und es regnet.«

Ein resigniertes Stöhnen ging durch den Flieger. Auch Josy neben ihr stieß einen tiefen Seufzer aus. Während die Stewardess darauf hinwies, dass die Passagiere nun nicht mehr auf die Toilette zu gehen hatten und sich stattdessen anschnallen sollten, raunte Hanna ihrer Freundin ins Ohr: »Was hast du denn erwartet, Liebes? – Es ist Mitte November!«

»Im Reiseführer stand, dass der Nordatlantik für warme Strömungen sorgt!«

»Das heißt aber nur, dass es selten friert«, hielt Hanna entgegen. »Außerdem werden wir in den kommenden drei Tagen wahrscheinlich sowieso nicht allzu viel Zeit haben für Stadtspaziergänge inklusive Sightseeing.« In Wahrheit hatte sie wenig Ahnung, was sie wirklich erwartete, wenn sie gleich irischen Boden betreten würden. Mit jeder Minute wuchs ihre Anspannung.

Bald würde sie erstmals ihrem Vater gegenüberstehen. Patrick Aodhan Feenley. Genauer gesagt: Captain Patrick Aodhan Feenley, denn aus dem Matrosen von damals war ein Kapitän geworden. Statt Kreuzfahrtschiffen steuerte er jedoch hautsächlich Containerschiffe über die Ozeane. Das wusste Hanna von ihm persönlich.

Im Frühsommer hatte sie dank Internet seine Kontaktdaten in Erfahrung gebracht. Sie fand eine Mailadresse auf der Website der Reederei, für die er arbeitete. Drei Wochen verstrichen, ohne dass sie eine Antwort von ihm bekam. Resigniert schlussfolgerte sie daraus, dass er offensichtlich nichts mit ihr zu tun haben wollte. Josy bestand jedoch darauf, dass sie es nochmals versuchte – vielleicht war die Mail ja im Spamordner gelandet?

Diesmal verschickte sie die Mail von ihrer Kanzleiadresse, nicht von ihrem privaten GMX-Account. Sie gab etwas mehr von sich preis und stellte ein Foto von sich in den Anhang.

Keine vierundzwanzig Stunden später stellte die Sekretärin einen aufgeregten Iren zu ihr durch, den die Tatsache, dass er eine dreiunddreißigjährige Tochter in Österreich hatte, regelrecht aus den Schuhen hob. Anfangs hatte sich Hanna gewundert, dass er seine Vaterschaft keine Sekunde infrage stellte. Dann sah sie ihn auf Skype, und ihr war klar, weshalb er keine Zweifel hegte: Sie sahen sich ausgesprochen ähnlich.

Dass Patrick Aodhan Feenley in der Tat starke Gene haben musste, bewiesen ihre jüngeren Halbgeschwister. Davon gab es insgesamt vier: eine Tochter aus erster Ehe, eine weitere sowie zwei Söhne aus zweiter Ehe. Alle hatten rotes Haar, grüne Augen und Sommersprossen. Nachdem Josy das geschickte Foto gesehen hatte, meinte sie trocken: ›Wenn ihr irischen Volkstanz beherrschen würdet, könntet ihr gemeinsam als Touristenattraktion auftreten!‹

Patrick konnte sich noch gut an ihre Mutter erinnern. Die lustige Frau aus Österreich sei seine erste große Liebe gewesen, erzählte er ihr, und Hanna tat sich schwer, das Adjektiv *lustig* mit der leicht verhärmten Frau in Verbindung zu bringen, die häufiger Prosecco trank, als dass sie herzlich lachte. Er habe nach der gemeinsamen Schiffsreise noch lange an sie gedacht, aber da sie verheiratet war, habe er nie versucht, Kontakt aufzunehmen. Hanna war erleichtert, dass er es auch jetzt nicht vorhatte.

Nach den ersten aufgeregten und wortreichen Telefonaten, in denen sie sich gegenseitig ihr Leben erzählten, war schnell klar, dass sie sich persönlich treffen wollten. Und doch verstrichen Monate, bis es ihnen gelang, einen Termin zu finden. Patrick war als Kapitän oft wochenlang auf See, und Hanna hatte mit der Kanzlei inzwischen mehr als genug zu tun. Selbst im Sommer hatte sie sich nur eine Woche Auszeit gegönnt und war mit Josy – endlich! – ans Meer geflogen. Josy hatte sich sogar ohne größeren Widerstand einladen lassen, was Hanna als weiteren Fortschritt in ihrer Beziehung verbuchte. Sie wollte nicht ständig zwischen Mein und Dein unterscheiden und hatte mittlerweile eine Gemeinschaftskasse für Haushaltsausgaben durchgesetzt, in die sie – aufgrund ihrer Verdienstunterschiede – mehr einzahlte als Josy. Das war nur fair in einer gleichberechtigten Beziehung.

Mit einem Ruck setzten die Räder des Flugzeugs auf der Landebahn auf. Regen schlug gegen die Seitenscheiben.

Dass es auch noch windig war, merkten sie, als sie vom Flieger in den Flughafenbus stiegen, der sie zum Terminal brachte.

»Wenn wir im Hotel sind, ziehe ich mir erst mal eine Hose an«, ließ Josy sie wissen, während sie vor dem Gepäckband auf ihre Koffer warteten. »Meine Strumpfhose ist klitschnass, und mich friert!«

»Hmmhm.« Hanna hatte gerade ihr Handy eingeschaltet und las die frisch eingetroffene SMS. Sie war von Patrick. »Zieh dich lieber direkt hier auf der Toilette um«, sagte sie dann. »Uns erwartet nämlich ein straffes Programm.«

»Dein Vater will uns Dublin zeigen?«

Hanna schmunzelte, auch wenn ihr etwas bange war.

»Wir sind erst mal bei meiner Schwester Einin zum Essen eingeladen und lernen dort auch ihren Mann Brian, die kleine Lea und Patricks Ex-Frau Shannon kennen. Dann geht es weiter zu einem Treffen mit Liam und Lorcan, meinen Brüdern, und schließlich zu Patrick nach Hause, wo wir seine Frau und meine jüngere Schwester kennenlernen. Zwischendurch gibt es noch eine Hafenrundfahrt mit einer gewissen Maivin und ihrem Mann Sean.« Als sie Josys fragenden Blick bemerkte, fügte sie hinzu: »Frag mich bitte nicht, wer das jetzt wieder ist. Vermutlich eine von meinen dreiundzwanzig Cousinen.«

»Du lieber Himmel.« Josy griff sich an die Stirn. »Du bist Teil eines irischen Großclans!«

Mit ihren Koffern gingen sie in Richtung Ausgang. Hannas Herz schlug bis zum Hals. Was, wenn sie und Patrick sich gar nicht so gut verstanden wie bei ihren Telefongesprächen? Was, wenn er vielleicht nicht verstanden hatte, dass die Freundin, von der sie gesprochen hatte, ihre Lebenspartnerin war? Was, wenn sie den irischen Humor nicht verstand und auf ihre Verwandten genauso steif und unzugänglich wirkte wie ihre eigene Mutter auf sie?

Sie hielt den Griff ihres Koffers so fest umklammert, dass ihre Fingerknöchel weiß hervortraten, und sah sich suchend um. Patrick hatte angekündigt, er würde sie abholen, doch nun fehlte von ihm jede Spur.

Die Minuten verstrichen.

Die Ankunftshalle leerte sich.

Josy sagte irgendetwas über das Hotel, in dem sie ein Zimmer gebucht hatten, doch Hanna hörte nicht richtig zu. Sie hatte das Gefühl, vor Nervosität fast zu platzen.

»Hanna?«

Sie fuhr herum.

Ein junger Mann, Mitte zwanzig, mit rotem Lockenkopf und in regennasser Outdoorjacke stand vor ihr, sichtlich außer Atem.

»Sorry, wir sind zu spät, es war so ein Stau«, sprudelte es aus ihm heraus, und sie musste sich sehr konzentrieren, um ihn zu verstehen. »Tut mir leid, dass ihr warten musstet.«

Er wandte sich an Josy und schüttelte ihr die Hand.

»Du bist Josy, Hannas Frau? – Schön, dich zu treffen. Ich bin Liam, Hannas Bruder.«

Er nahm Hannas Koffer in die rechte, Josys Trolley in die linke Hand.

»Wir müssen uns beeilen«, sagte er, während er bereits losmarschierte. »Neil dreht draußen mit dem Wagen Runden, wir haben auf die Schnelle keinen Parkplatz gefunden.«

Hanna und Josy folgten ihm durch das Flughafengebäude.

»Wo ist Patrick … dein … unser Vater?«, fragte Hanna und hoffte, dass ihre Stimme nicht ihre Anspannung verriet. Das Ganze hier ging so schnell und komplikationslos, dass sie gar nicht wusste, wie ihr geschah. Liam behandelte sie nicht wie eine Fremde, sondern als würde er sie nach einer langen Reise vom Flughafen abholen.

»Den haben wir lieber zu Hause gelassen.« Liam grinste über

seine Schulter. »Daid ist so nervös, dass wir schon Angst hatten, wir müssten einen Notarzt holen. Sein Blutdruck ist heute früh auf hundertachtzig gewesen, obwohl er eigentlich gut eingestellt ist. Da haben wir ihn lieber nicht ans Steuer gelassen.«

Patrick war genauso aufgeregt wie sie? – Seltsamerweise wurde Hanna gleich etwas ruhiger.

»Ich weiß, dass Daid dir noch diese SMS geschickt hat. Aber wir treffen uns jetzt doch alle gemeinsam im Pub von Neils Schwester, da gibt es ein Nebenzimmer nur für uns Feenleys.« Liam grinste erneut. »Wir sind eine Familie von Chaoten, die immer wieder Pläne machen und sie ein paar Minuten später umwerfen. – Bist du auch so?«

Gar nicht, dachte Hanna, und ihre innere Anspannung nahm sofort wieder zu. Wahrscheinlich passte sie so gar nicht in diese Familie!

Sie suchte nach einer diplomatischen Antwort, doch da standen sie schon vor dem Flughafengebäude. Mit quietschenden Reifen kam ein weißer, an der Seitentüre leicht eingedellter Ford Focus vor ihnen zum Stehen.

Liam riss den Kofferraum auf, verstaute das Gepäck und öffnete die Hintertür. Josy schlüpfte als Erste ins Wageninnere, Hanna folgte ihr. Liam sprang auf den Beifahrersitz.

»Hi.«

An der ersten Ampel drehte sich der Fahrer zu ihnen um. Eine Reihe weißer Zähne blitzte in einem dunkelhäutigen Gesicht.

»Ich bin Neil, Liams *boyfriend.*«

Während Hanna die Information noch verarbeitete, sagte Josy bereits in einem Englisch, das viel besser war als erwartet: »Hallo. Ich bin Josy, Hannas *girlfriend.* Schön, dich kennenzulernen.«

Hanna lehnte sich zurück.

Erleichterung flutete ihren Körper.

Mit einem Mal wusste sie, dass mit Josy an ihrer Seite alles gut werden würde. Diese Familie – *ihre* Familie – mochte vielleicht chaotisch sein, aber zumindest waren sie offen, herzlich und ohne Vorurteile. Und falls es doch mal Turbulenzen gab, hatte sie Josy, die mit ihrem großen Herz alle und jeden bezauberte – besonders natürlich Hanna.

© Doris Anna Klinda

CAROLIN SCHAIRER

wuchs in Niederbayern auf. Die Diplom-Journalistin schrieb als Freie für Zeitungen und Magazine, war in der Medienbeobachtung, in der Markt- und Meinungsforschung und als PR-Mitarbeiterin eines Großunternehmens tätig. Sie lebt in Salzburg. Ihre ersten Romanerfolge verzeichnete sie mit »Ellen« und »Die Spitzenkandidatin«.

Inzwischen erschienen mehr als zwanzig Romane von ihr, darunter »Mit einem Lächeln« und der Krimi »Mehr Schatten als Licht« (alle Ulrike Helmer Verlag).

MEHR VON CAROLIN SCHAIRER ...

(Alle Romane von Carolin Schairer auf www.ulrike-helmer-verlag.de)

»Karussell und Glockenklang«
Paperback, 324 Seiten, 978-3-89741-473-0

Glühwein, Tannenbaum und Lichterglanz – bei Sofia, frisch getrennt und beruflich versetzt, will so gar keine Besinnlichkeit aufkommen. Trotzdem muss sie den Weihnachtsmarkt der barocken Kleinstadt Lindach organisieren. Ihre größte Herausforderung ist allerdings die zielstrebige Agenturchefin Edith, die Sofias Gefühle plötzlich Karussell fahren lässt ...

»Mit einem Lächeln«
Paperback, 309 Seiten, 978-3-89741-466-2

Lilys Zukunftspläne stehen fest: Sie will mit ihrer Partnerin einen Reitturnierstall eröffnen. Doch plötzlich findet sie sich in einem Großraumbüro wieder. Dort lernt Lily ihre launische Vorgesetzte Jara Winter kennen. Schnell spürt sie, dass unter der harten Schale dieser attraktiven Frau mehr steckt ...

»Verliebt in die Andere«
Paperback, 352 Seiten, 978-3-89741-457-0

Seit zwei Jahren ist Niki nun Single, als sie auf dem Weg in die Ferien plötzlich vor dem Grund ihrer Trennung steht: Kristin. Und mit dieser Frau, mit der ihre Ex sie betrog, soll sie sich nun zwei Urlaubswochen auf Naxos arrangieren – unter den Argusaugen ihrer griechischen Verwandtschaft und vier eigenwilliger Reisebegleiterinnen.

Printausgabe gedruckt auf FSC-zertifiziertem Frischfaserpapier.

ISBN 978-3-89741-479-2

Originalausgabe
© 2024 Ulrike Helmer Verlag, Sulzbach a. Taunus
Alle Rechte vorbehalten
Covergestaltung unter Verwendung eines Fotos von
© Kneschke / AdobeStock.de

Ulrike Helmer Verlag
Klosterhofstr. 3, 65843 Sulzbach
info@ulrike-helmer-verlag.de

www.ulrike-helmer-verlag.de